普通高等职业教育“十二五”规划

管理学基础

GUANLIXUE JICHU

主　编◎兰　炜　康银瑞　程青玥
副主编◎刘贵生　张变亚　吴　思
段媛媛　王　军

清华大学出版社
北　京

内容提要

本书是以培养学生职业综合能力为本位的新型管理学教材，紧紧围绕管理知识与管理素质拓展这一主线，力图体现职业化人才培养的要求。本书通过课内教学与课外训练的融合，培养经济管理类专业学生基础性的管理素质，同时体现教师从主导者向引导者角色转变的要求，体现学生参与性学习、自主性学习的思想。

全书按管理的基本职能划分，共八章，主要包括管理与管理学、管理理论发展史、计划与决策、组织、领导、激励与沟通、控制、管理创新。

本书可作为高职高专院校经济管理类专业相关课程的教学用书，也适合作为其他专业开设经济与管理公共课的教学用书，并可作为社会从业人员的业务参考书及培训用书。

图书在版编目(CIP)数据

管理学基础 / 兰炜，康银瑞，程青玥主编．--北京：清华大学出版社，2015（2025.9重印）
（普通高等职业教育“十二五”规划教材）
ISBN 978-7-302-41929-7

Ⅰ.①管… Ⅱ.①兰… ②康… ③程… Ⅲ.①管理学-高等职业教育-教材 Ⅳ.①C93

中国版本图书馆 CIP 数据核字(2015)第 268201 号

责任编辑：刘志彬
封面设计：汉风唐韵
责任校对：宋玉莲
责任印制：刘海龙

出版发行：清华大学出版社
网　　址：https://www.tup.com.cn, https://www.wqxuetang.com
地　　址：北京清华大学学研大厦 A 座　　**邮　　编：**100084
社 总 机：010-83470000　　**邮　　购：**010-62786544
投稿与读者服务：010-62776969，c-service@tup. tsinghua. edu. cn
质量反馈：010-62772015，zhiliang@tup. tsinghua. edu. cn
印 装 者：三河市君旺印务有限公司
经　　销：全国新华书店
开　　本：185mm×260mm　　**印　　张：**14　　**字　　数：**291 千字
版　　次：2015 年 11 月第 1 版　　**印　　次：**2025 年 9月第12次印刷
定　　价：39.50 元

产品编号：067102-02

Preface 前言

近年来，中国社会主义市场经济蓬勃发展，世界经济朝着一体化方向发展的趋势更加明显，经济活动已渗透到了社会生活的方方面面，每一个人都直接参与社会经济活动，同时也时刻受到社会经济活动的影响，掌握一定的经济知识和管理知识，已成为对每个社会成员的迫切要求。

高等职业教育面向社会、面向企业，培养生产、经营、服务、管理第一线需要的技能型人才。以往工程技术教育与经济管理教育相互分离的教育模式，使得工程技术专业的学生不懂管理方面的知识，他们走上工程技术岗位之后，由于缺少管理知识，不了解与所从事工作有关的管理问题，缺乏管理意识，影响了他们的职业发展。因此，不管是哪一个专业，开设理论综合性高，操作性强，能启发思维，提高学生综合素质的管理学课程是十分必要的。

正是基于以上原因，我们在以往开设的“经济管理基础”和“工商企业管理”课程的基础上，结合高职高专院校人才培养目标的要求及课程改革的需要，组织编写了本书。

从课程改革的角度，我们在本书编写的立项和组织过程中经过了多次全面的讨论和系统的设计，力图体现以下特点：

1. 将管理学的理论与素质训练有机地融合为一体，实现课程重组，体现理论与实际结合的思想。

2. 紧紧围绕培养学生职业综合素质这一主线，按照职业化的要求对内容体系进行了创新。理论内容突出够用、实用的原则，每章内容后配备了针对性的拓展与思考题、实践训练题和案例分析题，以期实现理论与实践训练的结合。

3. 注重课内教学与课外实践的结合，体现教师从主导者向引导者角色转变的要求，体现学生参与性学习、自主性学习的思想。

本书由兰炜、康银瑞、程青玥任主编，刘贵生、张变亚、吴思、段媛媛任副主编。

在本书的编写过程中，作者参考了很多专著以及案例和资料，其中个别资料难以找寻出处，在此一并致谢！

由于编者水平有限，在编写过程中又试图依照高职高专教育的需要对教学内容及教学方式的改革进行尝试，因此在体系和内容等方面还存在一些不足，恳请读者批评指正。

Contents 目 录

第一章 管理与管理学

第二章 管理理论的发展

第三章 计划与决策

第四章 组 织

第五章　领　　导

第六章　激励与沟通

第七章　控　　制

第八章　管理创新

第　一　章

管理与管理学

一位著名企业家在作报告，一位听众问："你在事业上取得了巨大的成功，请问，对你来说，最重要的是什么？"

企业家没有直接回答，他拿起粉笔在黑板上画了一个圈，只是并没有画圆满，留下一个缺口。他反问道："这是什么？""零"、"圈"、"未完成的事业"、"成功"，台下的听众七嘴八舌地答道。

他对这些回答未置可否："其实，这只是一个未画完整的句号。你们问我为什么会取得辉煌的业绩，道理很简单：我不会把事情做得很圆满，就像画个句号，一定要留个缺口，让我的下属去填满它。"

管理启示

留个缺口给他人，并不说明自己的能力不强。实际上，这是一种管理的智慧，是一种更高层次上带有全局性的圆满。给猴子一棵树，让它不停地攀登；给老虎一座山，让它自由驰骋。也许，这就是企业管理用人的最高境界。

管理就是界定企业的使命，并激励和组织人力资源去实现这个使命。

——彼德·德鲁克

>>> 学习目标

- 了解管理学的研究内容、研究方法和特征。
- 掌握并牢记管理的含义、职能，掌握管理者的角色理论。
- 掌握管理的性质、特征，管理者的分类及各项技能。
- 认识管理学理论对中国经济社会发展的重要意义。
- 有意识地培养自己的管理素质。

第一节 管理概述

一、管理的含义与特征

（一）管理的含义

从字面上理解，管理有管辖、治理或管人、理事的含义。

英文中：Management——管理，Administration——行政管理。

▶ 1. 关于"管理"的定义的各家之言

德鲁克：管理是把一群乌合之众变成一个有效率、有目的、有生产力的特殊过程。

孔茨：管理是设计和维持一种良好的环境，使人在群体里高效率地完成既定目标。

西蒙：决策贯穿管理的全过程，管理就是决策。

罗宾斯：管理是指同别人一起，通过别人使活动更有效地完成的过程。

徐国华：管理是通过计划、组织、控制、激励和领导等环节来协调人力、物力和财力资源，以期更好地达成组织目标的过程。

周三多：管理是指组织为了达到个人无法实现的目标，通过各项职能活动，合理分配、协调相关资源的过程。

▶ 2. 我们的认识

综合各家之说，管理都强调了过程及过程中的职能，又强调了效率。

所以，管理是指一定组织中的管理者在特定的组织内外环境的约束下，运用计划、组织、人员配备、领导和控制等职能，对组织的资源进行有效的整合和利用，协调他人的活动，以有效实现既定目标的过程。这一概念有四个基本要点：

(1) 管理是人类有意识、有目的的活动。

(2) 管理以特定的组织为载体。

(3) 管理的本质是对资源的协调整合。

(4) 管理通过管理职能发挥作用。

(二) 组织的含义

组织是对为了完成某些特定目标的人们的系统性安排，如学院、学生会、足球队、政府机构、企业等。

组织的三个特征：

(1) 每个组织都有一个明确的目标。

(2) 都是由两个或两个以上的人组成。

(3) 都建立了一种系统性的结构，用以规范和限制组织成员的行为。

因此，组织是一种由人组成的、具有明确目的和系统性结构的实体。

(三) 管理的特征

▶ 1. 管理的目的性

管理是人类一种有意识、有目的的活动，因而有明显的目的性。

▶ 2. 管理的组织性

管理的载体就是组织，因为个体的能力总是有限的。

▶ 3. 管理的人本性

人本性即以人为本。在管理中要以人为中心，把尊重人、理解人、调动人的积极性放在首位，把人视为管理的主要对象和组织的关键资源。

4. 管理的创新性

管理的创新性是指管理本身是一种不断变革、不断创新的社会活动。

5. 管理的科学性

管理的科学性是指管理作为一个活动过程，其间存在着一系列基本客观规律。人们从实践中升华和抽象出管理理论和一般方法，然后利用这些理论来指导自己的实践，并在实践中验证和丰富。因此，管理是一门科学。

6. 管理的艺术性

艺术性是指在掌握一定理论和方法的基础上，灵活地运用这些知识和技能的技巧与诀窍，要求因地制宜地将管理知识与管理实践相结合。

管理的艺术性与管理的科学性不矛盾。管理需要科学的理论指导，没有理论指导的实践是盲目的实践，盲目的实践是要失败的。但是，管理理论是管理人员实践的概括与抽象，具有较高的原则性，每一项具体的管理活动都是在特定条件下展开的，因此，要结合实际进行创造性的管理。

总体上讲，管理是科学性和艺术性的统一；是效率和效果的统一；是维持和创新的统一。

二、管理的二重性

管理的性质即管理的二重性，是马克思主义关于管理问题的基本观点。

管理一方面是由于有许多人进行协作劳动而产生的，是由生产社会化引起的，是有效地组织共同劳动所必需的，因此它具有同生产力、社会大生产相联系的自然属性；另一方面，管理又是在一定的生产关系下进行的，体现生产资料占有者指挥劳动、监督劳动的意志，因此，它具有同生产关系、社会制度相联系的社会属性。

深刻理解管理的二重性，对我们学习管理具有重要的现实意义：一方面有利于总结我国管理实践中的经验教训，另一方面也有利于学习、引进国外先进的管理理论、技术和方法，其次还有利于结合我国国情学习、运用及探索有中国特色的管理模式。

三、管理的职能

管理的职能是帮助组织充分利用其资源以实现组织的目标。管理的职能包括基本职能和具体职能，基本职能一是合理组织生产力，二是维护发展生产关系。具体职能在划分上存在不同的观点，代表性的有：法国管理学家亨利·法约尔的“五职能说”(计划、组织、指挥、协调和控制)；美国管理学家哈罗德·孔茨和西里尔·奥唐内尔的“五职能说”(计划、组织、人员配备、指导和控制)；斯蒂芬·罗宾斯的“四职能说”(计划、组织、领导和控制)。这些观点从不同方面强调了管理的职能。

1. 计划与决策

计划就是对组织、对未来的活动以及对资源供给与使用进行的一种预先的筹划。它是管理的首要职能。

▶ 2. 组织

组织是管理者创建一个有助于实现组织目标的工作关系结构，以使组织成员能够共同工作实现组织目标的过程。

▶ 3. 人员配备

人员配备是管理者为组织各个层级、部门及岗位配备合适的人员的过程。

▶ 4. 领导

领导是指管理者利用所赋予的职权和自身拥有的权利去指挥、影响、激励组织成员为实现组织目标而努力工作的一门艺术性很强的管理活动。科学的领导在管理职能中变得日益重要。

▶ 5. 控制

控制是监视各项活动以保证它们按组织计划进行并纠正各种重要偏差的过程，是为了保证组织各部门、各环节能按预定的要求运作而实现目标。

另外，创新是各项管理职能的灵魂，如图 1-1 所示。

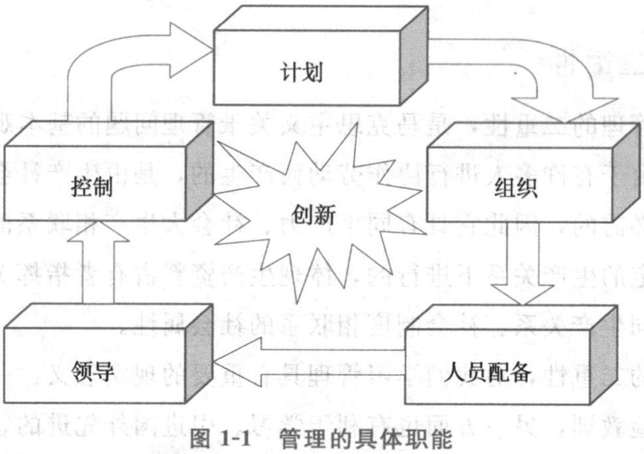

图 1-1　管理的具体职能

教学互动

选择题

什么是管理？以下说法正确的是(　　)。

A. 管理需要协调组织内部各种资源，适应外部环境对组织的要求

B. 管理的目标包括组织目标、员工发展及社会责任

C. 计划与决策是管理工作解决问题的必由之路

D. 有效的管理需要高效的管理信息系统

第二节 管理者

一、管理者的含义及分类

(一) 管理者的含义

从广义上讲，管理者的含义应是泛指所有执行管理职能，并对组织目标实现作出实质性贡献的人。这个概念既包括执行传统意义上的管理职能，对他人工作负有责任的人，也包括承担特殊任务，而不对他人工作负有责任的人，或者介于这两者之间的人。只要他利用其职位和才能，以个人的方式对组织作出实质性的贡献，使该组织工作有成果，就是一位管理者，而不管他对他人是否具有管理监督的权力，是否具有下属(如高级成本会计师、高级化验师、高级经济师等)。

(二) 管理者的分类

▶ 1. 按管理人员所处的组织层次分

(1) 高层管理者。组织中的高级领导人，对管理负有全面责任，主要职责：制定战略目标、把握发展方向、拥有资源分配权等，如学校的正副校长、企业的董事会成员、城市的正副市长等。

(2) 中层管理者。介于高层和一线管理人员之间，主要职责：执行重大决策和管理意图、监督和协调基层管理人员的工作活动、具体工作的规划和参谋，如系主任、处长、企业中计划、生产、财务等部门的负责人、政府中的主任、局长等。

中层管理者一般可分为三类：行政管理人员、技术性管理人员和支持性管理人员。

(3) 基层管理者。最直接的一线管理人员，是直接监察实际作业人员的管理者，主要职责：直接给下属人员分派任务、直接指挥和监督现场作业活动、保证上级下达的各项计划和指令的完成，如工长、领班、小组长等。

上述三个不同层次的管理人员，其工作内容和性质存在很大的差别。一般来说，第一线管理人员所关心的主要是具体的战术性工作，而最高管理人员所关心的则主要是抽象的战略性工作。

▶ 2. 按管理人员所从事的工作领域分

(1) 综合管理人员，是指负责管理整个组织或组织中某个事业部的全部活动的管理人员。

(2) 专业管理人员，是指负责管理组织中某一类活动(或职能)的管理人员，如生产部门管理人员、营销部门管理人员、人事部门管理人员、财务部门管理人员和研究部门管理人员等。

二、管理者的角色与技能要求

(一) 管理者的角色

1974 年，亨利·明茨伯格研究发现管理者扮演十种角色，可归纳为三大类，如图 1-2

所示。

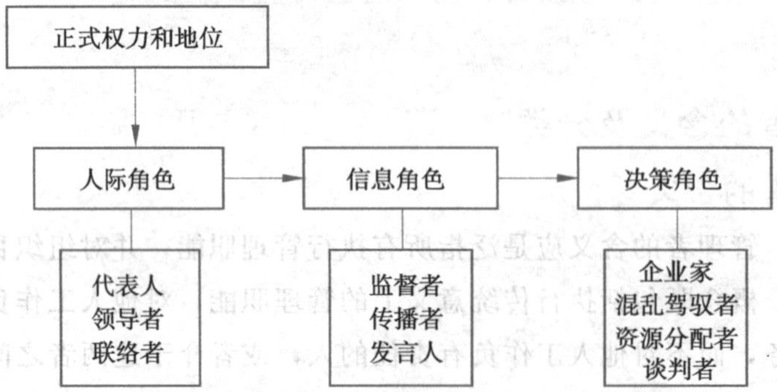

图 1-2 管理者的角色

▶ 1. 人际角色

管理者在处理与组织成员和其他利益相关者的关系时，他们就扮演人际角色。

（1）代表人角色。作为所在单位的领导，管理者必须行使一些具有礼仪性质的职责，如出席集会、宴请重要客户等。

（2）领导者角色。由于管理者对所在单位的成败负重要责任，他们必须在工作小组内扮演领导者角色。

（3）联络者角色。管理者无论对内对外都起着联络者的角色。

▶ 2. 信息角色

管理者确保和他一起工作的人具有足够的信息，从而能够顺利完成工作，这时他们就扮演信息角色。

（1）监督者角色。作为监督者，管理者持续关注组织内外环境的变化以获取对组织有用的信息。

（2）传播人角色。作为传播者，管理者把重要的信息传递给工作小组成员，管理者有时也向工作小组隐藏特定的信息，更重要的，管理者必须保证员工具有必要的信息以便切实有效地完成工作。

（3）发言人角色。管理者把信息传递给单位或组织以外的个人。

▶ 3. 决策角色

管理者在处理信息并得出结论的过程中即扮演决策角色。

（1）企业家角色。管理者对所发现的机会进行投资以利用这种机会。如开发新产品、提供新服务、发明新工艺。

（2）混乱驾驭者角色。管理者必须善于处理冲突或解决问题，如平息客户的怒气、同不合作的供应商进行谈判或者对员工之间的争端进行调解等。

（3）资源分配者角色。管理者决定资源用于哪些项目。

（4）谈判者角色。研究表明，管理者把大量的时间花费在谈判上。谈判对象包括员工、供应商、客户和其他工作小组等。

（二）管理者技能

管理者的技能主要包括以下三种：

(1) 专业技能，指与特定工作岗位有关的专业知识和技能，如生产技能、财务技能、营销技能等。管理者不必成为精通某一领域的技能专家，但需要了解并初步掌握与其管理的专业相关的基本技能，否则很难与他所主管的组织内的专业技术人员进行有效的沟通，从而无法对所辖业务范围的各项工作进行具体的指导。

不同层次的管理者，对于专业技能要求的程度是不同的。

(2) 人际技能，指与处理人际关系有关的技能，即理解、激励他人并与他人共事的能力，包括领导能力，但其内涵远比领导能力广泛。因为管理者除了领导下属外，还要与上级领导和同级同事打交道，还得学会说服上级领导、领会领导意图、与同事合作等。

(3) 概念技能，指综观全局、认清为什么要做某事的能力，即管理者在任何混乱、复杂的环境中，敏锐地辨清各种要素之间的相互关系，准确地抓住问题的实质，果断地做出正确决策的能力。

要成为有效的管理者，必须具备上述三种技能，缺一不可。

对于高层管理者，最重要的是概念技能，基层管理者最接近现场，专业技能格外重要。由于管理者的工作对象是人，因此人际技能对各个层次的管理者来说都是重要的。

教学互动

分小组讨论：假设你是一名公司经理，为了更好地经营你的企业，你需要解决哪些问题？从而应具备哪些素质与能力？

第三节 管理学

一、管理学的研究内容

▶ 1. 管理学的二重性

从管理学的二重性出发，着重从三个方面研究管理学。

(1) 生产力方面。主要研究生产力诸要素之间的关系，即合理组织生产力的问题；研究如何合理配置组织中的人、财、物，使各要素充分发挥作用的问题；研究如何根据组织目标和要求以及社会的需要，合理地使用各种资源，以求得最佳的经济效益和社会效益的问题。

(2) 生产关系方面。主要研究如何正确处理组织中人与人之间的相互关系问题；研究如何建立和完善组织机构以及各种管理体制等问题；研究如何激励组织内成员，从而最大限度地调动各方面的积极性和创造性，为实现组织目标而服务。

(3) 上层建筑方面。主要研究如何使组织内部环境与其外部环境相适应的问题；研究如何使组织的规章制度与社会的政治、经济、法律、道德等上层建筑保持一致的问题，从而维持正常的生产关系，促进生产力的发展。

2. 管理发展史

着重从历史的方面研究管理实践、思想、理论的形成、演变、发展，知古鉴今。

3. 着重从管理者出发研究管理过程

(1) 管理活动中有哪些职能。

(2) 执行这些职能涉及组织哪些要素。

(3) 在执行各项职能中应遵循哪些原理，采用哪些方法、程序、技术。

(4) 执行职能过程中会遇到哪些障碍、阻力。

二、管理学的特征

管理学的特征如下。

(1) 一般性。区别于“宏观管理学”和“微观管理学”，是研究所有管理活动中的共性原理的基础理论学科。

(2) 综合性。表现为：在内容上，需要从社会实践中抽象出具有普遍指导意义的管理思想、原理、方法；在方法上，需要综合运用现代社会科学、自然科学和技术科学的成果，来研究管理活动中普遍存在的基本规律和一般方法。

管理活动是很复杂的活动，影响这一活动的因素是多种多样的。除生产力、生产关系的基本因素外，还有一些自然因素，以及政治、法律、社会、心理等社会性因素。

管理学是一门交叉学科，要利用多种学科的成果，才能发挥自己的作用。

(3) 历史性。管理学是对前人管理实践经验、管理思想、理论的总结、扬弃和发展。割断历史，不进行历史考察，就很难理解建立管理学的依据。

(4) 实用性。管理学是为管理者提供从事管理的有用的理论、原则和方法的实用性学科。只有把管理理论同管理实践相结合，才能真正发挥这门学科的作用。

三、管理学的研究方法

1. 唯物辩证法

坚持实事求是的态度，用全面的、历史的观点，去观察和分析问题，重视管理学的历史，考察它的过去、现状及其发展趋势，不能固定不变地看待组织及组织的管理活动。

▶ 2. 系统方法

用系统的观点来分析、研究和学习管理的原理和管理活动。

▶ 3. 理论联系实际的方法

可以是案例的调查和分析、边学习边实践，以及带着问题学习等多种形式。

要注意管理学的二重性，从我国国情出发加以取舍和改造，有分析、有选择地学习和吸收。

拓展与思考

一、简答题

1. 管理的主要目的是什么？请给出一个管理的定义，看看和书上的有什么不同？
2. 有人说研究不研究管理的性质对管理本身并没有什么影响，你认为对吗？为什么？
3. 学院的老师是管理者吗？从管理职能和管理者角色的角度进行讨论。
4. 管理者应具备哪些基本技能？不同层次的管理者所需要的技能的侧重点有何不同？
5. 现代管理学的研究内容有哪些？
6. 某公司李总经理在听完张教授关于"管理与管理学"的讲课之后，产生了两个困惑：

(1) 管理有艺术性？我在工作中怎么没发现？

(2) 既然管理学是不精确的，那它对实践还有指导意义吗？

你能帮他解决困惑吗？

二、实践训练

1. 分组就班级的管理现状进行讨论，列出班级管理的优缺点。
2. 邀请一名管理人员，围绕管理的基本内容进行对话，并做好记录。

三、案例分析

汽车制造业的新一代管理者

詹米·伯尼尼，33 岁那年被任命为克莱斯勒公司在安大略文萨的货车工厂的经理。当时工厂的销售状况很一般，而且，正面临开发新卡车的任务。

他必须获得其下属的 84 名经理和 1800 名工人的支持。其他经理也想得到这个职位，并普遍认为詹米·伯尼尼太年轻、没有经验，甚至，一些人想要他失败。在之后的一年内，他成功地对过时的系统进行了改造，改变了工厂的文化，提高了员工的士气和生产率。

他上任不到一年,《华尔街日报》将他列为改变美国汽车业制造工厂面貌的新一代管理者。文章认为,如果他在其他行业也会同样成功。

同时,《福布斯》杂志选择克莱斯勒为年度最佳公司。他们选择克莱斯勒源于它的成果、运作方式和超凡的管理,"我们认为克莱斯勒公司有超凡的管理,不仅在高层,直到组织的最低层,都是如此"。

克莱斯勒公司在其基层管理者中实施新的管理方式:给工人更多的权力,而不是执行从上到下的监督、控制式管理。以前在克莱斯勒公司的一些制造工厂,管理者被比喻成"钻头警官",产品质量问题成堆,员工士气低下。负责克莱斯勒全球制造业务的丹尼斯·鲍利决定彻底改变这种状况,雇用了年轻的詹米·伯尼尼。

这个工厂是同行业中自动化水平最低的工厂之一,有上百个工种还是手工操作,销售情况不好,工厂准备开发一种新货车,这些对伯尼尼是一种挑战。此外,还有来自其他可能晋升的管理者的抵触和认为伯尼尼不够资格的闲言碎语。他回忆说:"回想起来,我很害怕,有时我会想,我要陷进去了。"但他还是去了文萨工厂,不到一年,生产率、销售和士气都上去了。

在文萨工厂成功后,伯尼尼被调往拉丁美洲任职,负责克莱斯勒公司与德国宝马公司合建的发动机工厂。虽然,他想看到新货车开发出来,员工也不愿意他离开,但他不能放弃这个机会,最后,他接受了这份工作。

1. 如果你接受了文萨工厂的工作,你的反应是什么?

2. 作为新经理,你将采取什么行动?

拓展阅读

13 项知名的管理原理

1. 海恩法则:任何安全事故都是可以预防的。海恩法则是德国人帕布斯·海恩提出的法则,海恩法则指出:每一起严重事故的背后,必然有 29 次轻微事故和 300 起未遂先兆,以及 1000 起事故隐患。

海恩法则强调两点:一是事故的发生是量的积累的结果;二是再好的技术、再完美的规章,在实际操作层面,也无法取代人自身的素质和责任心。

2. 蝴蝶效应:蝴蝶效应是气象学家洛伦兹于 1963 年提出来的:一只南美洲亚马孙河流域热带雨林中的蝴蝶,偶尔扇动几下翅膀,可能在两周后引起美国得克萨斯一场龙卷风。

"蝴蝶效应"在社会学界被用来说明这样一个道理:一个坏的、微小的机制,如果不加以及时的引导、调节,会给社会带来非常大的危害,戏称为"龙卷风"或"风暴",一个好

的、微小的机制，只要正确引导，经过一段时间的努力，将会产生轰动效应，或称为“革命”。

3. 破窗效应：一扇窗户被打破，如果没有修复，将会导致更多的窗户被打破，甚至整栋楼被拆毁。任何一种不良现象的存在，都在传递着一种信息，这种信息会导致不良现象的无限扩展，同时必须高度警觉那些看起来是偶然的、个别的、轻微的“过错”，如果对这种行为不闻不问、熟视无睹、反应迟钝或纠正不力，就会纵容更多的人“去打烂更多的窗户玻璃”，就极有可能演变成“千里之堤，溃于蚁穴”的恶果。就如刘备那句话，勿以善小而不为，勿以恶小而为之。

4. 火炉法则：就是把“火炉”烧得红红的，放在那里，本身并不会主动烫人，但只要有人敢于触摸，就必被烫无疑。火炉法则的四个特性：

(1) 警示性：一个火炉放在那里，熊熊火苗，告诫旁人不能轻易触碰和跨越，自然具有威慑力。

(2) 及时性：一个红通通的火炉，如果去触碰它，会马上被灼伤，而不是摸上去后等一下再感觉到热。

(3) 必然性：如果去触碰火炉，必然会被灼伤，而不会这次碰了会灼伤，下次就不一定会灼伤。

(4) 平等性：不管是什么人，去触碰了火炉，都会被灼伤，火炉不会因为你是什么人而选择是否灼伤。

5. 二八定律：国际上有一种公认的企业定律，叫“帕累托定律”，又称“二八定律”。其基本内容如下：

(1)“二八管理定律”。企业主要抓好20%的骨干力量的管理，再以20%的少数带动80%的多数员工，以提高企业效率。

(2)“二八决策定律”。抓住企业普遍问题中的最关键性的问题进行决策，以达到纲举目张的效应。

(3)“二八融资定律”。管理者要将有限的资金投入到经营的重点项目，以此不断优化资金投向，提高资金使用效率。

(4)“二八营销定律”。经营者要抓住20%的重点商品与重点用户，渗透营销，牵一发而动全身。

6. 墨菲定理：事情如果有变坏的可能，不管这种可能性有多小，它总会发生。这个定理说明：任何事都没有表面看起来那么简单；所有的事都会比你预计的时间长；会出错的事总会出错；如果你担心某种情况发生，那么它就更有可能发生。

7. 马太效应：指强者愈强、弱者愈弱的现象。其名字来自圣经《新约·马太福音》中的一则寓言：“凡有的，还要加给他叫他多余；没有的，连他所有的也要夺过来。”“马太效应"与"二八定律"有相同之处，是十分重要的自然法则。人最大的敌人是自己。态度积极主动执着，那么你就赢得了物质或者精神财富，获得财富后，你的态度更加强化了你的积极主动性，如此循环，你才能把马太效应的正效果发挥到极致。

8. 崔西定律：指任何工作的困难度与其执行步骤的数目平方成正比，例如完成一件工作有 3 个执行步骤，则此工作的困难度是 9，而完成另一工作有 5 个执行步骤，则此工作的困难度是 25，所以必须要简化工作流程。简化工作是所有成功主管的共同特质，工作越简化，越不会出问题。

9. 管理学知识之阿尔巴德定理：该定理是由匈牙利全面质量管理国际有限公司顾问波尔加·韦雷什·阿尔巴德提出的。阿尔巴德定理是指，一个企业经营成功与否，全靠对顾客的要求了解到什么程度。看到了别人的需要，你就成功了一半；满足了别人的需求，你就成功了全部。

了解、需求、相信和满意是客户采购的四个要素。当这四个要素具备的时候，就意味着客户将会进行采购。

10. 管理学知识之阿什法则：指承认问题是解决问题的第一步，你越是躲着问题，问题越会揪住你不放。该法则由美国企业家阿什提出。

如何适应经营环境的变化，发现企业经营中的问题，并及时解决这些问题，这是企业家应时时关注的问题。

为了保持"企业健康"状态，企业要定期进行综合诊断，判明企业的现状与发展课题，明确课题的解决方向和优先顺序，强化管理基础，提升经营品质。

11. 彼得原理：该原理是美国管理学家劳伦斯·彼得提出的，和"墨菲定理"、"帕金森定理"并称为 20 世纪西方文化中最杰出的三大发现。

彼得原理的具体内容是，在一个等级制度中，每个职工趋向于上升到他所不能胜任的地位。彼得指出，每一个职工由于在原有职位上工作成绩表现好(胜任)，就将被提升到更高一级职位；其后，如果继续胜任则将进一步被提升，直至到达他所不能胜任的职位。

12. 冰激凌法则：卖冰激凌必须从冬天开始，因为冬天顾客少，会逼迫你降低成本，改善服务。如果能在冬天的逆境中生存，就再也不会害怕夏天的竞争。这个法则的提出者是中国台湾著名企业家王永庆。

13. 刺猬效应：它来源于西方的一则寓言，说的是在寒冷的冬天里，两只刺猬要相依取暖，一开始由于距离太近，各自的刺将对方刺得鲜血淋漓，后来它们调整了姿势，相互之间拉开了适当的距离，不但互相之间能够取暖，而且很好地保护了对方。

刺猬法则强调的就是人际交往中的"心理距离效应"。运用到管理实践中，就是领导者如要搞好工作，应该与下属保持亲密关系，但这是“亲密有间”的关系，是一种不远不近的恰当合作关系。与下属保持心理距离，可以避免下属的防备和紧张，可以减少下属对自己的恭维、奉承、送礼、行贿等行为，可以防止与下属称兄道弟、吃喝不分。这样做既可以获得下属的尊重，又能保证在工作中不丧失原则。一个优秀的领导者和管理者，要做到“疏者密之，密者疏之”，这才是成功之道。

第 二 章

管理理论的发展

有一个年轻人经过千山万水跋涉来到森林中的寺院，请求寺院里德高望重的住持收他为徒。住持郑重地告诉他："如果你真要拜我为师追求真道，你必须履行一些义务和责任。""我必须履行哪些义务和责任呢？"年轻人急切地问。"你必须每天从事扫地、煮饭、劈柴、打水、扛东西、洗菜……的工作。""我拜你为师是为了习艺正道，而不是来做琐碎的杂工、无聊的粗活的。"年轻人一脸不悦地丢下这句话，就悻悻然离开了寺院。

管理启示

正道不是高不可攀或莫测高深的理论，它隐藏在日常的工作琐事及生活细节中。同样的，管理的道理，随处可得，只要认真去做事，用心去体验，工作过程中自可深刻领悟管理的奥妙及意义。

管理者应该以激励人的行为、调动人的积极性为根本，组织员工主动、积极、创造性地完成自己的工作任务，实现组织的高效益。

——乔治·埃尔顿·梅奥

>>> 学习目标

- 了解管理理论发展的基本过程。
- 理解韦伯的行政组织理论、管理丛林时期的各个代表理论和管理的基本原理。
- 掌握泰勒的科学管理理论、法约尔的一般管理理论及当代具有代表性的管理理论。
- 初步具备应用现代管理理念和理论分析与处理实际管理问题的能力。

第一节 古典管理理论

管理理论的出现和发展是人类社会发展到特定阶段的产物，在漫长的历史长河中，人类进行了大量的管理实践，在实践中产生了许多闪光的管理思想，这些思想和实践的不断交融为管理理论的产生和发展提供了坚实的基础。严格意义上的管理理论以西方的古典管理理论为源头。

古典管理理论形成于19世纪末20世纪初。经过产业革命后，科学技术有了较大的发展，许多新发明开始出现，但是管理仍处于师傅带徒弟的方式，经验和主观臆断盛行，缺乏科学的依据。传统的经验管理越来越不适应管理实践的需要。当时，为了适应生产力发展的需要，改善管理的粗放和低水平，在美、法、德等国家都产生了科学管理运动，从而形成了各有特点的管理理论。尽管这些管理理论的表现形式各不相同，但其实质都是采用当时所掌握的科学方法和科学手段对管理过程、职能和方法进行探讨和试验，奠定了古典管理理论的基础，形成了一些以科学方法为依据的原理和方法。

一、泰勒的科学管理

作为宾夕法尼亚州的伯利恒钢铁公司的机械工程师，泰勒对工人的低效率感到惊讶，泰勒在工作中发现，许多工人往往故意偷懒、“磨洋工”，工作效率很低。即使实行计件工资制，由于雇主在工人提高产量后就降低计件单价，也造成工人不愿多产出，实行有组织的偷懒，生产效率仍难以进一步提高。管理者和工人冲突不断，管理当局不懂得使用科学方法来进行管理，不懂工作程序、劳动节奏和疲劳因素对劳动生产率的影响。而工人则缺少训练，没有正确的操作方法和适用工具，这都大大影响了劳动生产率的提高。于是，泰勒开始尝试用科学的方法来改变这种状况，他花了超过20年的时间，倾注了全部的热情来追求完成每项工作的最佳方法。根据经验，泰勒认为，谋求提高生产率，生产出较多的产品是完全可能实现的，关键在于要确定一个工作日的合理工作量。

（一）三个试验

▶ 1.1881年，金属切削试验(米德瓦尔钢铁厂)

试验结果发现了能大大提高金属切削机工产量的高速工具钢，并取得了各种机床适当的转速和进刀量，以及切削用量标准等资料，并研究出每个金属切削工人工作日的合适工作量，给工人制定了一套工作量标准。

▶ 2.1898年，搬运生铁块试验

试验是在这家公司的5座高炉产品搬运班组大约75名工人中进行的。这一研究改进了操作方法，训练了工人，其结果使生铁块的搬运提高了3倍。

▶ 3.1898年，铁锹试验

试验首先系统地研究了铲口的复载应为多大，其次研究了各种材料能够达到标准负载的锹的形状、规格问题，与此同时还研究了各种原料装锹的最好方法，此外还对每一套动作的精确时间进行了研究，从而提出了一个“一流工人”每天应该完成的工作量。这一研究成功地使堆料场的劳动力从400～600人减少为140人。平均每人每天的操作量从16吨提高到59吨，每个工人的日工资从1.15美元提高到1.88美元。

这些试验集中于“动作”、“工时”的研究以及工具、材料和工作环境等标准化研究，并根据这些成果制定了比较科学的每日工作定额和为完成这些定额的标准化工具。泰勒对生产率的改进一般都超过了200%，通过他对手工操作运用科学管理原则的奠基性研究，泰勒被公认为“科学管理之父”。

泰勒在其代表作《计件工资制》《车间管理》《科学管理原理》等书中，系统地提出了科学管理思想。

（二）科学管理理论的主要观点

▶ 1. 工时研究与劳动方法标准化

泰勒把每一个工作都分成尽可能多的简单的基本动作，把其中没用的动作去掉，同时，选择最适用的工具、机器，然后通过对最熟练工人每一个操作动作的观察，选择出每一个基本动作的最快和最好的方法，把时间记录下来。再加上必要的休息时间和其他延误的时间，得到完成这些操作的标准时间，这就是"合理的日工作量"，它构成了每个工作日标准定额的基础。标准定额是对工作进行管理的依据。

▶ 2. 差别计件工资制

泰勒认为，工人"磨洋工"的一个重要原因是报酬制度不合理，计时工资不能体现劳动的数量。计件工资虽能体现劳动的数量，但工人担心劳动效率提高后雇主会降低工资率，从而等同于劳动强度的加大。针对这种情况，泰勒提出了一种新的报酬制度——差别计件工资制，所谓"差别计件工资制"，是指计件工资率随完成定额的程度而上下浮动。如果工人完成或超额完成定额，则定额内的部分连同超额部分都按比正常单价高25%计酬；如果工人完不成定额，则按比正常单价低20%计酬。其内容包括：

（1）通过时间和动作研究来制订有科学依据的工作定额。

（2）实行差别计件工资制来鼓励工人完成或超额完成工作定额。

（3）工资支付的对象是工人而不是职位，即根据工人的实际工作表现而不是根据工作类别来支付工资。它意味着同一岗位甚至同一级别的工人，都将得到不同的工资。泰勒认为，实行差别计件工资制会大大提高工人的积极性，从而大大提高劳动生产率。

▶ 3. 职能工长制

泰勒认为，为了提高劳动生产率，每一个职位都要安排第一流的工人，其标准是：在不损害健康的情况下，他完全胜任该职务的工作；他有工作积极性并愿意从事该项工作；具有坚强的意志力。管理部门的任务就是要为每个雇员寻找最合适的工作，使之成为第一流的工人。

▶ 4. 计划职能与执行职能相分离

泰勒主张改变原来的经验工作法，代之以科学的方法。所谓经验工作方法，是指每个工人采用什么操作方法、使用什么工具等，都根据个人经验来决定。所以，工人工作效率的高低取决于他们的操作方法和使用的工具是否合理，以及个人的熟练程度和努力程度。所谓科学工作方法，是指每个工人采用什么操作方法、使用什么工具等，都根据试验和研究来决定。他认为应把计划职能和执行职能分开，提出管理部门要按科学的规律来制订计划，从事计划职能的人称为管理者，负责执行计划职能的人称为劳动者。

▶ 5. 例外原则

所谓例外原则，就是指高级管理人员为了减轻处理纷乱烦琐事务的负担，把处理各项文书、报告等一般日常事务的权力下放给下级管理人员，高级管理人员只保留对例外事项的决策权和监督权。

▶ 6. 关于"精神革命"的思想

泰勒强调科学管理的核心是"一场彻底的心理革命"，他主张劳资合作，通过科学管理，提高劳动效率，向管理要效益，使劳资双方均从中获益。

二、法约尔的一般管理

法国管理学家法约尔和泰勒是同一时代的人，是古典管理理论在法国的最杰出的代表，长期担任公司的总经理。由于所处地位的关系，他研究的对象和泰勒的有所不同，泰勒着重于车间、工场的生产管理研究，而法约尔着重于企业全面经营的研究。法约尔认为经营和管理是两个不同的概念，经营并不等于管理。经营是引导一个组织趋向某一既定目标，它的内涵中包括了管理。他的代表作是《一般管理与工业管理》。

法约尔一般管理理论的主要思想包括以下三个方面：

▶ 1. 关于企业经营活动的分类

(1) 技术活动，指生产、制造和加工等。

(2) 商业活动，指购买、销售和交换等。

(3) 财务活动，指资金的筹集和运用和控制等。

(4) 会计活动，指盘点、制作财务报表、成本核算和统计等。

(5) 安全活动，指维护设备和保护职工的安全等。

(6) 管理活动，指计划、组织、指挥和协调和控制。

企业内无论是高层领导，还是普通工人，每个人或多或少都要从事这六项活动，只不过是随着职务的高低和企业的大小不同而各有侧重。高层人员工作中管理活动所占比重较大，而在直接的生产工作和事务性活动中管理活动较少。法约尔认为，人的管理能力可以通过教育来获得，所以他很强调管理教育的必要性和可能性。

▶ 2. 管理的五个基本职能

法约尔首次把管理活动划分为计划、组织、指挥、协调与控制五项职能，揭示了管理的本质，并对这五大职能进行了详细的分析。计划就是探索未来和制定行动方案；组织就是建立企业的物质和社会双重结构；指挥就是通过协调使本单位所有人作出最好的贡献；协调就是连接、联合、调和所有的活动及力量；控制就是注意一切是否按已制定的规章和下达的命令进行。

▶ 3. 十四项管理原则

(1) 分工。分工可以提高劳动效率。它不仅适用于技术工作，也适用于管理工作，但要有一定的限度，不能分得过粗或过细，否则效果不好。

(2) 权力与责任。权力和责任是互为因果的，有权力必定有责任，权力和责任应相一致。不能出现有权无责或有责无权的现象。

(3) 纪律。纪律的实质是遵守公司各方达成的协议。没有纪律，企业就难以发展。而建立和维持纪律的最好方法，一是要有好领导，二是企业与职工之间的协议要尽可能明确和公正；三是实行制裁要公正。

(4) 统一指挥。组织内的每一个成员都应只接受一个上级的命令。违背这个原则，就会使权力和纪律受到严重的破坏。

(5) 统一领导。凡是具有同一目标的活动，只应有一个领导人和一套计划，不要把统一指挥与统一领导相混淆。人们通过建立完善的组织来实现一个社会团体的统一领导，而统一指挥取决于人员如何发挥作用。

(6) 个人利益服从集体利益。集体利益大于个人利益的总和。集体目标中应包含员工个人的目标，实现企业目标的同时满足个人的合理需求。当个人利益与集体利益发生冲突时，优先考虑集体利益。

(7) 公平报酬。报酬必须公平合理，尽可能使员工和公司双方满意。对贡献大、活动方向正确的员工要给予奖励，但奖励应以能激起员工的工作热情为限，否则将会起副作用。

(8) 集权。集权就是降低下级的作用，本身无所谓好坏。企业集权的程度应视管理人员的个性、道德品质、下级人员的可靠性以及企业的规模、条件等情况而定。

(9) 等级链与跳板。这是由企业的最高领导到最基层之间各级领导人所组成的等级系列，它是一条权力线，用以贯彻执行统一的命令和保证信息传递的秩序。但是为了克服由于指挥的统一性原则而产生的信息传递的延误，法约尔设计了一种跳板。利用这种跳板可以进行横向的信息交流，但只有在各方面都同意而上级又始终知情的情况下才能这样做。

(10) 秩序。秩序即人和物必须各尽所能。管理人员首先要了解每一工作岗位的性质和内容，使每个工作岗位都有称职的职工，每个职工都有合适的岗位。同时还要有条不紊地精心安排物资、设备的合适位置。

(11) 平等。即以亲切、友好、公正的态度严格执行规章制度。员工们受到平等的对待后，会以忠诚和献身的精神去完成他们的任务。

(12) 保持人员稳定。把一个人培养成熟练、有效的员工往往需要很长的时间，因此人员的频繁调动将使工作不能很好地进行。任何组织都要保持稳定的员工队伍，鼓励员工长期为组织服务。

(13) 首创精神。发挥个人的聪明才智，提出具有创造性的想法，既会给员工带来极大的快乐，也是刺激员工努力工作的最大动力之一。企业的领导者不仅自己要有首创精神，而且还要鼓励全体成员发挥首创精神。

(14) 集体精神。职工的融洽、团结可以使企业产生巨大的力量。实现集体精神最有效的手段是统一命令。在安排工作、实行奖励时不要引起嫉妒，以避免破坏融洽的关系。此外，还应加强企业内部的交流。

法约尔提出的这些原则，经过历史的检验，总体来说是正确的。它们过去曾经给管理人员以巨大的帮助，现在也仍然为管理界所推崇。

三、韦伯的行政组织理论

韦伯与泰勒、法约尔是同一时代人，是德国的古典管理理论代表人物之一。他在管理思想方面的贡献是在《社会组织与经济组织理论》一书中提出了理想的行政组织体系理论，由此被人们称为“行政组织理论之父”。

韦伯管理思想的主要内容有：

▶ 1. 明确分工

对每个职位上的组织成员的权力和责任都有明确的规定，并作为正式职责使之合法化。

▶ 2. 权力体系

官员们按职务等级系列和权力等级进行安排，形成一个自上而下的等级严密的指挥体系，每一职务均有明确的职权范围。

▶ 3. 规范录用

人员的任用完全根据职务的要求，通过正式的考评和教育、训练来实现。每个职位上的人员必须称职，同时，不能随意免职。

▶ 4. 管理职业化

管理人员有固定的薪金和明文规定的晋升制度，是一种职业管理人员，而不是组织的所有者。

▶ 5. 公私有别

管理人员在组织中的职务活动应当与私人事务区别开来，公私事务之间应有明确的界限。管理人员没有组织财产的所有权，并且不能滥用职权。

▶ 6. 遵守规则和纪律

组织中包括管理人员在内所有成员必须严格遵守组织的规则和纪律，以确保统一性。

韦伯认为，理想的行政组织体系最符合理性原则，效率最高，能适用于所有的各种管理工作和各种大型组织，如教会、国家机构、军队和各种团体。

教学互动

单项选择题

1. 法约尔是古典组织理论的创始人，他提出过著名的管理五大职能，以下(　)职能是法约尔没有提到的。

A. 计划　　B. 组织　　C. 控制　　D. 领导

2. 马克斯·韦伯认为，权力分为三种类型，其中宜于作为理想组织体系基础的权力是(　　)。

A. 传统的权力　　B. 超凡的权力　　C. 理性—合法的权力　　D. 职位权力

第二节 行为科学理论

20世纪初，资本主义世界经济进入了一个新的时期，生产规模扩大，社会化大生产程度提高，新技术成就广泛应用于生产部门，新兴工业不断出现。同时，社会经济中劳资矛盾进一步加剧，工人不满和对抗的情绪日益严重。在这种情况下，古典管理理论重物轻人，强调严格管理的思想，已不能适应新的形势要求。一些管理学者从进一步提高劳动生产率的角度，把人类学、社会学、心理学等运用到企业管理中去，从20世纪20年代开始逐渐形成了行为科学理论。所谓行为科学，就是对工人在生产中的行为及行为产生的动机进行分析，以便调节人际关系，提高劳动生产率。行为科学理论研究的内容早期被称为人际关系学说，以后发展成行为科学，即组织行为理论。行为科学理论研究的内容主要包括人的本性和需要、行为动机和生产中的人际关系等。

一、霍桑试验与人际关系学说

梅奥(1880—1949年)，原籍澳大利亚，后移居美国。1926年被哈佛大学聘为教授，是人群关系理论及行为科学的代表人物，从事心理学和行为科学研究。他的代表作为《工业文明中人的问题》，该书总结了他亲身参与和指导的霍桑试验及其他几个试验的研究成果，详细地论述了人群关系理论的主要思想。梅奥是继泰勒和法约尔之后，对近代管理思想和理论的发展作出重大贡献的学者之一。

可以说，在开发组织行为领域方面，最重要的贡献来自霍桑试验(当时普遍认为，工作环境的物质条件及工人的技术和体质与生产效率之间存在着明确的因果关系)。霍桑工厂是西方电气公司的一个生产电话机和电器设备的工厂，拥有2.5万名工人，具有较完善的娱乐设施、医疗制度和养老金制度，但工人们仍愤愤不平，生产量很不理想。1921年，美国科学院组织了一个研究小组，去霍桑工厂考察工作条件和生产效率之间的关系。

(1) 照明实验(1924年11月—1927年4月)。12名女工分两组，一组为试验组，一组为对照组，工作性质完全相同，都是单调重复的工作。将试验组的照明度增强后发现该组产量提高，而且对照组的产量也增加了。将试验组的照明度减弱后发现产量仍然保持在一个较高的水平，甚至有提升，直至照明减弱到月光的程度，产量才有所下降。之后又进行了几项试验，包括改变工作日的长度；增加休息时间，在上午10点和下午3点各给予10分钟休息；改变工资制度；提供咖啡甜点；等等。

(2) 继电器装配试验(1927年4月—1929年6月)。霍桑工厂的人事经理在梅奥教授的培训班，向梅奥提出了工厂面临的问题，梅奥非常感兴趣，于是率领了哈佛大学一个研究管理的小组来到霍桑工厂继续美国科学院的这项研究。

将云母片剥离小组的工作场所安排在一间特别的观察室中，在试验期间，小组产量比试验前提高了15%。

(3) 访谈试验(1928年9月—1930年5月)。哈佛小组的试验人员与工厂2万名左右的工人进行了访问谈话。按照预定的计划，要求工人就管理当局的规划和政策、监工的态度和工作条件作出回答。发现工人认为重要的事与企业或研究人员的认识并不总是一致。于是不规定访谈题内容，工人可以就任何一个问题自由发表言论。其中有一名工人认为计件工资率过低，经过考察后发现，他要为妻子支付医疗费，所以工人关心自己个人的问题就会影响工作效率，管理人员特别是基层管理人员应当倾听并理解工人的想法。

(4) 群体试验(绕线试验)。电话线圈装配小组14名男工人(9名绕线工、3名焊接工和2名检验工)，采用集体计件制。工人认为，如果产量大大超过了管理者的预期水平，他们的计件工资率就会降低，如果不足，就会引起管理者的不满，所以，小组员工达成默契，每个人都自觉地限制自己的产量。

通过霍桑试验，梅奥等人提出了人际关系学说，其主要论点如下：

(1) 职工是"社会人"而非"经济人"。古典管理理论把人看作"经济人"，他们只是为了追求高工资和良好的物质条件而工作。因此，对职工只能用绝对的、集中的权力来管理。梅奥等人提出了与"经济人"观点不同的"社会人"观点。其要点是：人重要的是同别人合作；个人是为保护其集团的地位而行动；人的思想行为更多的是由感情来引导。工作条件和工资报酬并不是影响劳动生产率高低的唯一原因。对职工的新的激励重点必须放在社会、心理方面，以使他们之间更好地合作并提高生产率。

(2) 正式组织中存在着"非正式组织"。所谓正式组织，就是为了有效地实现企业的目标，规定组织各成员之间相互关系和职责范围的一定组织管理体系，其中包括组织机构、方针政策、规划、章程等。但人是社会的动物，在组织内共同工作的过程中，人们必然发现相互之间的关系，形成非正式团体。在这团体里，又形成了共同的感情，进而构成一个体系，这就是所谓非正式组织。

非正式组织对人起着两种作用：①它保护工人免受内部成员忽视所造成的损失，如生产得过多或过少。②它保护工人免受外部管理人员的干涉所造成的损失，如降低工资率或提高产量标准。至于非正式组织形成的原因，并不完全取决于经济发展情况，而是同更大的社会组织有联系。

不能把这种在正式组织中形成的非正式组织看成是一种坏事，而必须看到它是正常的。它同正式组织相互依存，并对生产率的提高有很大影响。

(3) 新型领导在于提高职工的满足度，以提高职工的士气，从而提高劳动生产率。金钱或经济刺激对促进工人提高劳动生产率只起第二位的作用，起重要作用的是工人的情绪和态度，即士气，而士气又同工人的满足度有关。这个满足度在很大程度上是社会地位决定的。所谓职工的满足度主要是指为获取安全的感觉和归属的感觉等这些社会需求的满足度。工人满足度越高，士气越高，劳动生产率也就越高，而工人的满足度又依存于两个因素：①工人的个人情况，即工人由于历史、家庭生活和社会生活所形成的个人态度。②工作场所的情况，即工人相互之间或工人与上级之间的人际关系。

所谓新型领导，是指能够区分事实和感情，能够在生产效率和职工们的感情之间取得平衡。这种新型领导可以弥补古典管理理论的不足，解决劳资之间以至工业社会的种种矛盾，提高劳动生产率。新型领导既然表现为能通过提高职工的满足度，提高职工的士气，最后达到提高生产率的目的，那就要转变管理方式，应该重视“人的因素”，采用以“人”为中心的管理方式，改变古典管理理论以“物”为中心的管理方式。

二、X 理论和 Y 理论

麦格雷戈在他所著的《企业的人性方面》一书中，提出了有名的“X 理论和 Y 理论”的人性假定。

在麦格雷戈看来，每一位管理人员对职工的管理都基于一种对人性看法的哲学，或者就有一套假定。他把传统管理对人的观点和管理方法叫作“X 理论”，其要点是：①一般人的天性都是好逸恶劳的，只要可能，就会设法逃避工作。②人几乎没有什么进取心，不愿承担责任，而宁愿被别人领导。③天生就反对变革，把安全看得高于一切。④要使人们真正想干活，那就必须采用严格的控制、威胁和经常不断地施加压力。

Y 理论是建立在对人性和人的行为的动机更为恰当的认识基础上的新理论，其要点如下：①人并不是天生就厌恶工作，工作对人们来讲，正如娱乐和休息一样自然的。②控制和威胁并不是促使人们为实现组织目标而努力的唯一办法。人对自己所参与的目标能实现自我指挥和自我控制。③对目标作出贡献是同获得成就的报酬直接相关的，这些报酬中最重要的是自尊和自我实现的需要的满足，它们能促使人们为实现组织目标而努力。

Y 理论给管理人员提供了一种对于人的乐观主义看法，而这种乐观主义的看法是争取职工的协作和热情支持所必需的。有人指出，Y 理论有些过于理想化了，所谓自我指导和自我控制，并非人人都能做到。人固然不能说生来就是懒惰而不愿负责任的，但是，在实际生活中也的确有些人是这样的，而且坚决不愿改变。对于这一些人，采用 Y 理论进行管理，难免会失败。

三、Z 理论

日本学者威廉·大内在比较了日本企业和美国企业的不同的管理特点之后，参照 X 理论和 Y 理论，提出了所谓的 Z 理论，将日本的企业文化管理加以归纳。Z 理论强调管理中的文化特性，主要由信任、微妙性和亲密性所组成。根据这种理论，管理者要对员工表示信任，而信任可以激励员工以真诚的态度对待企业、对待同事，忠心耿耿地为企业工作。微妙性是指企业对员工的不同个性的了解，以便根据各自的个性和特长组成最佳搭档或团队，增强劳动率。而亲密性强调个人感情的作用，提倡在员工之间应建立一种亲密和谐的伙伴关系，为了企业的目标而共同努力。

X 理论和 Y 理论基本回答了员工管理的基本原则问题，Z 理论将东方国度中的人文感情糅进了管理理论。我们可以将Z理论看作是对X理论和Y理论的一种补充和完善，在员工管理中根据企业的实际状况灵活掌握制度与人性、管制与自觉之间的关系，因地制宜地实施最符合企业利益和员工利益的管理方法。

四、超Y理论

超Y理论是1970年由美国管理心理学家约翰·莫尔斯(J. J. Morse)和杰伊·洛希(J. W. Lorscn)根据“复杂人”的假定，提出的一种新的管理理论，它主要见于1970年《哈佛商业评论》杂志上发表的《超Y理论》一文和1974年出版的《组织及其他成员：权变法》一书中。该理论认为，没有什么一成不变的、普遍适用的最佳的管理方式，必须根据组织内外环境自变量和管理思想及管理技术等因变量之间的函数关系，灵活地采取相应的管理措施，管理方式要适合工作性质、成员素质等。超Y理论是在对X理论和Y理论进行实验分析比较后，提出的一种既结合X理论和Y理论，又不同于X理论和Y理论的理论，是一种主张权宜应变的经营管理理论。实质上是要求将工作、组织、个人和环境等因素进行最佳的配合。

教学互动

多项选择题

1. 按照X理论的观点，以下说法正确的是(　　)。

A. 凭借宽容和信任可以改进工作

B. 人们都有从事生产的基本需要

C. 人天生懒惰、需要激励

D. 金钱比地位重要

2. 梅奥的人际关系学说的基本内容包括(　　)。

A. 人是“社会人”而不是“经济人”

B. 企业中存在着“非正式组织”

C. 生产效率主要取决于工人的士气

D. 科学的管理方法可以提高效率

第三节　现当代管理理论

西方现代管理理论的形成标志着西方管理理论进入了第三个发展阶段。它是在第二次世界大战后，随着社会生产力的发展以及社会学、系统科学、电子计算机技术在管理领域中日益广泛的应用而逐渐形成的。人们通常所说的西方现代管理理论不是一种管理理论，而是对各种不同管理学派理论的统称。孔茨将这些理论称之为“管理丛林”。

一、现代管理理论的丛林

▶ 1. 管理过程学派

过程学派认为管理是一个过程，是在有组织的集体中让别人和自己一起去实现既定的目标。该学派最初的代表人物就是法约尔。管理人员在管理活动中执行着计划组织、领导和控制等若干职能。管理是一个循环的过程，从计划到控制，再从控制到计划，表明了过程的连续性。控制职能确保组织达到其计划的目标。

▶ 2. 社会系统学派

社会系统学派认为，人的相互关系就是一个社会系统，它是人们在意见、力量、愿望以及思想等方面的一种合作关系。管理人员的作用就是要围绕着物质的、生物的和社会的因素去适应总的合作系统。

社会系统学派最早的代表人物是美国的巴纳德。巴纳德的主要贡献如下：

(1) 提出了社会的各种组织都是一个协作系统的观点。他认为，组织的产生是人们协作愿望导致的结果。人们个人办不到的许多事，协作就可办到。

(2) 分析了正式组织存在的三种要素，即成员协作的意愿、组织的共同目标及组织内的信息交流。

(3) 提出了权威接受理论。过去的学者是从上到下解释权威的，认为权威都是建立在等级系列或组织地位基础上。而巴纳德则是从下到上解释权威，认为权威的存在必须以下级的接受为前提。至于怎样才能接受，需具备一定的条件。

(4) 对经理的职能进行了新的概括。经理应主要作为一个信息交流系统的联系中心，并致力于实现协作努力工作。

▶ 3. 决策理论学派

决策理论学派的主要代表人物是美国的赫伯特·西蒙。决策理论的主要论点有：

(1) 强调了决策的重要性。该理论认为，管理的全过程就是一个完整的决策过程，即决策贯穿于管理的全过程，管理就是决策。

(2) 分析了决策过程中的组织影响。上级不是代替下级决策，而是提供给下级决策前提，包括价值前提和事实前提，使之贯彻组织意图。价值前提是对行动进行判断的标准，而事实前提是对能够观察的环境及环境作用方式的说明。

(3) 提出了决策应遵循的准则。主张用“令人满意的准则”去代替传统的“最优化原则”。

(4) 分析了决策的条件。管理者决策时，必须利用并凭借组织的作用，尽量创造条件，以解决知识的不全面性、价值体系的不稳定性及竞争中环境的变化性问题。

(5) 归纳了决策的类型和过程。把决策分成程序化决策和非程序化决策两类。程序化决策是指反复出现和例行的决策，非程序化决策是指那种从未出现过的，或者其确切的性质和结构还不很清楚或相当复杂的决策。另外，他还将决策分为确定型决策、风险型决策和不确定型决策。

▶ 4. 系统管理理论学派

系统管理论学派强调管理的系统观点，要求管理人员树立全局观念、协作观念和动态适应观念，即不能局限于特定领域的专门职能，也不能忽视各自在系统中的地位和作用。

系统管理学派的代表人物是理查德·约翰逊、卡斯特和罗森茨韦克。

▶ 5. 经验主义学派

经验主义学派的主要代表人物是彼得·德鲁克。该学派通过管理案例研究，向一些大企业的经理提供在相同情况下管理的经验和方法。基本观点是，否认管理理论的普遍价值，主张从“实例研究”、“比较研究”中导出通用规范，由经验研究来分析管理。该学派特别重视关于某个公司组织结构、管理职能和程序等方面的研究。

▶ 6. 管理科学学派

管理科学学派也被称为管理数理学派或管理计量学派。这一学派的主要代表人物是美国的伯法等人，他们认为“管理”就是用数学模型及其符号来表示计划、组织、控制、决策等合乎逻辑的程序，求出最优解，以达到企业目标。因此，他们认为管理科学就是制定用于管理决策的数学和统计模型，并将这些模型通过电子计算机应用于管理实践中。

▶ 7. 权变理论学派

权变理论是一种较新的管理思想。通俗地讲，权变就是权宜应变。该学派认为，在企业管理中，由于企业内外部环境复杂多变，因此管理者必须根据企业环境的变化而随机应变，没有什么一成不变、普遍适用的“最佳”管理理论和方法。要求管理者根据组织的实际情况来选择最好的管理方式。

二、当代管理理论

(一) 管理研究发展的新趋势

▶ 1. 从管理科学到管理艺术

管理究竟是科学还是艺术？最初，管理是科学的观点占了上风。首先，只有把管理活动视为一种具有科学规律的活动，才能促使人们以科学的眼光去看待它、研究它，去寻找管理理论的内涵，去透过管理活动的表象，透过管理活动中各种因素之间错综复杂的关系，揭示管理活动的一般原则和规律，从而促进管理理论的百花齐放。其次，管理是科学的观点，促进了人们把其他学科的科学方法和理论引进管理的理论和实践。不论是决策理论、盈亏分析、关键路径等运筹方法的应用，还是系统论、控制论、信息论的引入，无不说明了这一点。无疑，这些研究在管理领域的应用，不仅促进了理论研究的发展，而且对改善管理工作、提高管理绩效，发挥了重要作用。

然而，20 世纪 50 年代以来的发展，管理理论的研究似乎已经穷尽，该说的好像都说了：管理的原则、过程、方法似乎已毫无遮掩地展现在人们的眼前。管理实践者正越来越多地认识到，管理的原则是简单的，管理的方法是明确的，正是这些基本原则和方法的不同组合和运用构成了不同组织管理成败的原因。成功的管理是一种在适当的时候对适当的对象运用适当的方法和原则的艺术。更多的人抱着浓厚的兴趣在成功管理者的自传中去寻找管理艺术的真谛，而不愿在文字优美、逻辑严密的教科书中去寻求理论的精华。

▶ 2. 从硬管理到软管理

20 世纪末 21 世纪初，随着企业规模的扩大和活动内容的复杂、参与要素的增加，仅靠传统的经验，企业家及其委托人再也无法管理好复杂的企业活动，人们开始认识到，必须在总结管理经验的基础上，提炼出一些科学的原则和方法，制订严密的生产经营计划，设计合理的组织机构与结构，建立严格的符合工业生产要求的规章和制度。做好这些工作以后，其余的，只需管理者去监视计划的执行，维护机构的运转，保证规章的遵守，这样，管理的成功便会是必然的结果了。在很长一段时期内，事情确实是这样，或基本上是这样。经营成功的企业通常是那些计划严密、结构合理、规章细致的企业。管理方法、特别是数量方法的发展，科学技术的进步，市场的扩张，这些因素促进了企业对计划、组织、规章等后来被人们称为“硬件”的重视。

20 世纪 70 年代以后，随着国际竞争的加剧，特别是由于日本经济的强大，人们开始研究在国际竞争中迅速崛起的日本企业的成功经验。为什么组织结构大致相同，规章制度相互模仿，计划工具同样先进，计划体系同样严密，而不同的企业却会产生不同、甚至截然相反的经营结果。通过研究，人们发现，在新形势、新环境中，日本企业成功的奥秘在于“软件”的优越：领导方式的灵活、对人的重视、集体决策等特点帮助那些结构、制度、计划与竞争对手相差无几的企业取得更好的经营效果。于是，“软管理”方式渐渐得到管理者的崇尚。

▶ 3. 从“手段人”到“目的人”

20 世纪 20 年代以前，认为人的需求主要是物质和经济方面的，即人是经济人、理性人、驱使其工作的动机是经济方面的需要，在工作过程中是具有理性的，善于计算。管理者的任务是要设计出合理的工作结构和分配制度，能使员工通过提高劳动生产率获得更大的收入，他们就能在劳动中表现出较高的积极性。

20 世纪 20 年代，梅奥等人在霍桑工厂进行的试验表明，人不仅有物质方面的需求，还有社交、归属、自我实现等社会心理方面的需要，要改善劳动者的工作态度，提高其士气，就要设法满足他们在物质和精神、生理和心理上的各种需求，提高他们的满意程度。

不论是泰勒的科学管理原则，还是梅奥在霍桑工厂试验基础上发起来的工业心理学，或是这以后马斯洛、赫茨伯格等行为科学的研究，他们都有一个共同的特点：把人视作企业经营的手段。研究人的目的是提高人的工作效率，从而更加有效地完成企业任务，达成企业目标。毫无疑问，人是企业经营中需要投放的资源之一，但这种资源是主动地参与企业活动的，因此，他不可能仅仅是一种手段。

“手段人”的看法到了 20 世纪 80 年代受到了越来越多的冲击，冲击的原因主要有以下三点。

(1) 人已逐渐成为一种特殊的资源。当今社会是信息社会，信息社会中对企业生产来说最重要的资源是信息、知识和创造力。这些资源的唯一来源是人，人已因此而成为比资本更重要的资源。

(2) 劳动力资源的匮乏。西方国家人口增长率普遍下降，使得劳动市场的供给不断减少，企业为了扩大经营规模而需不断增加，补充或更新的劳动力需求越来越难以满足。据奈斯比特在《展望 90 年代》一书中的分析，20 世纪 70 年代，美国劳动人口每年增加 2.5%，80 年代后期平均增加 1.2%，而 90 年代以后将缩减为 0.8%。企业之间关于人力资源的竞争将因此而更加激烈。

(3) 劳动者的受教育程度和收入水平不断提高。文化教育的发展是经济发展的必然结果，西方国家 1978 年进入劳动市场的人口中，有 50%左右的人受过不同程度的大学教育。经济的发展也直接带来劳动者收入的提高，从而使生活条件得到改善。1950—1980 年的 30 年中，美国家庭的实际购买力翻了一番。受教育程度的提高使劳动者的追求更加广泛，而生活条件的改善使得劳动不再是单纯的谋生手段，越来越多的劳动者把工作看成是自己实现个人社会价值的重要手段，在工作中寻找人生的意义。

这些冲击促使企业不得不更加重视对人的管理，不得不注重“工作生活质量”的改善，不得不把职工当作“目的”来看待。

“手段人”到“目的人”的转变有以下优点。

(1) 注重职工的个人发展。在职进修、工作丰富化以及轮换制等手段促进职工的知识发展和能力提高。

(2) 改善劳动组织。弹性工作制、岗位分担制、部分工作制、非连续工作制等新方法的运用，使职工有更灵活、更自由的时间去处理个人事务或进修学习。

(3) 通过推广“目标管理”、“质量管理小组”等方法，组织职工的参与管理、提倡职工的自我控制。

4. 从强调个人间的竞争到重视组织成员间的协作

随着“手段人”向“目的人”的转变，管理正逐渐趋向不把职工当作孤立的个人来对待，而是将其视作群体的一分子来激励；不仅通过内部的个人竞争来刺激工作热情，而且希望通过强调群体的协作来提高其工作效率。

整个西方文化是以个人主义为核心的。比如，美国宪法明确规定了保障个人的权利与自由。美国人始终追求的理想和目标是“个人自由”原则的全面贯彻和个性的全面发展，在这种文化的熏陶下，西方企业、特别是美国企业在对人的管理中必然以个人为中心，尊重个人的价值，鼓励个人间的竞争，强调个人的成功，以个人为激励对象：工资和奖金的计算是以个人为单位的；企业树立的“英雄”也往往是那种独自在实验室中研究至深夜，或单枪匹马地推销产品的个人奋斗式人物。这种以个人为激励对象的管理方式虽然可以在一定程度上刺激个人的工作热情，但在根本上是与现代工业生产的协作要求是相悖的。现代工业生产分工精细，任何产品的制造都要经过许多环节、经由许多人的努力才能完成。没有劳动协作，任何产品的制造、任何科研的完成，都是难以想象的。然而，以个人为刺激对象的管理和激励机制有可能引起群体内部个人之间的过度竞争，有可能使部门间以及个人间的协作精神消失殆尽，因为在这种机制下，其他部门和个人的成功就意味着自己的失败。这样，部门、个人之间相互保密、封锁、不合作的态度就是必然的后果了。

在经济不景气背景的冲击下，在日本成功的震撼中，许多西方企业开始检讨自己在管理上的失误。通过对日美企业管理的比较研究，许多美国学者发现，日本企业职工大多具有强烈的"企业家族主义"的集体精神和协作意识，在日本企业，个人的成功首先归功的不是自己个人的努力，而是同事协作的结果；首先不是将其视作自己的个人成功，而是视作作为公司集体中一员的成功。日本企业的奖励制度，往往不是以个人为计核对象，而是以集体为单位，因为他们知道，没有与同事的商讨和相互启发，个人难以产生任何有价值的设想和建议，更谈不上完善实施了。所以，在日本企业，采用以个人为单位的计奖制度是难以想象的。

认识到协作精神的重要性，许多美国企业开始模仿日本企业，转向以集体(小组)为单位的奖励制度，注重培养合作精神。比如，在美国的惠普公司，成员间协作意识已如此强烈，以至于每个设计人员(传统上是个人奋斗型的职业)在任何时候都将设计图纸摊开在写字台上，不仅不怕同事模仿或剽窃自己的构思，而且希望能对他人有所启迪，或希望通过他人的意见来改善自己的设想。

5. 从集权到分权

以职能分工为基础，以统一指挥为核心原则、以集权倾向为主要特征的职责分明、结构严谨的等级制度曾经是、现在仍然是许多西方企业的主要组织形式。这种组织的基本运行规则是上层决策、中层传达、基层执行。然而，随着技术进步的加快，随着环境的日趋复杂、随着信息手段的广泛运用，这种集权式的组织形式正逐渐受到挑战，组织内部的分权化已逐渐成为一种趋势，大规模的高度集中统一的大企业，正逐渐演变成由若干自主经营的小单组成的原子合成型的组织。

促进分权化、分散化趋势的原因很多，主要有以下几点。

(1) 环境更加复杂，变化速度加快。任何企业都是在一定环境中经营的，环境的特点对组织结构和决策都有重要影响。第二次世界大战以后，特别是20世纪70年代以来，企业环境变得更加复杂、更加不稳定了。这种不稳定主要是由两个原因造成的：①技术以惊人的速度变化着。工业文明是建立在现代科学技术的广泛运用的基础上的。科学技术发展速度的加快，对企业的生产设施、生产组织、生产成果有着非常重要的影响，这种影响主要表现在促进了产品创新。据托夫勒在《适应性公司》一书中的介绍，美国国际电报电话公司的西部电器公司80年代生产的产品中65%推出不到10年，缩短了产品寿命周期。美国IBM公司50年代第一代电子计算机的设计用了4年，而1979年第四代计算机从研制到投放使用只用了5个月，降低了产品价格。50年代的计算机价值100万美元，而80年代初的苹果电脑只需3000美元，加快了生产设施的更新速度。直至60年代，企业设备的标准更新时间尚在10年左右，到了80年代，许多国家规定的标准折旧期只为5年，而日本松下公司1984年则宣布，半导体生产设施每年更新一次。②环境日趋复杂的另一个因素是全球经济国际化，“地球村”正在形成，企业不仅要与本国同行竞争，还要面对外来经济强人的挑战。60年代，美国汽车市场主要由通用、福特、克莱斯勒所控制，而今天，美、日、德、法等10多个国家的近30家汽车公司活跃在美国市场上。经济国际化使得世界上任何一个国家发生的每一个甚至是微小的政治、经济事件都有可能对企业经营产生直接或间接的影响。

环境日趋复杂要求企业经营内容和方针灵活多变，迅速适应。然而，正如《日本经济评论》中一篇文章所指出的：“一艘30万吨的巨轮掉转航向，至少需要30～40分钟。同样，拥有数万甚至数十万职工的大企业难以迅速适应业务环境的突变。因此，大企业必须从小企业灵活机动的成功经营中受到启示。”

(2) 信息手段的广泛应用，促进了中层管理人员的减少。传统的企业组织中，从高层决策到基层执行，要经过若干中间管理层次的媒介。中层管理人员，除了监视和督促基层的执行工作外，其主要职能是对信息的中转：将上级决策的信息层层传达给基层，同时将基层执行情况及其所处环境变化及时上告高层管理者，以使之掌握信息，把握全局，进行整体上的协调和控制。然而，由于计算机系统等现代信息手段的广泛应用，中层管理人员信息传递功能的重要性已大大削弱，中层管理人员的数量因此而大大缩减。据奈斯比特在《展望90年代》一书里介绍，1979—1985年，西方企业的中层管理人员减少了15%以上，有的甚至高达40%。

(3) 前面分析的“手段人”到“目的人”的转变也是促进分权的原因之一。对“目的人”的管理，要求为他们提供充分的条件，帮助他们实现自我的价值。管理心理学的研究表明，每个人都有强烈的自我表现欲望，都有相当的自我控制甚至领导他人的能力。个人的这种表现欲和领导欲只有在自主权充分、规模不大的群体中才能得到充分的表现。

集中(权)到分散(权)的转变，除了前面已提到的强调参与决策、自主管理外，还表现在以下几点：① 试行公司“内企业”制。② 维持较小的事业部门规模。③ 发展具有充分自主权的工作小组。

6. 从强调理性到重视直觉

企业经营受到内外许多因素的制约。通过研究企业内外环境在历史上的变化状况，可以找到这些因素之间的相互关系，从而可以确定企业环境的变化规律。根据这些规律，企业就可以预测市场的未来前景，正确地制定未来的发展战略和经营计划。正是鉴于这种认识，第二次世界大战以来，西方的管理研究者采用了大量的定量预测方法和决策技术，并试图说明人们只要利用这些符合表示的、科学的、符合逻辑的数学方程式，就可以保证决策合理，从而行动正确，效益提高。这种观点确实在相当长的时期内诱惑了许多高级管理者，他们找来许多掌握大量数量分析方法的工商管理硕士，请他们利用计算机，以几十页甚至上百页的篇幅来描述企业的未来环境，制定和解释企业的长期发展战略。

然而，由于环境日趋复杂、其变化速度日趋加快，由于影响环境的许多因素难以定量地加以描述，比如中东战争、伊朗革命、石油危机、海湾战争，谁也难以预料，人们逐渐认识到了数学公式的局限性，不少管理者在实践中体会到，“预测公式唯有当它们事后被用来描述某一事件的变化时才是正确的”，“尽管计量学家和模式日益精密，但没有任何一个数字、任何一个人、任何一个模型能事先说出最终结果”，从而抱怨现在的经济预测“可能同过去几十年中的任何一次预测一样不可靠”。意识到数学方法的局限性，这些管理人员不得不重新依靠他们那虽然难以证实、难以描述，但经常是正确的直觉，并根据这种直觉来判断环境的变化，制定行动方案，决定某种技术是否立即开发、某个产品是否立即投向市场。

▶ 7. 从外延式管理到内涵式管理

外延式管理是希望通过联合与兼并来扩大经营规模，提高市场占有率。内涵式管理则力求通过充分利用内部条件、加强企业创新、提高内部生产能力来增强企业竞争实力。

20 世纪 60 年代，欧美企业外延式管理盛行，受“规模效益”的诱惑，许多大公司的老板们处心积虑地分析收购对象的市场状况和财务能力，设法通过或迅速、暗地或公开的收购其股票来达到吞并目的，以扩大业务范围、获取规模效益。但规模效益的神话逐渐被打破，企业经营超过某种规模后，带来的不是效益的增加，而是机构的臃肿、决策的迟缓、信息渠道的堵塞、管理的困难，从而导致效益的下降。于是，70 年代中后期开始，一些企业开始将提高竞争实力的途径从盲目的外延式管理转向内涵式管理。这种转变主要表现在以下两个方面：一是有选择地扩展业务，二是强调内部创新。

（二）当代管理理论的进展

▶ 1. 企业再造

所谓企业再造，是指为了获取可以用诸如成本、质量、服务和速度等方面的绩效进行衡量的显著的成就，对企业的经营过程进行根本性的再思考和关键性的再设计。这一定义揭示了企业流程再造的核心。来源于美国著名管理专家迈克尔·哈默和詹姆斯·钱皮合著并于 1993 年出版的《再造公司——企业革命宣言》一书。

企业再造的原则与方法如下：

(1) 紧密配合市场需求确定企业的业务流程。

(2) 根据企业的业务流程确定企业的组织结构。

(3) 以新的、柔性的、扁平化的和以团队为基础的企业组织结构取代传统的企业组织结构。

(4) 强调信息技术与信息的及时获取，加强企业与顾客、企业内部经营部门与职能部门的沟通与联系。

企业再造是围绕业务流程展开的。业务流程再造的关键是重新设计业务流程。再造不是对现有的东西稍作改良，要治本，重新做，要脱胎换骨。要做到脱胎换骨，就要求从根本上改变思路。

▶ 2. 学习型组织

学习型组织是指通过营造整个组织的学习气氛充分发挥员工的创造性思维能力而建立起来的一种有机的、高度柔性的、横向网络式的、符合人性的、能持续发展的组织。美国人彼得·圣吉于1990年出版了《第五项修炼——学习型组织的艺术与实践》一书，指出未来组织所应具备的最根本性的品质是学习，试图推动人们刻苦修炼，学习和掌握新的系统思维方法。要使组织变成一个学习型组织，必须具有以下五项修炼的扎实基础：

(1) 系统思考。系统思考是五项修炼的核心，强调把各个独立、片断的实践联系起来看，以发现其内在的互动关系。

(2) 自我超越。自我超越是五项修炼的基础，强调要认识真实世界并关注于创造自己最理想境界，并由这两者之间的差距产生不断学习的意愿，不断地自我创造和自我超越。

(3) 改善心智模式。人们要学习如何改变自己多年来养成的思维习惯，摒弃陋习，下力气强制和约束自己进入新的心智模式，破旧立新。

(4) 建立共同愿景。所谓共同愿景，是指能鼓舞组织成员共同努力的愿望和远景，或者说是共同的目标和理想。共同愿景主要包括三个要素：共同的目标、价值观与使命感。“愿景”强调的是大家共同愿意去做的远景。因此组织需要建立共同的理想、共同的文化、共同的使命，能使员工看到组织近期、中期和远期的发展目标和方向，从而使员工心往一处想、劲往一处使，使每个人的聪明才智得以充分发挥，使组织形成一种合力。

(5) 团队学习。团队学习就是组织化的学习或交互式的学习。团队学习是适应环境突变的最佳方式，唯有大家一起学习、成长、超越和进步，才能让组织免遭冲击，创造持续佳绩。

学习型组织突破了原有方法论的模式，以系统思考代替机械思考，以整体思考代替片断思考，以动态思考代替静止思考。该理论试图通过一套修炼方法提升人类组织整体动作的“群体智力”。现代企业和其他许多组织面临复杂多变的环境，只有增强学习能力，才能适应种种变化，未来真正出色的组织将是能够设法使组织各阶层人员全心投入，并有能力不断学习的组织，也就是“学习型组织”。

▶ 3. 知识管理

知识管理的研究最早始于美国。20世纪90年代中期，知识管理蓬勃发展。目前，知识管理已经不仅仅局限于理论上的探讨，开始进入实用化阶段。

(1) 知识管理的内容。知识管理可分为人力资源管理和信息管理两个方面。人力资源管理是知识管理的核心内容，人力资源管理就是一种以“人”为中心，将人看成是最重要资源的现代管理思想。

知识经济时代决定企业成败的不仅仅是企业掌握了多少显知识和物化了的知识，而更重要的是能够使那些隐知识转换为显知识。隐知识集中储存在人的脑海里，是个人所获得的经验和技能的体现、结合与创造性转化和发挥。知识管理就是要有效地实现这两类知识的转换并在转换中创新，它使企业能够明智地运用内部资源并预测外部市场的发展方向及其变化，对外部需求作出快速反应。

（2）知识管理的特点如下：

①知识管理重视对组织成员进行精神激励。组织成员拥有不断创新和创造新的有用知识的能力，他们是组织知识创新的主体。因此，采取恰当的激励机制就显得尤其重要，它不仅注重物质激励，更注重精神激励——一种新型的精神激励，即赋予组织成员更大的权力和责任，使其更好地发挥自觉性、能动性和创造性。

②知识管理重视知识的共享和创新。组织间的竞争取决于其整体创新能力，有效的知识管理要求把集体知识共享和创新视为赢得竞争优势的支柱，创造一种组织的知识资源能够得到共享和创新的环境。其目的是通过知识的更有效利用来提高个人或组织创造价值的能力。

③知识管理强调运用知识进行管理。传统管理是经验管理，而经验只是知识中的一个层次。管理科学产生后，管理的知识也是不完整、有失偏颇的。在知识管理中，管理的知识应当是完整的、全面的、有机统一的，它要求管理者能够掌握并在管理过程中综合地运用各种相关知识，使得管理活动卓有成效。将知识视为组织最重要的战略资源，把最大限度地掌握和利用知识作为提高竞争力的关键。

（3）知识管理的实施要点如下：

①设立知识总监。设立知识总监或主管的目的是要在没有先例可循的情况下能够熟练地丰富、支配和管理不断发展的知识体系，以便有效地运用集体的智慧提高应变和创新能力。如可口可乐、通用电气、孟山都等公司都设立了知识主管，知识主管的主要职责是：了解公司的环境和状况，理解公司内的信息需求；建立和造就一个能够促进学习、积累知识和信息共享的环境，每个人都要认识到知识共享的好处，并为公司知识库的丰富作出贡献；监督保证知识库内容的质量、深度、风格并与公司的发展相一致；保证知识库设施的正常运行与信息更新；加强知识的集成和新知识的产生，促进知识共享与生成的不断循环。

②从市场和客户那里获得信息和知识。从市场和客户那里获得信息和知识，是实施知识管理的重要途径。通过给客户提供超越业务范围相关知识的服务是企业获得信息和知识的重要手段。

③建立知识与信息的共享网络和知识联盟。知识与信息共享网络主要有两种：内部网和虚拟网，两者都具有众多的功能。例如，美国的波音公司通过建立虚拟网络，实现了空军地勤的“无纸”开发。波音公司的员工无论在世界哪个角落都能使用相同的数据库。知识联盟有助于组织之间的学习和知识共享，使组织能够开展系统思考。知识联盟将比产品联盟更紧密和具有更大的战略潜能，它可以帮助组织扩展和改善自己的基本能力，从战略上创造新的核心能力。

④以知识创新为基础设立职位。这体现了知识时代独特的管理理念。发达国家的许多

公司都开始实施知识创新管理规则，即根据职员知识创新的表现发放奖金和晋升职位。此外，美国的IBM公司、日本各大公司等，还鼓励专业技术人员与管理人员进行岗位交换，目的是使职员获得更多的有关公司的整体化知识。

⑤ 建立学习型组织。破除旧有的管理观念与思维模式的束缚，强调学习和“知识能力”的重要性，知识将成为创造财富及其附加价值的主体。获取和应用知识的能力，也将成为企业核心竞争力的关键。知识社会的来临使得企业再造和学习型组织成为时代的热潮。

第四节 中国管理思想的演进

一、中国古代管理思想的三大主流学派

我国古代管理思想主要有以下三大学派。

▶ 1. 儒家——仁政以德

以孔子、孟子为代表的儒家，认为“人性本善”，并以此提出施仁政、德治礼制的管理方式。

▶ 2. 法家——法制刑治

以韩非、商鞅、管子为代表的法家，认为“人性本恶”，并以此提出以法制刑治为主的管理方式。

▶ 3. 道家——无为而治

以老子为代表的道家，认为“人性自然”、“道法自然”、“无为而万物化”，用道来说明宇宙万物的本质、构成和变化。

二、中国近代管理思想

中国近代管理思想的特点是中国传统管理思想与西方管理思想的融合。

中国近代管理思想的代表有民族管理思想和民族企业管理思想。

▶ 1. 民族管理思想

中国近代具有代表性的民族管理思想有：

(1) 近代著名改革家和思想家，出生于累代仕宦的龚自珍，从提高行政管理效率的角度，提出了以改善君臣上下级关系为重点的行政管理改革建议。

(2) 地主阶级改革派林则徐，他是一位向西方寻求救国真理的思想先驱，提出严禁鸦片贸易、不禁一般贸易的贸易管理思想，还提出铸银币、用钱票、开银矿的货币管理思想。

(3) 清末学者魏源则主张庶人议政，他认为执政者应该广开言路，尽量全面地听取来

自各方面的意见，这样才能治理好国家。

(4) 洋务派李鸿章，提出以“自强”、“求富”为管理目标的思想，兴办了近代军事工业、民用工业；洋务派张之洞，提出“旧学为体，新学为用”的“中体西用”论。

(5) 资产阶级改良派康有为，提出在社会变法中必须以政治改革为根本，在政治改革中，又必须以君主立宪为根本，他效仿西方议会制度，提出设议院、开制度局，并提出“富国”、“养民”，发展资本主义的经济纲领；改良派梁启超，提出振兴实业论和利用外资论，并根据西方天赋人权学说提出在中国实行君主立宪，设议员、兴民权的政治变革主张。

(6) 资产阶级革命派孙中山，提出以民权主义为特征的政治管理思想，民权主义的基本内容是“建立民主立宪政体”。

▶ 2. 民族企业管理思想

中国近代具有代表性的民族企业管理思想有：

(1) “棉纺巨子”穆藕初，是中国第一位提出改革企业管理体制思想的人，他也是把西方科学管理思想理论与中国工业的具体实践相结合的开拓者，是我国近代企业管理体制改革的先驱。

(2) “面粉大王”荣氏企业集团的创始人荣宗敬、荣德生兄弟，倡导勇于开拓、善于决策、敢于竞争、注重质量、重视人才、加强培训等企业经营管理思想，使荣氏企业成为旧中国最大的民族资本主义企业。

(3) 被誉为“煤炭大王”、“火柴大王”、“企业大王”的刘鸿生，创办刘氏企业集团，集轻重工业、运输业、商业及金融业于一体，他重视企业战略决策，合理采取分散投资策略、人才竞争策略及市场竞争策略，取得巨大的成功。

(4) 曾被毛泽东誉为旧中国实业界“四个不能忘记”的人物之一的卢作孚，他注重人才的延揽与培养，破除论资排辈的旧习俗，采取招考、择优录用、培训的方式，吸引了一批“事业上良友”的人才，并树立“服务社会，便利人群，开发产业，富强国家”的企业经营宗旨，倡导人人进取的价值观念。

(5) 曾受到过著名经济学家马寅初先生赞扬的大成纱厂创办者刘国钧，他提出“懂经营管理，又懂技术，是一等人才；懂经营管理，不懂技术，是二等人才；懂技术，不懂经营管理，是三等人才”的人才观。

(6) 民族工商企业家范旭东，他创办的永利化学工业公司是引进技术并不断创新的楷模。在范旭东的领导下，永利的发明家侯德榜和助手们先引进、采用国外技术，随后在国外企业严密技术封锁的情况下，开展技术自主创新，屡破技术难关，生产出的产品获得万国博览会的金质奖章，最终转变为向国外输出先进技术。

三、中国现代管理思想

中国现代管理思想主要是指从新中国成立至今这一时期的管理思想。

1. 以计划经济为基础的管理思想

我国在社会主义计划经济基础上的管理思想具有高度的计划性、政治性、集权性等特点。这个时期是指1949年新中国成立至1976年，可以归结为五个阶段：国民经济恢复阶段、学习原苏联经验阶段、“大跃进”时期、调整巩固时期和“文化大革命”时期。

2. 以社会主义市场经济为基础的管理思想

1978年后，党和国家的工作重点转移到社会主义经济建设上来，对经济体制进行了重大改革，实行对外开放、对内搞活经济的政策，开始有步骤地对管理体制和管理方法进行改革，揭开了我国企业管理理论和实践发展的新篇章。特别是在最近二十余年中，中国现代管理思想发生了极为深刻的变化，主要体现在以下几个方面：

(1) 从封闭式管理向开放式管理转变。

(2) 从平均主义体制、承包经营责任制向股份制转化。

(3) 从行政官员管理向专家管理转化。

(4) 从单一经营向多元化经营转变。

(5) 从经验管理向科学化、现代化管理转变。

拓展与思考

一、简答题

1. 泰勒科学管理理论的主要内容有哪些？

2. 法约尔提出了哪些管理职能和哪14条管理法则？

3. 人际关系学说的主要观点有哪些？

4. 列表说明现当代管理理论的主要观点。

5. 你认为古典管理理论在现代社会中还具有实践价值吗？

6. 王东同学在学完本章内容后认为：泰勒和法约尔给了我们一些明确的管理原则，而权变理论说一切取决于当时的情境，我们一下倒退了七八十年，从一套明确的原则又回到一套不明确的和模糊的指导方针上去了。你是否同意这种说法，为什么？

7. 除了课本上的理论外，你还接触过其他的当代管理理论吗？如果有，请简单描述其内容。

二、实践训练

到某一企业了解企业管理的内部制度和实际操作情况，看看体现了哪些管理理论，并试着提出相应的改革措施。

三、案例分析

1. 管理理论真能解决实际问题吗？

海伦、汉克、乔、萨利四个人都是美国西南金属制品公司的管理人员。海伦和乔负责产品销售，汉克和萨利负责生产。他们刚参加过在大学举办的为期两天的管理培训学习班。在培训班里主要学习了权变理论、社会系统理论和一些有关职工激励方面的内容。他们对所学的理论有不同的看法，现正展开激烈的争论。

乔首先说："我认为社会系统理论对于像我们这样的公司是很有用的。例如，如果生产工人偷工减料或做手脚的话，如果原材料价格上涨的话，就会影响到我们的产品销售。系统理论中讲的环境影响与我们公司的情况很相似。我的意思是，在目前这种经济环境中一个公司会受到环境的极大影响。在油价暴涨时期，我们当时还能控制自己的公司。现在呢？我们要想在销售方面每前进一步，都要经过艰苦的战斗。这方面的艰苦，你们大概都深有体会吧？"萨利插话说："你的意思我已经知道了。我们的确有过艰苦的时期，但是我不认为这与社会系统理论之间有什么必然的内在联系。我们曾在这种经济系统中受到过伤害。当然，你可以认为这是与系统理论是一致的。但是我并不认为我们就有采用社会系统理论的必要。我的意思是，如果每个东西都是一个系统的话，而所有的系统都能对某一个系统产生影响的话，我们又怎么能预见到这些影响所带来的后果呢？所以，我认为权变理论更适用于我们。如果你说事物都是相互依存的话，系统理论又能帮我们什么忙呢？"

海伦对他们这样的讨论表示有不同的看法。她说："对社会系统理论我还没有很好地考虑。但是，我认为权变理论对我们是很有用的。虽然我们以前亦经常采用权变理论，但是我却没有认识到自己是在运用权变理论。例如，我有一些家庭主妇顾客，听到她们经常讨论关于孩子和如何度过周末之类的问题，从她们的谈话中我就知道她们要采购什么东西了。顾客也不希望我们逼他们去买他们不需要的东西。我认为，如果我们花上一两个小时与他们自由交谈的话，那肯定会扩大我们的销售量。但是，我也碰到一些截然不同的顾客，他们一定要我向他们推荐产品，要我替他们在购货中做主。这些人也经常到我这里来走走，但不是闲谈，而是做生意。因此，你们可以看到，我每天都在运用权变理论来对付不同的顾客。为了适应形势，我经常改变销售方式和风格，许多销售人员也都是这样做的。"

汉克显得有点激动，他插话说："我不懂这些被大肆宣传的理论是什么东西。但是，关于社会系统理论和权变理论问题，我同意萨利的观点。教授们都把自己的理论吹得天花乱坠，他们的理论听起来很好，但是他们的理论却无助于我们的实际管理。对于培训班上讲的激励要素问题我也不同意。我认为泰勒在很久以前就对激励问题有了正确的论述。要激励工人，就是要根据他们所做的工作付给他们报酬。如果工人什么也没有做，则就用不着付任何报酬。你们和我一样清楚，人们只是为钱工作，钱就是最好的激励。"

(1) 你同意哪一个人的意见？他们的观点有什么不同？

(2) 如果你是海伦，你如何使萨利信服系统理论？

2. 知识分子太难管了！

有一个实力较强的应用科学研究所，所长是一位有较大贡献的专家，他是在“让科技人员走上领导岗位”的背景下，被委任为所长的，没有领导工作的经验。他上任后，在科研经费划分、职称评定、干部提升等问题上，实行“论资排辈”的政策；在成果及物质奖励等问题上则搞平均主义；科研项目及经费只等上级下拨。广大的中青科技人员由于收入低且无事可做纷纷到外面从事第二职业，利用所里的设备和技术捞私利，所里人心涣散。

上级部门了解情况后，聘任了一位成绩显著的家用电器厂厂长当所长，该厂长是一位转业军人，是当地号称整治落后单位的“铁腕人物”。新所长一上任，立即实施一系列新的规章制度，包括“坐班制”，并把中青年科技人员集中起来进行“军训”，以提高其纪律性；在提升干部、奖励等问题上，向“老实、听话、遵守规章制度”的人倾斜。这样一来，涣散的状况有所改变，但大家还是无事可做，在办公室看看报纸，谈谈天，要求调离的人继续增加，员工与所长之间也经常出现矛盾。一年后，该所长便辞职而去，并留下了“知识分子太难管了”的感叹。

上级部门进行仔细的分析和研究后，又派一位市科委副主任前来担任所长。该所长上任后，首先进行周密的调查，然后在上级的支持下，进行了一系列有针对性的改革，把一批有才能、思想好、有开拓精神的人提升到管理工作岗位，权力下放到科室、课题组；奖励、评职称实行按贡献大小排序的原则；提倡“求实、创新”的工作作风；在完成指定科研任务的同时，大搞横向联合，制定优惠政策，面向市场。从此，研究所的面貌焕然一新，原来的一些不正常现象自然消失，科研成果、经济效益成倍增长，成了远近闻名的科研先进单位。

同一个研究所，为什么不同的人来当所长会有大不相同的结果？

拓展阅读

管理哲理故事

一天夜里，已经很晚了，一对年老的夫妻走进一家旅馆，他们想要一个房间。前台侍者回答说：“对不起，我们旅馆已经客满了，一间空房也没有剩下。”看着这对老人疲惫的神情，侍者又说：“但是，让我来想想办法……”

叙述到这里，你希望下面有一个数学的继续，还是愿意得到一个文学的结局？但不管怎样，数学和文学都将在这里分手了。

数学的故事是这样发展的：这个好心的侍者开始动手为这对老人解决房间问题，他叫醒旅馆里已经睡下的房客，请他们换一换地方，1 号房的客人换到 2 号房间，2 号房的客人换到 3 号房间……依次类推，直至每一位房客都从自己的房间搬到下一个房间。这时奇迹出现了，1 号房间竟然空了出来。侍者高兴地将这对老年夫妇安排了进去。没有增加房间，没有减少客人，两位老人来到时所有的房间都住满了客人——但是仅仅通过让每一位客人挪到下一个房间，结果第一个房间就空了出来，这是为什么呢？原来，两位老人进的是数学上著名的希尔伯特旅馆——它被认为是一个有着无数房间的旅馆。这个故事是伟大的数学家大卫·希尔伯特所讲述，他借此引出了数学上的"无穷大"的概念。这一概念对于这门学科来说之重要，可以说如果没有它我们就很难想象数学将如何存在。只要会数数的人都知道，每一整数都有一个后继者直至无穷(所以在希尔伯特旅馆里，每间房子后面都会有一间直至无穷)……数学就是一门关于无穷大的科学。

好了，我们回到侍者说"让我来想想办法"的地方。

文学的故事是这样继续的：这个文学的侍者理应更富人性和爱心，他当然不忍心深夜让这对老人出门另找住宿。而且在这样一个小城，恐怕其他的旅店也早已客满打烊了，这对疲惫不堪的老人岂不会在深夜流落街头？于是好心的侍者将这对老人引领到一个房间，说："也许它不是最好的，但现在我只能做到这样了。"老人见眼前其实是一间整洁又干净的屋子，就愉快地住了下来。

第二天，当他们来到前台结账时，侍者却对他们说："不用了，因为我只不过是把自己的屋子借给你们住了一晚——祝你们旅途愉快!"原来如此。侍者自己一晚没睡，他就在前台值了一个通宵的夜班。两位老人十分感动。老头儿说："孩子，你是我见到过的最好的旅店经营人。你会得到报答的。"侍者笑了笑，说这算不了什么。他送老人出了门，转身接着忙自己的事，把这件事情忘了个一干二净。没想到有一天，侍者接到了一封信函，打开看，里面有一张去纽约的单程机票并有简短附言，聘请他去做另一份工作。他乘飞机来到纽约，按信中所标明的路线来到一个地方，抬眼一看，一座金碧辉煌的大酒店耸立在他的眼前。原来，几个月前的那个深夜，他接待的是一个有着亿万资产的富翁和他的妻子。富翁为这个侍者买下了一座大酒店，深信他会经营管理好这个大酒店。这就是全球赫赫有名的希尔顿饭店首任经理的传奇故事。

事情都是从一个富有同情心、满怀仁爱的侍者的智慧头脑开始："让我来想想办法……"进入数学的领域，需要的一定是严密的逻辑、合理的推论及精确的求证；来到文学的天地，凭借的却是美好的人性、动人的情节和意外而圆满的结局。但你发现没有：不管是文学还是数学，结局都很神奇——爱加上智慧原来是能够产生奇迹的。

第　三　章

计划与决策

有一位父亲带着三个孩子，到沙漠去猎杀骆驼。他们到了目的地。父亲问老大："你看到了什么？"老大回答："我看到了猎枪，还有骆驼，还有一望无际的沙漠。"父亲摇摇头说："不对。"父亲以同样的问题问老二，老二回答说："我看见了爸爸、大哥、弟弟、猎枪，还有沙漠。"父亲又摇摇头说："不对。"父亲又以同样的问题问老三，老三回答："我只看到了骆驼。"父亲高兴地说："你答对了。"

管理启示

一个人若想走上成功之路，首先必须要有明确的目标。目标一经确立，就要心无旁骛，集中全部精力，勇往直前。

计划工作是一座桥梁，它把我们所处的此岸和我们要去的彼岸连接起来，以克服这一天堑。

——哈罗德·孔茨

>>> 学习目标

- 了解计划及目标的含义，计划工作的特征和作用。
- 理解决策的含义、分类。
- 掌握计划、决策的程序，目标管理的概念、基本过程和特征。
- 掌握滚动计划法和网络计划法。
- 掌握定性决策方法和定量决策方法。
- 通过理论学习培养分析和界定管理问题的能力。

第一节 计划与计划工作

计划是管理的首要职能，是管理职能中一个最基本的职能。计划是任何一个组织成功的核心，它存在于组织各个层次的管理活动中。管理者的首要职责就是做计划，使组织成员理解组织的目标，并有效地实现组织目标。

一、计划与计划工作的概念

"计划"一词可以从两个方面理解：从名词意义上说，计划是指用文字和指标等形式表达的，在制订计划的工作中所形成的各种管理性文件；从动词意义上说，计划是指为实现决策目标而进行计划工作的过程。所以说，计划是为实现组织目标而对未来行动所做的综合的统筹安排，是未来组织活动的指导性文件。

计划工作有广义和狭义之分。广义的计划工作是指制订计划、执行计划和检查计划的执行情况三个阶段的工作过程。狭义的计划工作则是指制订计划。

我们主要从狭义的概念理解计划工作，它是指根据环境的需要和组织自身的实际情况，通过科学地预测，确定在未来一定时期内组织所要达到的目标以及实现目标的方法。计划工作就像一座桥梁，它是组织各个层次管理人员工作效率的根本保证，能够帮助我们实现预期的目标。

计划工作的内容常用“5W1H”来表述：

• What(What to do)——做什么？即明确组织的使命、战略、目标，以及行动计划的具体任务和要求，明确一个时期内的中心任务和工作重点。例如，组织在未来多长时间内要达到什么样的战略目标；确定年度生产计划中主要生产哪些产品、生产多少等。

• Why(Why to do)——为什么做？即明确计划工作的原因及目的。

• Who(Who to do)——谁去做？即要明确哪些部门和人负责实施计划。例如，企业开发一种新产品，要经过产品设计、样机试制、小批试制和正式投产几个阶段，在计划中就要明确规定每个阶段由哪个部门、哪个人负主要责任，哪些部门协助，各个阶段的接口处由哪些部门和人员参加鉴定和审核等。

• When(When to do)——何时做？即规定计划中各项工作的起始时间和完成时间。具体讲，就是制定进度，以便对计划的实施进行有效的控制和对组织的能力及资源进行平衡。

• Where(Where to do)——何地做？即规定计划的实施地点或场所，了解计划实施的环境条件和限制，合理安排计划实施的空间组织和布局。

• How(How to do)——怎样做？即制定实现计划的手段及措施。具体讲，就是制定实施计划的措施及相应的政策和规则，对资源进行合理分配和集中使用，对人力、生产能力进行平衡，以及对各种派生计划进行综合平衡等。

二、计划工作的特征

计划工作的基本特征可以概括为以下五个方面：

▶ 1. 目的性

组织是通过各种合作去实现目标而得以生存和发展的，计划工作旨在促使组织目标的实现。计划工作的一个主要方面就是通过制订计划，使组织的每个成员能够明确和理解组织的目标。在计划工作过程的最初阶段，制定具体、明确的目标是其首要任务。计划工作不仅要使今后的行动集中于目标，还要预测并确定哪些行动有利于达到目标，哪些行动不利于达到目标或与目标无关，从而指导今后的行动朝着目标的方向迈进。

▶ 2. 首位性

计划在管理职能中处于首要地位，这主要是由于管理过程当中的其他职能都是为了支持、保证目标的实现，计划工作的主要任务就是为组织活动确定目标，组织、领导和控制等管理活动，只能在确定目标之后才能进行。因此，要使其他管理职能发挥效用，必须首先制订好计划。

▶ 3. 普遍性

计划工作的普遍性主要体现在如下几个方面。首先，计划工作涉及组织管理区域的每个层次。虽然计划工作的特点和范围随各级主管人员的层次、职权不同而不同，但计划工作是每位管理者无法回避的职能工作，只不过不同层次的管理者所从事的计划工作的侧重点和内容有所不同，高层管理者往往侧重于负责制定战略计划，而具体的计划由下级完成；较低层次的管理者偏重于作业计划。其次，现代组织的管理工作纷繁复杂，即使最聪明、最能干的领导人也不可能包揽全部的计划工作。最后，授权下级制订某些计划，有助于调动下级参与组织管理的积极性，进一步挖掘下级的潜力。因此，计划工作是各级管理人员的一个基本职能，具有普遍性。

▶ 4. 经济性

计划工作不仅要有效地确保实现目标，还要从众多的方案中选择最优的资源配置方案，以求得合理利用资源和提高效率，也就是说计划工作要讲究效率。计划的效率是以它对组织目标所做贡献扣除为了制订和执行计划所需要的费用和其他预计不到的损失之后的总额来测定的。简单地讲，就是投入与产出之间的比率。如果计划能得到最大的剩余，或者如果计划按合理的代价实现目标，这样的计划是有效率的。这里所讲的效率，不仅包括用人们通常理解的按成本、工时或资金等来衡量，而且还包括用组织成员和集体的满意程度来衡量。

▶ 5. 创造性

计划工作需要管理者针对组织所面临的新环境来发现和解决新问题。面对出现的新变化和新机会，管理人员要敢于打破旧观念的束缚，及时提出适应本组织特点的一些新思路、新观点和新方法，使计划更加符合客观实际。可以说，成功的计划始于创新。

三、计划工作的作用

计划是对未来的部署，它为组织的发展提供了方向。在复杂多变和充满不确定性的组织环境中，一个科学、准确的计划，会减少各种变化所带来的影响，为管理者实现既定的管理目标起到事半功倍的作用。

▶ 1. 计划可以预知未来的不确定因素，减少变化带来的影响

计划是面向未来的，但未来的组织生存环境又具有很大的不确定性。计划的重要性就是要充分分析并了解未来环境的变化规律和变化趋势，掌握未来组织可能出现的机会和面临的挑战，从而将不确定性降到最低限度。因此，这就要求管理者进行周密的预测，把计划做得科学、准确，才能变被动为主动，变不利为有利。

▶ 2. 有利于组织目标的实现

每个计划及其派生出来的计划，目的在于促使组织目标的实现。计划为组织确立了明

确而具体的目标，并且选择了有利于组织实现目标的方案，计划工作可以使人们的行动对准既定的目标。由于周密细致、全面的计划工作统一了部门之间的活动，才使主管人员从日常的事务中解放出来，而将主要精力放在随时检查、修改、扩大计划上来，放在对未来不确定的研究上来。这既能保证计划的连续性，又能保证全面地实现奋斗目标。

▶ 3. 计划工作设计了良好的工作流程，便于有效地进行管理

计划工作强调效率性。在具体的目标方案中，计划工作明确了组织中每个部门的职能分工，使得每个职能部门的工作能够协调一致，用均匀的工作流程代替不均匀的工作流程，从而有利于资源的合理配置。同时，计划工作对人力、物力、财力和时间都作出了明确而具体的规定，保证人、财、物得到最合理的安排，使得经营活动的费用能够降低到最低限度。因此，计划工作能细致地组织经营活动，有效地提高组织的经济效益。

▶ 4. 计划设立目标，有利于进行控制

计划和控制是一个事物的两个方面，没有计划的活动是无法控制的，可以说，计划是控制的基础。控制活动就是通过纠正计划的偏差使活动保持既定的方向，正是由于计划工作确定了目标，才使得控制职能能够将实际的业绩与计划目标进行对照，一旦出现重大偏差，可以及时纠正偏差。因此，没有计划，也就没有控制。计划与控制的关系如图 3-1 所示。

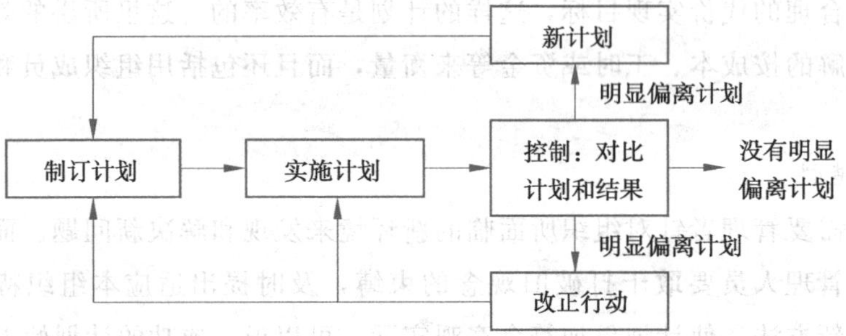

图 3-1 计划是控制的基础

四、计划的类型

由于组织活动是多样和复杂的，使得组织的计划种类也很多，它们的重要程度也有差别。为便于研究和指导实际工作，有必要按不同的标准对计划进行分类。

（一）按计划的表现形式分类

▶ 1. 宗旨

任何组织活动都有一定的目的和任务，宗旨就是一个组织最基本的目标，它是一个组织继续生存的理由，也是社会赋予它们的基本职能。宗旨明确了一个组织是干什么的，应该干什么。例如，一个企业的宗旨是追求股东权益最大化或是向社会提供有价值的商品和服务等。

▶ 2. 目标

目标是在充分理解组织宗旨的条件下建立起来的，是组织活动在一定条件下要达到的预期结果。确定目标本身也是计划工作，目标不仅是计划工作的终点，而且也是组织工作、人员配备、指导与领导以及控制等活动所要达到的结果。组织中各个管理层次都应该建立自己的目标，组织低层次目标必须与高层次目标相一致，组织要完成一个高层次目标，必须完成较低层次的目标，循序渐进。

▶ 3. 战略

战略一词来自于军事用语，是指通过对交战双方进行分析、判断而作出对战争全局的筹划和指导。对于组织来说，战略是为了实现组织长远目标所选择的发展方向。战略的目的是通过一系列的主要目标和政策，来决定组织未来的发展方向，总目标和总战略要通过分目标和分战略来逐步加以实现。

▶ 4. 政策

政策是指组织在决策时或处理问题时，指导以及沟通思想活动的方针和一般规定。政策是管理的指导思想，它为管理人员的行动指明了方向，并明确了在一定范围内怎样进行管理。政策的种类有很多，一个组织的各个部门都要制定各部门相应的政策，制定政策要充分分析组织的目标，要保持一贯性、完整性和稳定性。

▶ 5. 程序

程序也是一种计划，它规定了某些经常发生的问题的解决方法和步骤。如果说政策是人们思考问题的指南，那么程序则是行动的指南，它具体规定了某一件事情应该做什么、如何去做，其实质是对未来要进行的行动规定时间顺序，对组织内大多数政策来说，都应该规定相应的程序来指导政策的执行。

▶ 6. 规则

规则是一种最简单的计划，它规定了某种情况下能采取或不能采取的某种具体行动。程序由许多步骤组成，如果不考虑时间顺序，其中的某一步就是规则。在通常情况下，一系列规则的总和就构成了程序。

▶ 7. 规划

规划是为了实现既定方针所必需的目标、政策、程序、规则、任务分配、执行步骤、使用资源以及其他要素的复合体。规划是粗线条的、纲领性的计划。规划有大有小，有长远的和近期的，其目的在于划分总目标实现的进度。

▶ 8. 预算

预算也被称为数字化的计划，是用数字表示预期结果的一份报表。预算可以用财务术语或其他计量单位来表示，这种数字形式有助于更准确地执行计划。通过预算可以考核管理工作的成效和对预算目标的偏离情况，从而实现控制的目的。

（二）按计划的期限分类

按计划的时间跨度可把计划分为长期计划、中期计划和短期计划。长期计划通常称为远景计划，是为实现组织的长期目标服务的具有战略性、纲领性指导意义的综合发展规划。长期计划的期限一般在5年以上。中期计划是根据长期计划提出的目标和内容并结合计划期内的具体条件变化进行编制的，它比长期计划更为详细和具体。中期计划具有衔接长期计划和短期计划的作用，期限一般在1～5年。短期计划通常又称年度计划，是根据中长期计划规定的目标和当前的实际情况，对计划年度的各项活动所做出的具体安排和落实。短期计划的期限一般在1年左右。

(三) 按组织职能分类

组织的类型和规模不同，具体职能部门的设置也不同。通常根据职能部门把计划划分为供应计划、生产计划、销售计划、财务计划、人力资源计划、新产品开发计划和安全计划等。

(四) 按计划范围的广度分类

按计划范围的广度可将计划划分为战略计划、策略计划和作业计划。

▶ 1. 战略计划

战略计划是指应用于整个组织，为组织为未来较长时期(通常为5年以上)设立总体目标和寻求组织在环境中的地位的计划。战略计划一般由组织的高层管理人员来制订，其基本特点是：

(1) 长期性和整体性。

(2) 计划所包含的时间跨度长，涉及范围广。

(3) 计划内容抽象、概括，不要求直接的可操作性。

(4) 计划的前提多是不确定的，计划结果也往往带有高度的不确定性。

▶ 2. 策略计划

策略计划是为实现战略计划而采取的手段，比战略计划具有更大的灵活性。策略计划一般由中层管理人员制订。

▶ 3. 作业计划

作业计划是指规定总体目标如何实现的细节的计划，是根据战略计划和策略计划而制订的执行性计划。作业计划一般由下级管理人员制订。

(五) 按计划的明确程度分类

按计划的明确程度可把计划划分为指导性计划和具体性计划。指导性计划只规定一些重大方针，指出重点但不把管理者限定在具体的目标上，或特定的行动方案上。具体计划则明确规定了目标，并提供了一整套明确的行动步骤和方案。

(六) 按计划的重复性分类

按计划的重复性可将计划分为程序性计划和非程序性计划。西蒙认为组织的活动可以分为两类：一类是例行的重复出现的活动，对这类活动的决策成为程序化决策，与之对应的计划工作就是程序性计划或常规计划，包括标准和常规作业程序等。另一类活动是非例行的不重复出现的活动，对这类活动的决策称为非程序化决策，与之相对应的计划工作称为非程序性计划或专项计划，包括为特定的情况专门设计的方案、进度表等，它用来处理一次性的而非重复性的问题。

五、计划工作的程序

计划职能是管理的基本职能。为使集体的努力有效，人们就必须知道在一定时期内应该去做什么，这就是计划的职能。由于管理的环境是动态的，管理活动也在不断地变化和发展，计划是作为行动之前的安排，因此计划工作是一种连续不断的循环。良好的计划必须有充分的弹性，从计划到再计划，不断循环、不断提高。计划工作的程序一般包括：估量机会、制定目标、确定计划工作的前提条件、确定可供选择的方案、比较各种方案、拟订派生计划，以及通过预算使计划数字化等。

▶ 1. 估量机会

估量机会是在实际的计划工作开始之前就着手进行的，是对将来可能出现的机会加以估计，并在清楚全面地了解这些机会的基础上，进行初步的探讨。组织的管理者要充分认识到自身的优势、劣势，分析面临的机会和威胁，要做到心中有数，知己知彼，才能真正摆正自己的位置，明确组织希望自己去解决什么问题，为什么要解决这些问题，我们期望得到什么等。虽然估计机会要在实际编制计划之前进行，不是计划工作的一个组成部分，但却是计划工作的真正起点。在估量机会的基础上，确定可行性目标。

▶ 2. 确定目标

计划工作的目标是指组织在一定时期内所要达到的效果。目标是组织存在的依据，是组织的灵魂，是组织期望达到的最终结果。在确定目标的过程中，要说明基本方针和达到的目标是什么，要告诉人们战略、政策、程序、规划和预算的任务，要指出工作的重点。

▶ 3. 确定前提条件

计划工作的前提条件就是计划工作的假设条件，也就是执行计划时的预期环境。确定前提条件，就是要对组织未来的内外部环境和所具备的条件进行分析和预测，弄清计划执行过程中可能存在的有利条件和不利条件。确定计划的前提条件主要靠预测，但未来预期环境的内容多种多样，错综复杂，影响的因素很多，这些因素有的可以控制，如开发新产品、新市场、资源分配等；有的不能控制，如宏观环境、政府政策等。一般来说，不可控因素越多，预测工作的难度就越大，对管理者的素质要求就越高。

▶ 4. 确定备选方案

在计划的前提条件明确以后，就要着手去寻找实现目标的方案和途径。完成某一项任务总会有很多方法，即每一项行动都有异途存在，这就是“异途原理”。方案不是越多越好，我们要做的工作是将许多备选方案的数量逐步地减少，对一些最有希望的方案进行分析。通常，最显眼的方案不一定是最佳的方案，只有发掘了各种可行的方案才有可能从中选出最优的方案。计划工作者往往要通过数学方法和计算机来择优，排除希望最小的方案。

▶ 5. 评价备选方案

评价备选方案就是要根据计划目标和前提来权衡各种因素，比较各个方案的优点和缺点，对各个方案进行评价。各种备选方案一般都各有其优缺点，如有的方案利润大，但支出大，风险高；有的方案利润小，但收益稳定，风险低；有的方案对长远规划有益；有的方案对眼前有利。这就要求管理者根据组织的目标并结合自己的经验和直观判断能力对方案做出评价，在分析时可借助数学模型和计算机手段，要做到定性分析和定量分析相结合，才能选择一个最合适的方案。

▶ 6. 选择可行方案

选择可行方案就是选择行为过程，正式通过方案。选择方案是计划工作最关键的一步，也是抉择的实质性阶段。在做出抉择时，应当考虑在可行性、满意度和可能效益三方面结合的最好的方案。有时我们在评选中会发现一个最佳方案，但更多的时候可能有两个或多个的方案是合适的，在这种情况下，管理者应决定首先采用哪个方案，而将其余的方案也进行细化和完善，作为后备方案。

▶ 7. 拟订派生计划

派生计划就是总计划下的分计划，其作用是支持总计划的贯彻落实。一个基本计划总是需要若干个派生计划来支持，只有在完成派生计划的基础上，才可能完成基本计划。

▶ 8. 编制预算

计划工作的最后一步就是编制预算，使计划数字化，即将选定的方案用数字更加具体地表现出来，如收入和费用总额，取得的利润和发生的亏损等。通过编制预算，对组织各类计划进行汇总和综合平衡，控制计划的完成进度，才能保证计划目标的实现。

六、计划工作的方法

▶ 1. 滚动计划法

在计划的编制过程中，往往由于主、客观因素不断发生变化而产生一系列问题：一是原计划执行一定时期后，往往脱离实际；二是一次编制出一定时期的计划，若不能瞻前顾后、上下配合，就难以使前、后期计划密切衔接。这样必然使计划不能发挥指导生产经营活动的作用，给组织的生产经营带来困难。因此，在执行计划的过程中由于环境和条件的变化等原因，需要对计划进行调整和修改，而滚动计划法是一种较好的制订和修改计划的方法。

滚动计划是一种具有灵活性的、能够适应环境变化的长期计划编制方法。由于长期计划的计划期较长，影响它的不可控因素较多，很难准确地预测到各种影响因素的未来变化，因而很难确保长期计划的成功实施。采用滚动计划法，可以根据环境条件变化和实际执行情况，定期对计划进行修订，使组织始终有一个较为切合实际的长期计划作指导，并使长期计划与中期计划、短期计划紧密衔接。

滚动计划的编制方法是：在已经编制出的计划基础上，按照“近细远粗”的原则，每经过一段固定的时期(例如一年或一个季度，这段固定的时期被称为滚动期)，便根据变化了的环境条件和计划的实际执行情况，从确保实现计划目标出发对原计划进行调整。每次调整时，保持原计划期限不变，而将计划期顺序向前推进一个滚动期。例如，某企业在2014年年初制定了2014—2018年的五年计划，如采用滚动计划法，到2015年年初，根据当年计划完成的实际情况和客观条件的变化，对原定的五年计划进行必要的调整，在此基础上再编制2015—2019年的五年计划。其后依次类推，如图3-2所示，就是一个五年期的滚动计划编制过程。

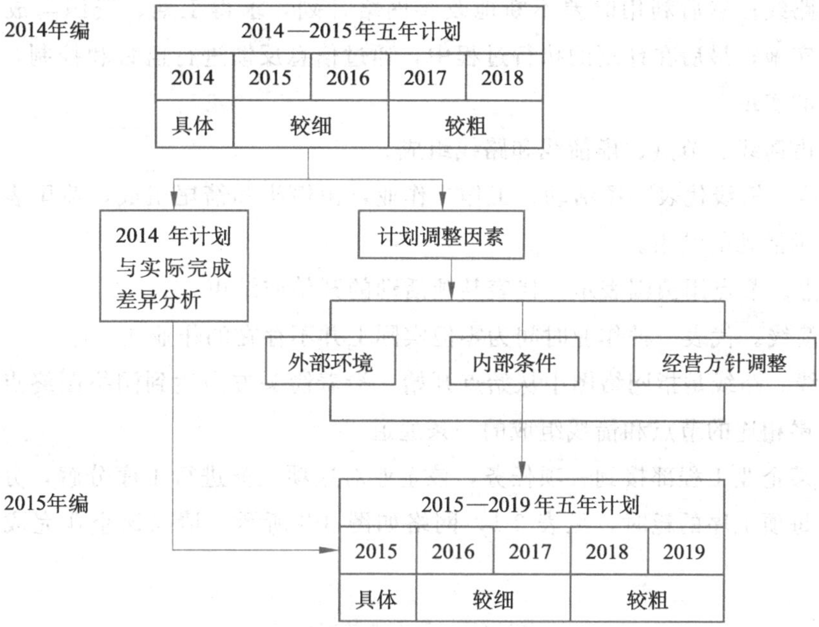

图 3-2 五年期的滚动计划编制过程

滚动计划法的优点十分明显：

(1) 预见性。编制滚动计划，可以连续地预测出下期计划的情况及存在的问题，便于组织及早采取措施，发展有利因素，克服不利因素。

(2) 灵活性。编制滚动计划，可以及时根据主、客观条件，调整、修改计划，提高组织的应变能力。

(3) 均衡性。编制滚动计划既考虑了本期任务，又要研究预测下期情况，因而易于做到各期计划均衡生产，避免发生大起大落的现象。

(4) 连续性。按照滚动计划法编制计划，本期计划是在分析上期实际情况的基础上制订的，既是上期计划的延续，又是编制下期计划的基础，因而可使前、后期计划密切衔接。同时也便于长期计划与年度计划，年度计划与季度、月度计划紧密衔接，可以充分发挥长期计划对短期计划的指导作用。

滚动计划法的缺点是编制计划的工作量太大，但是随着计算机的普及和辅助计算功能的加强，这一难点问题已经得到很好的解决。

2. 网络计划法

网络计划法，又称网络计划技术，它是安排和编制最佳日程计划，有效地实施进度管理的一种科学的管理方法，其工具是箭条图，故又称矢线法。是利用统筹法通过网络图的形式反应和表达计划的安排、选择最优方案、组织协调和控制生产的进度及费用，使其达到预定目标的一种科学管理方法。

网络计划法的基本步骤：首先运用网络图形式表达一项计划中各种工作(任务、活动、过程、工序)之间的先后次序和相互关系；其次进行网络分析，计算网络时间，确定关键工序和关键路线；然后利用时差不断地改善网络计划，求得工期、资源与成本的优化方案，并付诸实施；最后在计划的执行过程中，通过信息反馈进行监督和控制，以保证预定的计划目标的实现。

网络图由箭线、节点、虚箭线和路线组成。

(1) 箭线。箭线代表一项活动、工作、作业，由箭头和箭尾组成，箭尾表示活动的开始，箭头表示活动的结束。

(2) 节点。节点用圆圈表示，代表某项活动的开始或结束。

(3) 虚箭线。代表一种作业时间为零但实际上并不存在的作业或工序。

(4) 路线。路线是指网络图中从始点开始，沿着箭头方向达到网络图终点为止，中间由一系列首尾相连的节点和箭线组成的一条通道。

例如，某企业工程部接到一项任务，该企业对这项任务进行工序分解，分解为 8 项工序，并给出每项工序的耗时，见表 3-1，网络如图 3-3 所示，请问该企业完成该任务的最短耗时。

表 3-1　各工序耗时表

工序代号	A	B	C	D	E	F	G	H
紧前活动			A	A	B	C	C、D、E	F、G
作业时间(天)	4	2	6	8	4	4	10	4

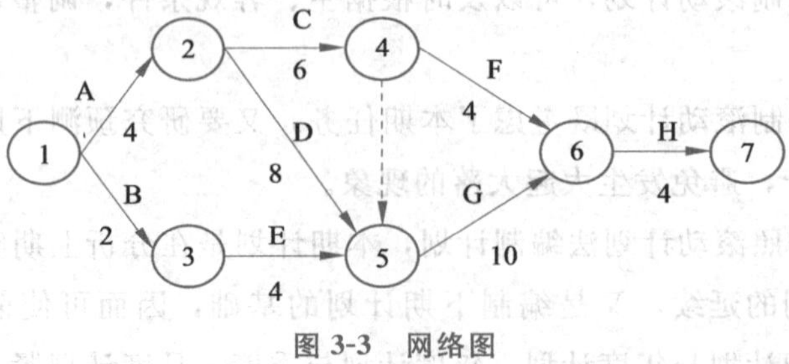

图 3-3　网络图

在图 3-3 中，从起点①连续不断地走到终点⑦的路线一共有 4 条。

第一条：①→②→④→⑥→⑦

第二条：①→②→④→⑤→⑥→⑦

第三条：①→②→⑤→⑥→⑦

第四条：①→③→⑤→⑥→⑦

比较各路线的路长，可以找出一条或几条最长的路线，这种路线被称为关键路线，它直接影响整个计划完成的时间期限。确定关键路线，据此合理地安排各种资源，对各工序活动进行进度控制，是利用网络计划法的主要目的。图 3-3 中的关键路线是第三条：①→②→⑤→⑥→⑦，该项任务的最短耗时为 26 天。

网络计划法有以下优点：

(1) 能够全面而明确地反映出各项工作之间的相互依赖、相互制约的关系。

(2) 主次分明、缓急清楚，便于抓住主要矛盾。

(3) 反映了各项工作机动时间，有利于资源的合理分配。

(4) 有利于计算机技术的使用，便于网络计划的调整与控制。

教学互动

选择题

常用计划主要包括（　　）。

A. 政策　　B. 规划　　C. 预算　　D. 程序　　E. 项目

第二节　决　策

一、决策的概念与特征

任何一个组织和管理者的大部分工作都是在做决策，管理的各项职能也都离不开决策，西蒙认为管理就是决策。至于决策的概念，不同的学者有不同的看法。美国学者亨利·艾伯斯认为：“决策有狭义和广义之分。狭义地说，进行决策是在几种行为方案中作出选择。广义地说，决策包括在作出最后选择之前必须进行的一切活动。”这里，我们主要是从广义上来理解决策的含义，即决策是指人们为实现既定的目标，从拟定实现目标的各种可行方案中选择一个合理方案的分析判断过程。

从上述决策的含义中可以看出，决策是在几种方案中作出的选择，虽然选择的方法多种多样，但也有共同的特征，具体可以概括为以下几点：

▶ 1. 目标性

任何决策都是为了实现一定的目标而进行的方案选择，如果决策的目标是模糊不清的，那就无法以目标为标准评价方案，也就无从选择方案，因此也就谈不上决策。

▶ 2. 可行性

一个合理的决策是以充分了解和掌握各种信息为前提的，即通过组织外部环境和组织内部条件的调查分析，根据实际需要与可能选择切实可行的方案。缺乏必要的人力、物力和财力，理论上再完善的方案也只是空中楼阁。

▶ 3. 选择性

决策是从若干备选的方案中进行选择，如果只有一个方案，就无法比较其优劣。因此，决策要求必须提供可以相互替代的多种方案。

▶ 4. 满意性

所谓满意决策是指在现实条件下，决策者的决策使得目标的实现在总体上已达到预期的效果。决策过程是一个研究复杂的、多变的和多约束条件问题的过程，同时人们对客观事物的认识也是一个不断深化的过程，对于任何目标，都很难找出全部的可行方案。因此，决策者只能得到一个适宜和满意的方案，不一定得到最优的方案。

▶ 5. 过程性

决策不是简单的罗列方案和选择方案，而是需要决策者做一系列大量的工作。决策者应先进行调查、分析和预测，然后确定行动目标，找出可行方案，再进行判断、分析，选出最终方案。因此，决策是一个过程。

▶ 6. 动态性

决策的动态性与过程性有关。决策作为一个过程，没有真正的起点，也没有真正的终点，而是一个不断循环的过程。

二、决策的类型

▶ 1. 根据决策问题的性质和重要程度划分

根据决策问题的性质和重要程度将决策划分为战略决策、战术决策和业务决策。

(1) 战略决策是指组织最高管理层对组织未来的整体发展作出全局性、长远性和方向性的决策。

(2) 战术决策又称管理决策，是指组织的中间管理层为实现组织中各环节的高度协调和资源的合理利用而作出的决策。

(3) 业务决策又称执行性决策，是指组织中的基层管理者在日常工作中为提高生产效率和工作效率而作出的决策。

▶ 2. 根据决策的主体构成划分

根据决策的主体构成将决策划分为个人决策和集体决策。

(1) 个人决策是指由单个人作出的决策。个人决策的优点是处理问题快速、果断；缺点是容易出现鲁莽、武断。

(2) 集体决策是只由若干人组成的集体共同作出的决策。集体决策的优点是能够汇总更多的信息，拟定更多的备选方案，有利于提高决策的质量；组织成员之间能够更好地沟通，有利于决策方案的接受性；各部门之间的相互协调，有利于决策的更好执行。集体决策的缺点主要是花费的时间较长、费用较高，并且可能导致责任不清。

▶3. 根据决策环境的控制程度划分

根据决策环境的控制程度将决策划分为确定型决策、风险型决策和不确定型决策。

(1) 确定型决策是指在稳定(可控)条件下进行的决策。在确定型决策中，各种可行方案所需的条件是已知的，每个方案只有一个结果，最终选择哪个方案取决于对各个方案结果的直接比较。确定型决策一般可以用数学模型来选择，如利用量本利分析法来确定企业的保本销售量等。

(2) 风险型决策也称随机决策，是指决策者不能预先确知环境条件，可供选择的方案可能有几种自然状态，只能根据自然状态发生的概率进行决策。在风险型决策中，决策者虽然不知道哪种自然状态会发生，但能够知道有多少种自然状态以及每种自然状态发生的概率，根据概率进行计算并作出决策，如股票投资等。

(3) 不确定型决策是指在不稳定条件下进行的决策。在不确定型决策中，决策者不知道有多少种自然状态，也不知道每种自然状态发生的概率，只能根据决策者的直觉、经验和判断能力来决策。

▶4. 根据决策问题的重复程度划分

根据决策问题的重复程度将决策划分为程序化决策和非程序化决策。

组织中的问题一般可分为两类：例行问题和例外问题。例行问题是指那些重复出现的、日常的管理问题，如资金短缺、设备故障、产品质量等问题。例外问题是指那些偶然发生的、新颖的、性质和结构不明的、具有重大影响的问题，如重大的政策制定、重要的人事任免、新市场的开拓和新产品的开发、重大投资等。程序化决策是对涉及例行问题的决策，非程序化决策是对涉及例外问题的决策。

▶5. 根据决策影响时间的长短划分

根据决策影响时间的长短将决策划分为长期决策和短期决策。

(1) 长期决策是指在较长时期内，对组织的发展方向作出的长远性、全局性的重大决策。长期决策一般属于战略性决策，具有周期长、风险大的特点，如投资方向的选择等。

(2) 短期决策是指为实现长期战略目标而采取的短期策略手段。短期决策一般属于战术决策或业务决策，具有花费少、时间短的特点，如企业的日常营销、物资储备决策等。

三、决策的程序

▶1. 发现问题

发现问题是决策过程的起点。管理者要密切关注与其责任范围有关的各类信息，包括外部的信息和报告以及组织内的信息，必须不断地调查、分析、研究组织与环境的适应情况，才能准确地找到问题的关键。发现问题后，还必须对问题进行分析，找出产生问题的内在原因，为决策的下一步程序做好准备。

▶ 2. 确定目标

目标体现的是组织想要获得的结果。能否正确地确定目标是关系到决策成败的关键。目标是由上一阶段明确的有待解决的问题决定的。在确定目标时，必须把要解决问题的性质、结构及其原因分析清楚，才能有针对性地确定出合理的决策目标。确定目标应符合以下要求：首先，目标要有根据，要明确了解决策所需解决的问题的性质、范围、特点和原因；其次，目标必须具体明确；再次，目标应分清主次关系；最后，要规定目标的约束条件。

▶ 3. 拟定备选方案

组织的目标确定以后，决策者就要提出达到目标和解决问题的各种方案。任何一个问题都不是只有一种解决方案，选用何种方案，应视其在各相关限制因素的优劣地位及成本效益而定。所以，决策者在提出备选方案时，应把所有可能达到目标的各种方案罗列起来，以便清楚地加以分析、评估。决策者往往借助其个人经验、经历和对有关情况的把握来提出方案。

▶ 4. 评估、选择决策方案

拟订出各种备选方案后，就要根据决策目标的要求，对各种方案进行评估、比较和选择。决策者应具备评价各种方案的价值或相对优劣的能力，在评估、选择时，要采用现代化的分析、评价、预测的方法对各种方案进行综合评价，并将各种备选方案进行排序。决策者根据备选方案的排序作出最后选择是很困难的，最好的决策往往是建立在仔细判断和研究的基础上，所以决策者必须仔细考察全部事实，确定是否可以获取足够的信息以及最终选择最好的方案。

▶ 5. 方案的执行与反馈

方案的实施是决策中至关重要的一步，没有决策的执行，就不能达到决策的目的。在方案选定之后，决策者就要及时制定实施方案的具体措施和步骤。由于组织内部条件和外部环境的不断变化，决策者还要建立信息反馈制度，根据各职能部门反馈的信息，及时追踪方案实施情况，对于偏离既定目标的方案，要采取有效措施加以修订和补充，以确保既定目标的顺利实现。

四、决策的方法

(一) 定性决策法

定性决策法又称软方法，是建立在心理学、社会学和行为科学等基础上的“专家法”，是在决策过程中利用已知的、现有的资料，充分发挥专家集体的智慧、能力和经验，在系统调查研究分析的基础上进行决策的方法。头脑风暴法、名义小组法、德尔菲法等都属于定性决策法。

▶ 1. 头脑风暴法

头脑风暴法是比较常用的集体决策方法，便于发表创造性意见，因此主要用于收集新设想。通常是邀请一些业内人士和专家学者，在完全不受约束的条件下，畅所欲言地发表自己的看法，通过相互启发、集思广益，使各人的看法趋向一致，作出决策。头脑风暴法的创始人奥斯本为该决策方法的实施提出了四项原则：

(1) 对别人的意见不进行任何评价，将相互讨论限制在最低限度之内；

(2) 建议越多越好，在这个阶段，参与者不要考虑自己建议的质量，想到什么就应该说出来。

(3) 鼓励每个人独立思考、广开思路，想法越新颖、奇异越好。

(4) 可以补充和完善已有的建议，使某种意见更具说服力。

头脑风暴法的目的在于创造一种畅所欲言、自由思考的环境，诱发创造性思维的共振和连锁反应，产生更多的创造性思维。这种方法的时间安排在1～2小时，参与者5～6人为宜。

▶ 2. 名义小组法

在集体决策中，如对问题的性质不完全了解且意见分歧严重，则可采用名义小组法。通常管理者先召集一些有相关知识的人，把要解决的问题的关键内容告诉他们，并请他们独立思考，要求每个人尽可能地把自己的备选方案和意见写下来，然后再按次序轮流陈述自己的方案和意见。在此基础上，由小组成员对提出的全部备选方案进行投票，根据投票结果，赞成人数最多的方案即为所要的方案。当然，管理者最后仍有权决定是接受还是拒绝这一方案。

在这种方法下，小组的成员互不通气，也不在一起讨论、协商，从而小组只是名义的。这种名义上的小组可以有效地激发个人的创造力和想象力。

▶ 3. 德尔菲法

德尔菲法，又称专家规定程序调查法。该方法主要是由调查者拟定调查表，按照既定程序，以函件的方式分别向专家组成员进行征询；而专家组成员又以匿名的方式(函件)提交意见。经过几次反复征询和反馈，专家组成员的意见逐步趋于集中，最后获得具有很高准确率的集体判断结果。该法除用于科技预测外，还广泛用于政策制定、经营预测、方案评估等方面。发展到现在，德尔菲法在信息分析研究中，特别是在预测研究中占有重要的地位。德尔菲法有以下几个特点：

(1) 匿名性。从事预测的专家彼此互不知道其他有哪些人参加预测，他们是在完全匿名的情况下交流思想的。德尔菲法采取匿名的发函调查的形式，它克服了专家会议调查法易受权威影响，易受会议潮流、气氛影响和其他心理影响的缺点。专家们可以不受任何干扰地独立对调查表所提问题发表自己的意见，而且有充分的时间思考和进行调查研究、查阅资料。匿名性保证了专家意见的充分性和可靠性。

(2) 反馈性。由于德尔菲法采用匿名形式，专家之间互不接触，仅靠一轮调查，专家意见往往比较分散，不易作出结论，为了使受邀的专家们能够了解每一轮咨询的汇总情况和其他专家的意见，组织者要对每一轮咨询的结果进行整理、分析、综合，并在下一轮咨询中反馈给每个受邀专家，以便专家们根据新的调查表进一步地发表意见。

(3) 统计性。在应用德尔菲法进行信息分析与预测研究时，对研究课题的评价或预测既不是由信息分析研究人员做出的，也不是由个别专家给出的，而是由一批有关的专家给出的，并对诸多专家的回答必须进行统计学处理。所以，应用德尔菲法所得的结果带有统计学的特征，往往以概率的形式出现，它既反映了专家意见的集中程度，又可以反映专家意见的离散程度。

(二) 定量决策法

定量决策法又称硬方法，是指建立在数学模型的基础上，运用统计学、运筹学和电子计算机技术来对决策对象进行计算和量化研究以解决决策问题的方法。定量决策法主要分为确定型决策方法、风险型决策方法和非确定型决策方法三种。

1. 确定型决策方法

决策条件已经明确，一个方案只有一个结果的决策属于确定型决策。确定型决策常用的方法有量本利分析法和线性规划法等。

(1) 量本利分析法。量本利分析法是根据产量、成本、利润三者之间的相互关系，进行综合分析、预测利润、控制成本的一种数学分析方法。通常也称为“盈亏分析法”。利用量本利分析法可以计算出组织的盈亏平衡点，又称保本点、盈亏临界点、损益分歧点和收益转折点等。

量本利分析法由美国沃尔特·劳漆斯特劳赫在 20 世纪 30 年代首创。其基本原理是：当产量增加时，销售收入成正比增加，但固定成本不增加，只是变动成本随产量的增加而增加，因此，企业的总成本的增长速度低于销售收入的增长速度，当销售收入和总成本相等时(销售收入线与总成本线的交点)，企业不盈也不亏，这时的产量称为“盈亏平衡点”产量，如图 3-4 所示。

量本利分析法的实质就是盈亏平衡点的分析，即企业的产量或销售量达到什么样的程度才能保证企业不亏损，即利润等于零，以此为界限，销售收入高于此点，企业盈利，反之则亏损。企业必须最大限度地缩小盈亏平衡点的销售量，以实现利润的最大化。

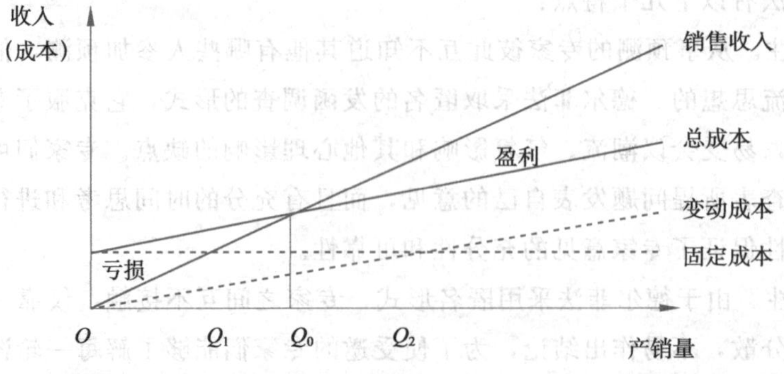

图 3-4　量本利分析图

(2)线性规划法。线性规划法是在一些线性等式或不等式的约束条件下，求解线性目标函数的最大值或最小值的方法。其步骤是：先确定影响目标大小的变量；然后列出目标函数方程；最后找出实现目标的约束条件，列出约束条件方程组，并从中找出一组能使目标函数达到最优的可行解。

【例 3-1】 某企业生产两种产品，A 产品每台利润 100 元，B 产品每台利润 180 元，有关生产资料如表 3-2 所示，试求企业利润最大时两种产品的产量。

表 3-2 A、B 产品生产用料表

资源名称	单位产品消耗总额		可利用资源
	A 产品	B 产品	
原材料(kg)	120	80	2400
设备(台时)	900	300	13500
劳动力(工时)	200	400	5000

【解】 首先，确定影响目标的变量：设企业利润为 $P(X_i)$，A、B 产品的生产数量分别为 X_1，X_2。

其次，列出目标方程：

$$\mathrm{Max}P(X_i)=100X_1+180X_2$$

然后，找出实现目标的约束条件：

$$120X_1+80X_2\leqslant 2400$$
$$900X_1+300X_2\leqslant 13500$$
$$200X_1+400X_2\leqslant 5000$$
$$X_1\geqslant 0,\ X_2\geqslant 0$$

最后，找出使目标函数达到最优的可行解为 A(0，12.5)、B(13，6)、C(15，0)。

将 A、B、C 三种方案分别带入目标方程，比较企业利润，生产 A 产品 13 台，B 产品 6 台时企业获得的利润最大，为 2380 元。

2. 风险型决策方法

风险型决策是指决策者能预知各种自然状况出现的概率，并在此基础上进行计算、比较和分析，依据判断的标准，选取其中一个合理的方案，验证后作为决策的依据。其特点是：根据概率计算期望值，但无论采用哪个方案，都存在着一定的风险。风险型决策主要采用决策树法。

决策树法是根据逻辑关系将决策问题绘制成一个树型图，按照从树梢到树根的顺序，逐步计算各结点的期望值，然后根据期望值准则进行决策的方法。

决策树由决策点、方案分枝、自然状态点、概率分枝和结果节点组成。决策点是进行方案选择的点，在图中用□表示；方案分枝是从决策点引出的若干直线，每条线代表一个方案；自然状态点是方案实施时可能出现的自然状态，在图中用○表示；概率分枝是从自然状态点引出的若干条直线，每条直线表示一种可能性。结果节点是表示不同方案在各种自然状态下所取得的结果，在图中用△表示。

【例 3-2】某公司准备生产某种新产品，可选择两个方案：一是引进一条生产线，需投资 500 万元，建成后如果销路好，每年可获利 150 万元，如果销路差，每年要亏损 30 万元。二是对原有设备进行技术改造，需投资 300 万元，如果销路好，每年可获利 60 万元，如果销路差，每年可获利 30 万元。两方案的使用期限均为 10 年，根据市场预测，产品销路好的概率为 0.6，销路差的概率为 0.4，应如何进行决策？

【解】首先，绘制决策图如图 3-5 所示。

然后，计算期望收益值：

方案 A：(150×0.6－30×0.4)×10－500＝280(万元)

方案 B：(60×0.6＋30×0.4)×10－300＝180(万元)

最后，根据期望值选择方案：比较 A、B 方案的收益可知，A 方案的期望收益值大于 B 方案，所以决策者应选择 A 方案，即引进一条生产线。

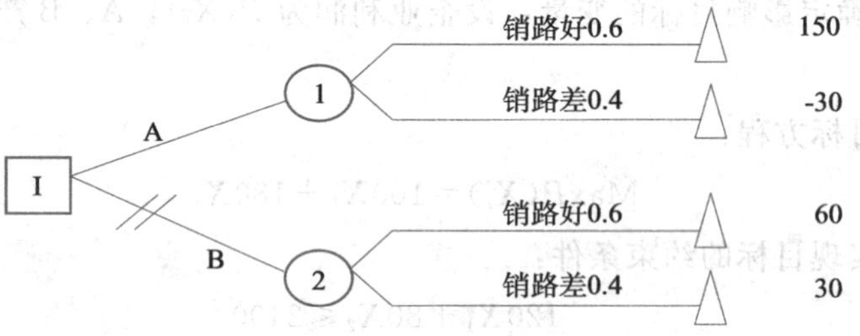

图 3-5　决策树

▶ 3. 非确定型决策方法

在比较活动方案时，如果管理者不知道未来情况有多少种，或虽知道有多少种，但不知道每种情况发生的概率，则需要采用非确定型决策方法。常用的方法有小中取大法、大中取大法和最小最大后悔值法等。

【例 3-3】某企业计划生产某种新产品，根据市场预测，产品销路有三种情况：销路好、销路一般和销路差。生产该产品有三种方案：新建生产线、改进生产线和与其他单位合作。根据估计，各方案在不同情况下的收益见表 3-3。问企业选择哪种方案？

表 3-3　各方案在不同情况下的收益表　　单位：万元

状态 方案	销路好	销路一般	销路差
A. 新建生产线	300	140	－80
B. 改进生产线	220	160	－30
C. 与其他单位合作	120	80	10

【解】(1)小中取大法。采用这种方法的管理者对未来持悲观的看法，认为未来会出现最差的自然状态。决策时，首先计算各方案在不同自然状态下的收益值，并找出各方案的最小收益值；然后进行比较，从这些最小的收益值中再挑选出一个收益最大或损失最小的收益值作为决策的最优方案。

从表 3-3 中收益数据可知，A 方案的最小收益为－80，B 方案的最小收益为－30，C 方案的最小收益为 10。经过比较，C 方案的最小收益最大，因此选择 C 方案。

(2) 大中取大法。采用这种方法的管理者对未来持乐观的看法，认为未来会出现最好的自然状态。决策时，首先计算各方案在不同自然状态下的收益值，并找出各方案的最大收益值，然后进行比较，从这些最大的收益值中再挑选出一个收益最大的收益值作为决策的最优方案。

从表 3-3 中收益数据可知，A 方案的最大收益为 300，B 方案的最大收益为 220，C 方案的最大收益为 120。经过比较，A 方案的最大收益最大，因此选择 A 方案。

(3) 最小最大后悔值法。管理者在选择了某种方案后，如果将来发生的自然状态表明其他方案的收益更大，那么他会为自己的选择而后悔。这种方法就是使后悔值最小的方法，决策时，首先计算各方案在自然状态下的后悔值(后悔值是指在自然状态下，最大收益值与各方案收益值的差额)，并找出各方案的最大后悔值，然后进行比较，选择最大后悔值最小的方案作为最优的决策方案。

根据表 3-3 中的收益数据，计算各个方案的后悔值结果如表 3-4 所示。

表 3-4 各方案在自然状态下的后悔值　　单位：万元

状态/方案	销路好	销路一般	销路差
A. 新建生产线	0	20	90
B. 改进生产线	80	0	40
C. 与其他单位合作	180	80	0

从表 3-4 中可以看出，A 方案的最大后悔值为 90，B 方案的最大后悔值为 80，C 方案的最大后悔值为 180。经过比较，B 方案的最大后悔值最小，因此选择 B 方案。

教学互动

选择题

由基层管理人员负责制定，对合理组织业务活动等方面进行的决策，属于(　　)。

A. 职能性决策　　B. 业务性决策

C. 战术性决策　　D. 日常管理决策

第三节 目标与目标管理

一、目标的概念与特点

任何一个组织要想生存，都要有一定的任务和使命，即组织的目标。目标是一个组织根据其任务和目的确定在未来一定时期内所要达到的最终结果。目标管理是美国管理学家彼得·德鲁克提出的。对于组织管理来说，目标是管理行动的出发点，是组织内部各项管理活动的依据。同时，目标又是管理行动的归宿，是判断一个组织管理有效性和合理性的标准。

目标的特点如下：

▶ 1. 目标的层次性

管理组织是分等级、分层次的，因而管理的目标也是分等级、分层次的，目标的层次性与组织的层次性密切相关。一个组织的总目标确定之后，就要围绕着总目标依次确定下级各个分目标、子目标，从而形成一个有层次的目标体系。

▶ 2. 目标的网络性

如果说目标的层次性是从组织的整体观来考察组织目标的话，那么，目标的网络性则是从某一具体目标的实施规划的整体协调方面来进行工作。网络表示研究对象之间的相互关系，组织中各类、各级目标不是相互孤立的，而是相互关联、相互支持的。一个组织的目标通常是通过各种活动的相互联系、相互促进来实现的，各等级、各层次的目标之间彼此左右关联、上下贯通，形成一个整体的目标网络。组织内各目标之间只有彼此相互协调，才能保证组织目标的实现。

▶ 3. 目标的多样性

组织的主要目标是多种多样的，同时在目标层次体系中的每个层次的具体目标也可能是多种多样的，目标的多样性是组织为更好地适应环境变化的需要所必需的。但值得注意的是，并非目标越多越好，过多的目标会使管理人员应接不暇而顾此失彼。因此，应该尽量减少目标的数量，必须对各目标的相对重要程度进行区分，突出主要目标，以免因过于注重小目标而影响主要目标的实现。

▶ 4. 目标的时间性

目标是一定时期内所要达到的预期结果，因而目标是有时间性的。从时间上可以将目标划分为长期目标、中期目标和短期目标，组织内层次越高，目标越抽象，目标的时间跨度就越长。但有时短期目标的实现并不能保证长期目标的实现，反之，有时为了长远利益又不得不牺牲眼前利益。因此，管理者要注意目标在时间上的衔接，使各时期的目标协调一致。

▶ 5. 目标的可考核性

组织完成业绩的好坏是通过目标的实现来衡量的，因而目标是能够考核的。目标考核的途径是将目标量化，但不是所有的目标都适宜定量考核，主管人员在组织中的地位越高，定性目标就可能越多。总之，目标必须具体，便于考核，否则就失去了存在的意义。

二、目标管理的概念与特点

目标管理创始于20世纪50年代的美国，是以泰勒的科学管理和行为科学理论为基础形成的一套管理制度。1954年，德鲁克在《管理的实践》一书中首先提出了“目标管理和自我控制的理论”，并对目标管理的原理进行了较全面的概括。我国企业于20世纪80年代初开始引进目标管理，现在，目标管理已成为世界上比较流行的一种企业管理制度。

目标管理的概念可以概括为：组织的最高领导层与各级管理人员共同参与制定出一定时期内经营活动所要达到的各项工作目标，然后层层落实，要求下属各部门主管人员以至每个组织成员根据上级制定的目标制定出自己工作的目标和相应的保证措施，形成一个目标体系，并把目标完成情况作为各部门或个人考核依据的一套管理方法。

目标管理的特点如下：

▶ 1. 目标管理强调以目标网络为基础的系统管理

目标管理首先由管理层确定一定时期的总目标，然后对总目标进行分解，层层下达，逐级展开，形成不同层次、不同要求的多个目标。这些目标之间相互关联、相互支持，形成整体的目标网络系统，从而保证组织目标的整体性和一致性。

▶ 2. 目标管理强调“自我控制”

目标管理既重视科学管理，又重视人的因素。目标管理认为，组织成员是愿意负责的，愿意在工作中发挥自己的聪明才智和创造力。如果我们控制的对象是一个社会组织中的“人”，则必须通过对动机的控制来实现对行为的控制。目标管理的主旨是用“自我控制管理”代替“压制性的管理”，这种“自我控制”可以激励组织成员尽自己最大的努力把工作做好。

▶ 3. 目标管理促使权力下放

目标管理的网络化将目标层层分解下达，这就要求各级管理人员要明确自己的管理目标和管理责任。上级要根据目标的需要，授予下级部门和个人相应的权力，才能激励下级部门和个人充分发挥自己的聪明才智，保证目标的顺利实现。因此，授权是提高目标管理效果的关键，推行目标管理，可以促使权力下放。

▶ 4. 目标管理注重成果

德鲁克强调，凡是其业绩影响组织健康成长的所有方面，都必须建立目标。由于目标管理有一套完整的目标考核体系，就能够对组织成员中的实际贡献和业绩大小进行评价，从而克服了以往凭印象、主观判断等传统的管理方式的不足。

三、目标管理的基本过程

由于各个组织活动的性质不同，目标管理的步骤可以不完全一样，但一般来说，可以分为以下四步。

▶ 1. 建立一套完整的目标体系

实行目标管理，首先要建立一套完整的目标体系。这项工作总是从组织的最高主管部门开始的，然后由上而下地逐级确定目标。上下级的目标之间通常是一种“目的—手段”的关系；某一级的目标，需要用一定的手段来实现，这些手段就成为下一级的次目标，按级顺推下去，直到作业层的作业目标，从而构成一种锁链式的目标体系。

▶ 2. 制定目标

制定目标的工作如同所有其他计划工作一样，非常需要事先拟定和宣传前提条件。这是一些指导方针，如果指导方针不明确，就不可能希望下级主管人员会制定出合理的目标来。此外，制定目标应当采取协商的方式，应当鼓励下级主管人员根据基本方针拟定自己的目标，然后由上级批准。

▶ 3. 组织实施

目标既定，主管人员就应放手把权力交给下级成员，而自己去抓重点的综合性管理。完成目标主要靠执行者的自我控制。如果在明确了目标之后，作为上级主管人员还像从前那样事必躬亲，便违背了目标管理的主旨，不能获得目标管理的效果。当然，这并不是说，上级在确定目标后就可以撒手不管了。上级的管理应主要表现在指导、协助、提出问题，提供情报以及创造良好的工作环境方面。

▶ 4. 检查和评价

对各级目标的完成情况，要事先规定出期限，定期进行检查，检查的方法可灵活地采用自检、互检和责成专门的部门进行检查。检查的依据就是事先确定的目标。对于最终结果，应当根据目标进行评价，并根据评价结果进行奖罚。经过评价，使得目标管理进入下一轮循环过程。

四、目标管理的局限性

目标管理的局限性有以下几点：

▶ 1. 对目标管理的原理和方法阐明得不够

目标管理看起来简单，但要把它有效地付诸实施，则尚需各级主管人员对它有详尽的了解和认识。这就需要对目标管理的整个体系进行耐心的解释，说明目标管理是什么、它怎样发挥作用、为什么要这样做、它在评价管理工作成效时起些什么作用，以及参与目标管理的人能得到什么好处等。

▶ 2. 给予目标制定者的指导不够

目标管理和其他各种计划工作一样，如果那些拟定目标的各级主管人员得不到必要的指导方针，不了解计划工作的前提条件和组织的基本战略和政策，那么他们就无法制定出正确的目标，也就无法发挥目标管理的作用。

▶ 3. 目标难以确定

一方面可考核的目标是难以确定的，另一方面使同一级主管人员的目标都具有正常的“紧张”和“费力”程度更是困难的，而这两个问题正是使目标管理取得成效的关键。这就为目标管理的有效实施设置了难以逾越的障碍。

▶ 4. 目标一般是短期的

几乎在所有实行目标管理的组织中，所确定的目标一般都是短期的，很少超过一年，常常是一季度或更短些。强调短期目标的弊病是显而易见的，因此，为防止短期目标所导致的短期行为，上级主管人员必须从长期目标的角度提出总目标和制定目标的指导方针。

▶ 5. 不灵活的危险

目标管理要取得成效，就必须保持其明确性和肯定性，如果目标经常改变，就难以说明它是经过深思熟虑和周密计划的结果，这样的目标是没有意义的。但是，计划是面向未来的，而未来存在许多不肯定因素，这又使得必须根据已经变化了的计划工作前提对目标进行修正。然而修订一个目标体系与制定一个目标体系所花费的精力相差无几，结果可能迫使主管人员不得不中途停止目标管理的过程。

拓展与思考

一、简答题

1. 什么是计划？计划工作的特征有哪些？

2. 简述计划工作的程序。

3. 为什么说计划与决策既相互区别又相互联系？

4. 什么是目标管理？简述目标管理的特征。

5. 什么是目标管理，如何利用目标管理组织计划的实施？

6. 目标管理的基本步骤有哪些？

7. 为生产某新产品，可选择两个方案：方案一是新建生产线，需要投资800万元，建成后如果销路好，每年可获利300万元，如果销路差，每年要亏损50万元；方案二是与其他企业合作生产，需投资300万元，如果销路好，每年可获利70万元，如果销路差，每年可获利10万元。方案的使用期限均为8年，根据市场预测，产品销路好的概率为0.7，销路差的概率为0.3。用决策树法选择最佳的投资方案。

8. 某项研制新产品工程的各项工作与所需时间及它们之间的相互关系如表3-5所示。

作出该项工程的网络计划图。

表 3-5 各项工作所需时间及相互关系

工作	代号	时间	紧后	工作	代号	时间	紧后
产品设计	A	60	B、C、D、E	机械加工 1	F	18	L
外购配套件	B	45	L	工装制造 2	G	30	K
下料、锻件	C	10	F	机械加工 2	H	15	L
工装制造 1	D	20	G、H	机械加工 3	K	25	L
木模、铸件	E	40	H	装配调试	L	35	—

二、实践训练

利用滚动计划方法为自己未来五年的学习、生活、工作做一个计划。

三、案例分析

罗克韦尔公司的艰难决策

在20世纪90年代，像洛克希德马丁公司、天合汽车集团等其他美国国防工业大公司一样，罗克韦尔公司感觉到了美国军事费用缩减所带来的压力。随着苏联的解体和冷战的结束，五角大楼的武器和设备(例如导弹、坦克、卫星等)的购买量仅为20世纪80年代购买量的50%。这样的组织外部环境给罗克韦尔公司的业绩带来了严重的威胁，管理者必须找到一项新的战略以应对这一威胁，改善公司业绩。

在公司CEO唐纳德·比尔的领导下，罗克韦尔公司采取了一项带领公司进入21世纪的新战略。他是公司从主要依赖军事工业向民用工业转型战略的主要推动者。例如，通过购买诸如Allen-Bradley和Reliance Electric等实力强大的公司，比尔使罗克韦尔公司进入工业自动化领域。每当罗克韦尔购买一个新公司以后，比尔都会为新公司提供罗克韦尔公司拥有的大量技术和电子领域的支持，从而使新公司变得更加强大和富有竞争力。罗克韦尔公司曾设计建造了B-1轰炸机、阿波罗太空飞船、航天飞机。这家公司在新产品创新方面拥有大量的技术和技能，并拥有一支富有创造力的工程师队伍。比尔的目标是将罗克韦尔公司在军事领域所积累的技术应用于众多新领域的产品开发。

一些分析人士对比尔所做的收购持批评的态度，认为比尔没有一贯的目标和愿景。他们声称，在很多公司决定集中于某一专一领域的时候，比尔建立了一个包括军事电子、自动化产品、印刷出版、航天飞机发动机、传真机芯片、塑料、通信等众多领域的多元化王国。分析人士认为比尔也许过高估计了他运营这样一种高度多元化业务组织的能力。同时，他们也怀疑罗克韦尔公司是否仅仅依据其在军事工业的成功，就一定具有成功运作如此众多业务的能力。

比尔则表示，他和他的管理团队对于罗克韦尔公司进入何种业务有着明确的评价决策标准。首先，他们只收购明显处于领导者地位的行业业务。其次，他们依据长期盈利机会(长达10年或10年以上)概念与技术对每项业务进行评价。批评人士则回应说，环境是高度不确定的，比尔和他的管理团队不可能预测相关项目未来的回报情况。

但是，罗克韦尔进入自动化领域的行动获得了成功。在罗克韦尔公司将其高新技术和资源注入Allen-Bradly和Reliance Electric等公司后，这些公司获得了工业电子市场30%的市场份额。现在，这些公司的利润占到了罗克韦尔公司利润来源的50%以上。这仅仅是一种运气，还是使罗克韦尔公司成为高科技领头羊的一系列战略行动胜利的开始呢？

1. 根据决策程序，评价比尔的行动。

2. 你认为比尔所带领的罗克韦尔公司正沿着正确的道路前进吗？将来他可能遇到怎样的机会或风险？

拓展阅读

管理者决策容易陷入的心理陷阱

在日常管理活动或者决策行为中，人是理性的吗？很明显，人并不是完全理性的，能够做到“有限理性”已经很不错了。所以，面对不确定的世界，人必须承认自己的有限和不足，有时候，甚至要承认自己并不高明。一般来说，管理者决策容易陷入以下几种心理陷阱。

陷阱一：证实偏差

从前，有个人丢了一把斧子。他怀疑是邻居家的孩子偷的，就暗暗地注意那个孩子。他看那个孩子走路的姿势，像是偷了斧子的样子；他观察那个孩子的神色，也像是偷了斧子的样子；他听那个孩子说话的语气，更像是偷了斧子的样子。总之，在他的眼睛里，那个孩子的一举一动都像是偷斧子的人。

不久，他在刨土坑的时候，找到了那把斧子，原来是他自己遗忘在土坑里了。从此以后，他再看邻居家那个孩子，一举一动丝毫也不像偷过斧子的样子了。

证实偏差是指当人确立了某一个信念或观念时，在收集信息和分析信息的过程中，产生的一种寻找支持这个信念的证据的倾向。也就是说他们会很容易接受支持这个信念的信息，而忽略否定这个信念的信息，甚至还会花费更多的时间和资源反驳与他们看法不一致的观点。

比如，管理者已经在内心做出了一项决策，他们召开“象征性会议”，以征求大家的建议和意见。其实，有的管理者在开会之前已经定了调子，于是会议就出现一边倒现象，与会者争先恐后地为上司的决策增添证实性的数据或证据。

陷阱二：虚假同感偏差

以前，在一个寒冷的冬天，有一个木匠带着孩子在地主家干活，木匠干活干得大汗淋漓，就一件一件把自己的衣服脱掉了。这时他想起了孩子，生怕他热着，也一件一件把孩子的衣服给脱掉了。后来孩子被冻死了。

虚假同感偏差又叫虚假一致性偏差，指的是人们常常高估或夸大自己的信念、判断及行为的普遍性，它是人们坚信自己信念、判断正确性的一种方式。人们在认知他人时总喜欢把自己的特性赋予他人身上，假定自己与他人是相同的，例如自己疑心重重，也认为他人疑心重重，自己好交际也认为别人好交际。

这种虚假同感偏差使管理者坚信自己判断的正确性，获得了自尊和自豪感，但同时也有可能带来决策和选择的失误。

陷阱三：锚定效应

一条巷子里有两家卖粥的小店，每天顾客的数量和粥店的服务质量都差不多，但结算的时候，总是一家粥店的销售额高于另一家。探其究竟，原来效益好的那家粥店的服务员为客人盛好粥后，总问："加一个鸡蛋还是两个?"而另一家粥店的服务员总问："加不加鸡蛋?"接收到第一个问题的客人考虑的是加几个鸡蛋的问题，而接收到第二个问题的客人考虑的是加不加鸡蛋的问题。考虑的问题不同，答案自然也不同。通过不同的提问方式，第一家粥店不知不觉地多卖了鸡蛋，增加了销售。

锚定效应是指当人们需要对某个事件进行定量估测时，会将某些特定数值作为起始值，起始值像锚一样制约着估测值。在进行决策的时候，会不自觉地给予最初获得的信息过多的重视。

诱导消费者在不经意间作出有利于店家的选择，如果你是它的顾客，你的决策则是受到了心理锚定效应的影响，你不自觉地在粥店设定的条件下进行了决策选择。也许，多吃一个鸡蛋并没有什么大的问题，但是，如果在商务谈判中，你多付出了10万元或者100万元，可能就是一个大问题，或者说一个大损失。

第 四 章

组 织

两个同龄的年轻人同时受雇于一家店铺，并且拿同样的薪水。可是，一段时间以后，叫阿诺德的那个小伙子青云直上，而另一个叫布鲁诺的小伙子却在原地踏步。布鲁诺很不满意老板的不公正待遇。终于有一天他到老板那儿发牢骚了。老板一边耐心地听着他的抱怨，一边在心里盘算着怎么向他解释清楚他和阿诺德之间的差别——“布鲁诺先生，”老板开口说话了，“您现在到集市上去看一下，看看今天早上有什么卖的。”布鲁诺从集市上回来向老板汇报说，今早集市上只有一个农民拉了一车土豆在卖。“有多少？”老板问。布鲁诺赶紧戴上帽子又跑到集市上，然后回来告诉老板一共有40袋土豆。“价格是多少？”布鲁诺又第三次跑到集市上问来了价格。

“好吧”，老板对他说，“现在请您坐在这把椅子上一句话也不要说，看看别人怎么说？”

阿诺德很快就从集市上回来了，向老板汇报说到现在为止只有一个农民在卖土豆，一共40口袋，价格是多少，土豆的质量很不错，他带回来一个让老板看看。这个农民一个小时后还会弄来几箱西红柿，据他看价格非常公道。昨天他们铺子的西红柿卖得很快，库存已经不多了。他想，这么便宜的西红柿，老板肯定会要进一些的，所以他不仅带回了一个西红柿作为样品，而且把那个农民也带来了，他现在正在外面等着回话呢。

管理启示

组织内的分工是因人而异的，成员的重要性由能力和贡献来决定。能力有区别，贡献有大小，好的组织能让恰当的人在恰当的位置发挥恰当的作用。

组织的目的，就是使平凡的人做出不平凡的事情。

——彼德·德鲁克

>>> 学习目标

- 了解组织与组织工作的含义、特点。
- 理解组织工作的原则，组织文化的作用、形式。
- 掌握组织结构形式及组织文化的含义、内容。

第一节 组织与组织工作

一、组织的含义

组织是人类社会最普遍、最常见的社会现象，政府机关、工厂、学校、医院等都是各类组织的表现形式。对于组织的概念，国外有关学者众说纷纭，其中最早的是由巴纳德提出的观点，他认为“组织就是两个或两个以上的人有意识协调活动的系统”。被誉为“管理过程理论”之父的法约尔，最早指出的管理五职能，其中之一就是组织，并认为企业的组织职能主要包括设计组织结构、确定相互关系、制定规章制度，以及招收、训练、评价职工等。其后，西方的理论学者对组织都下过不同的定义。伊兹尼把组织描述为“组织是一个有计划的单位，是为完成特定的目标而设计起来的”；韦伯提出了“理想行政理论”的概念，把理性合法权利看作组织的基础和支柱；哈罗德·孔茨把组织定义为“正式的有意形成的职务结构或职位结构”；波特、劳拉和哈克曼指出组织应包括五个基本要素：社会结构、目标方向、差别化的功能、合理协调和时间上的延续性；穆尼则强调组织是一种在一个协调的整体里，把具体的任务或职能联系起来的技术等。由此可见，组织不仅是人的结合，而且是一个特定的体系，综合起来，我们可以把组织定义为：组织是由两个人以上的群体组成的有机体，是一个为了共同目标，由内部成员形成一定的关系结构和共同规范力量的协调系统。这个概念包括了以下几方面的含义：

▶ 1. 组织有一个共同的目标

目标是组织存在的前提和基础，任何一个组织都要有一个共同的目标，它是组织内成员协作的必要前提。组织之所以存在，只能是因为它执行一定的功能，否则就失去其存在的理由。而组织能够存在并发展下去，就是因为它有一定的目标。

▶ 2. 组织是实现目标的工具

组织目标是否能够实现，就要看组织内各要素之间的协调、配合程度，分工协作是由组织目标限定的，一个组织为了达到目标，其中很重要的一个方面就是要看组织结构是否合理有效。

▶ 3. 组织包括不同层次的分工协作

组织内部必须有分工，而在分工之后，就要赋予各个部门及每个人相应的权力，以便实现目标。组织为达到目标和效率，就必须进行分工协作，把组织上下左右联系起来，形成一个有机的整体。

二、组织工作的含义及其特点

组织工作是指为了实现组织的共同目标而确定组织内各要素及其相互关系的活动过程，也就是设计一种组织结构，并使之运转的过程。只有使组织中的每个人了解自己在组织工作中应有的地位和他们之间的相互关系，才能有效地发挥他们在组织中的作用，保证组织目标的顺利进行。

组织工作的特点如下：

▶ 1. 组织工作是一个过程

组织工作是根据组织的目标，考虑组织内外部环境来建立和协调组织结构的过程。这个过程一般的步骤为：①确定组织目标；②对目标进行分解，拟定派生目标；③确认为实现目标所必需的各项业务工作并加以分类；④根据可利用的人力、物力及利用它们的最好方法来划分各种工作，由此形成部门；⑤将进行业务活动所必需的职权授予各部门的负责人，由此形成职务说明书，规定该职务的职责和权限；⑥通过职权关系和信息系统，把各部门的业务活动上下左右紧密地联系起来。通过组织系统图，来达到对组织的整体认识。

▶ 2. 组织工作是动态的

组织内外部环境的变化，都要求对组织结构进行调整以适应变化。组织工作不可能是一劳永逸的。

▶ 3. 组织工作要充分考虑非正式组织的影响

由于非正式组织对组织的目标有影响，组织工作必须考虑非正式组织的影响。这有助于在组织工作中设计与维持组织目标与非正式组织目标的平衡，避免对立，并在领导与指导时对非正式组织加以利用。

三、组织工作的原则

组织工作的原则如下：

▶ 1. 目标统一原则

目标统一原则是指组织中每个部门或个人的贡献越是有利于实现组织目标，组织结构就越是合理有效。组织结构的目的在于把人们承担的所有任务组成一个体系，然后把组织目标分解到各个层次，以便有利于他们共同为实现组织的目标而工作。

▶ 2. 分工协作原则

分工协作原则是指组织结构越能反映为实现组织目标所必要的各项任务和工作分工以及相互间的协调，组织结构就越精干、高效。分工协作一致原则规定了组织结构中管理层次的分工(即分级管理)、部门的分工(即部门划分)和职权的分工。组织层次一般分上、中、下三层，每一管理层次都有相对应的责权，均有相应才能的人与之适应。管理层次须分明。划分部门是为了把整体任务分散化，是为了有效地完成组织目标。因此，部门划分应该是有利于目标的完成，有利于部门间的协调。组织结构中有三种职权类型：直线职权、参谋职权和职能职权。

▶ 3. 管理宽度原则

管理宽度原则是指组织中主管人员监督管辖其直接下属的人数越是适当，就越是能够保证组织的有效运行。影响管理宽度的因素很多，主管人员应根据自己的实际情况确定自己的理想宽度。

▶ 4. 责权一致原则

责权一致原则是指在组织结构设计中，职位的职权和职责越是对等一致，组织结构就越是有效。作为主管人员，在组织中占据一定的职位，从而拥有一定职务、一定职权，必然要负一定责任，即职务、职责和职权三者是相等的。随着组织层次的增高，若要建立职务、职权和职责关系和责任范围便愈益困难。由于活动日趋广泛和复杂，事情因果距离就越远，权与责更难明确。为坚持权责对等，法约尔认为，避免滥用职权和克服领导人弱点的最佳方法在于提高个人素质，尤其是具备高度的道德素质。

▶ 5. 集权与分权相结合的原则

集权与分权相结合，是指组织结构中职权的集权与分权的关系。它们关系处理得越是恰当，就越有利于组织的有效运行。集权管理是社会化大生产保持统一性与协调性的内在需要，但集权又有其致命的弱点：弹性差，适应性弱，特别是在社会化大生产的复杂性和多样性面前，无弹性的集权甚至可以造成组织的窒息。因此，必须实行局部管理权力的分散。

▶ 6. 稳定性与适应性相结合的原则

稳定性与适应性相结合原则是指越是能在组织结构的稳定性与适应性之间取得平衡，就越能保证组织的正常运行。环境条件的变化必定影响组织的目标以及组织人员的态度和士气，为此，必须针对这些变化作适应性调整。主管人员必须在稳定与变化之间寻求一种平衡，既保证组织结构的适应性，又有利于组织目标的实现。

第二节 组织结构类型

企业的组织结构是全面反映组织内各要素及其相互关系的一种模式。它是围绕着组织目标，结合组织的内部环境，将组织的各部分结合起来的框架。组织结构是随着社会的发展而发展起来的，各类组织没有统一的优劣之分，不同的环境、不同的企业、不同的管理者，都将有不同的组织结构。目前，企业组织结构的基本形式大致有以下几种。

一、直线型组织结构

直线型组织结构又称简单结构，是组织发展初期的一种最早最简单的结构模式。它的特点是：指挥和管理的职能由企业的行政负责人自己执行，下属只接受一个上级的指挥。从最高层领导到基层一线人员，通过一条纵向的直接的指挥链连接起来，上下级之间关系是直线关系，即命令与服从的关系，如图 4-1 所示。在这种组织结构中，每一级主管人员都不设参谋机构，向上级负责，直接指挥下级。

直线结构的优点是：结构简单，便于统一指挥；责任和权力比较明确，上下级关系清楚；组织灵活，管理人员少，管理成本低。直线结构的缺点是：如果企业规模大，高层管理人员管理幅度过宽，容易出现决策失误；权力过分集中，容易造成滥用职权。这种组织结构一般只适用于那些没有必要按职能实行专业化管理的小型企业，或现场作业管理。

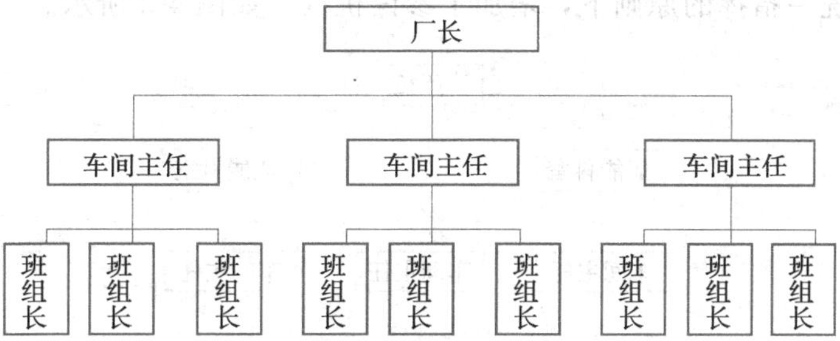

图 4-1 直线型组织结构

二、职能型组织结构

职能型组织结构是采用按职能实行专业化分工的管理办法，其特点是采用专业化分工的管理者代替直线制的全能管理者，在组织内部设立职能部门，各职能部门机构在自己的业务范围内，有权向下级下达命令和指示，直接指挥企业的生产经营活动，各级负责人除了服从上级行政领导的指挥外，还要服从上级职能部门在其专业领域的指挥，如图 4-2 所示。

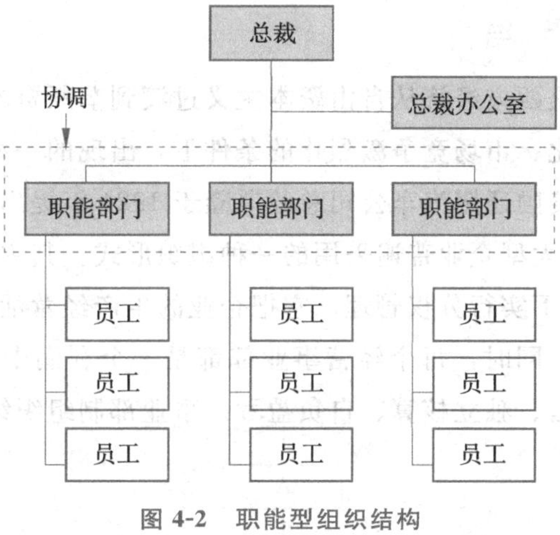

图 4-2 职能型组织结构

职能型组织结构的优点是：具有适应现代企业管理工作较复杂的专业分工需要，能够充分发挥职能机构的专业管理作用，可以弥补各级行政领导人员管理能力的不足。缺点是：由于实行多头领导，妨碍对企业生产经营活动的统一指挥，容易造成管理混乱；各职能部门往往都从各自的业务工作出发，不能很好地相互配合；组织中会因为追求职能目标而忽视全局利益；不利于明确划分直线领导人员和职能机构的职责和权限。在实践中，企业一般都不采用这种组织形式。

三、直线职能制组织结构

直线职能制组织结构是把直线制组织结构和职能制组织结构结合起来形成的，它是对职能制的一种改进，是以直线制为基础，在各级行政领导下，设置相应的职能部门，即在保持直线制组织统一指挥的原则下，增加了参谋机构，如图 4-3 所示。

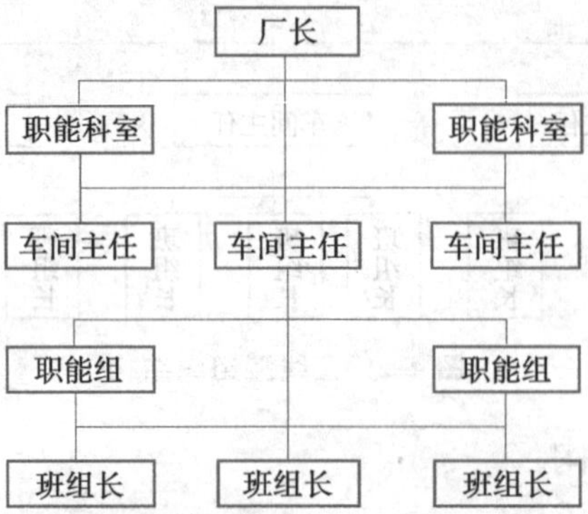

图 4-3　直线职能制组织结构

直线职能制组织结构的优点是：既保证了集中的统一指挥，又能发挥各种专家业务管理的作用，适应企业管理比较复杂、细致的特点。缺点是：各职能部门自成体系，不重视信息的横向沟通，造成工作重复，加大了管理成本；如果授权职能部门权力过大，容易干扰直线指挥命令系统。目前，我国绝大部分企业都采用这种组织形式。

四、事业部制组织结构

事业部制组织结构是西方经济从自由资本主义过渡到垄断资本主义以后，在企业规模大型化、企业经营多样化、市场竞争激烈化的条件下，出现的一种分权式的组织形式。这种组织结构形式最初是美国通用汽车公司总裁斯隆于 1924 年提出的，因而也被称为“斯隆模型”，它是目前国内外大型企业普遍采用的一种组织形式。其主要特点是“集中决策，分散经营”，即在集权领导下实行分权管理。它把企业的生产经营活动，按产品和地区不同，建立不同的经营事业部，同时，每个经营事业部都是一个利润中心，在总公司的领导下，实行统一政策、分散经营、独立核算、自负盈亏。事业部制组织结构如图 4-4 所示。

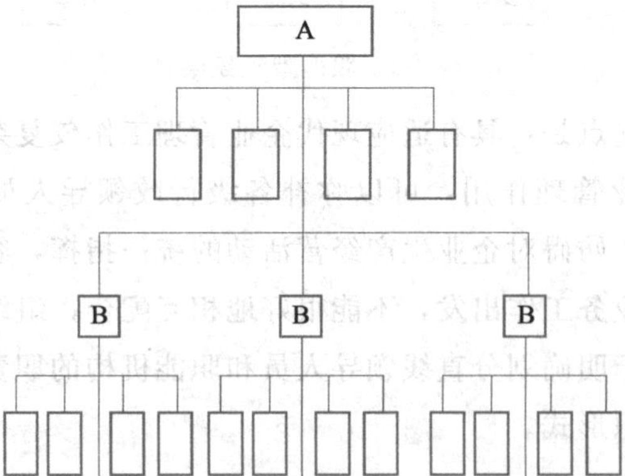

图 4-4　事业部制组织结构

事业部制组织结构的优点是：解决了直线职能制中责任不明的问题，有利于提高中层管理者的积极性和责任心；有利于总部集中精力从事长期规划，扩大外部联系，提高高层经营决策水平；有利于人力资源的开发和培养。缺点是：公司与各事业部的职能机构功能重复，造成资源浪费；各事业部缺乏有效的沟通，影响协调发展；管理费用高。

五、矩阵型组织结构

矩阵型组织结构是由纵横两套管理系统组成的组织结构，一套是纵向的职能领导系统，另一套是为完成某一任务而组成的横向项目系统。该组织结构是在直线职能制垂直形态组织系统的基础上，再加上一种横向的领导系统，因其形态如横、纵排列的矩阵而得名。其特点是在组织结构上，既有按职能划分的垂直领导系统，又有按项目划分的横向领导系统。这种组织形式出现于以完成工程项目为主的企业。为了完成某一项目，由各职能部门抽调人员组成项目经理部，该项目经理部包括了完成项目所必需的各类专业人员。当项目完成后，各类人员另派用场，此项目经理部即不复存在。矩阵型组织结构如图 4-5 所示。

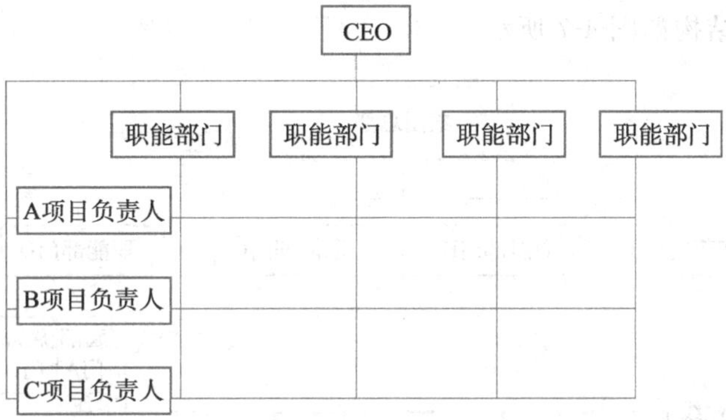

图 4-5 矩阵型组织结构

矩阵型组织结构的优点是：机构设置和人员安排机动灵活，适应性强；克服了各职能部门相互脱节、各自为政的现象，有利于协调关系；有利于提高组织内各项资源的利用率。缺点是：成员不固定在一个位置，稳定性差；人员受双重领导，权责不清，降低了组织的效率。

六、多维立体组织结构

多维立体组织结构是在矩阵型组织结构的基础上发展起来的一种多维组织结构，主要是三维组织结构。该结构是由专业职能部门、产品事业部及地区管理机构三方面结合，共同研究某种产品的开发、生产和销售等重大问题，协调各方面产生的矛盾，加强信息沟通。这种组织结构适合于跨国公司或者跨地区的大公司，如图 4-6 所示。

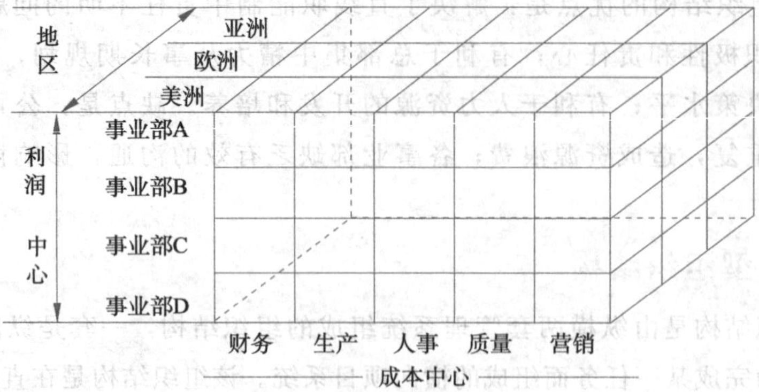

图 4-6 多维立体组织结构

七、企业集团

企业集团的概念可以有狭义和广义两种理解。狭义的企业集团仅指以金融资本为核心的垄断财团；广义的企业集团是以特大型公司为核心，通过控股、参股而形成的经济联合体。特大型公司既是母公司又是控股公司，它通过控股、参股，操纵为数众多的子公司、孙公司、关联公司，并影响着大批企业，在此基础上形成的经济组织基本上都属于企业集团。企业集团组织结构如图 4-7 所示。

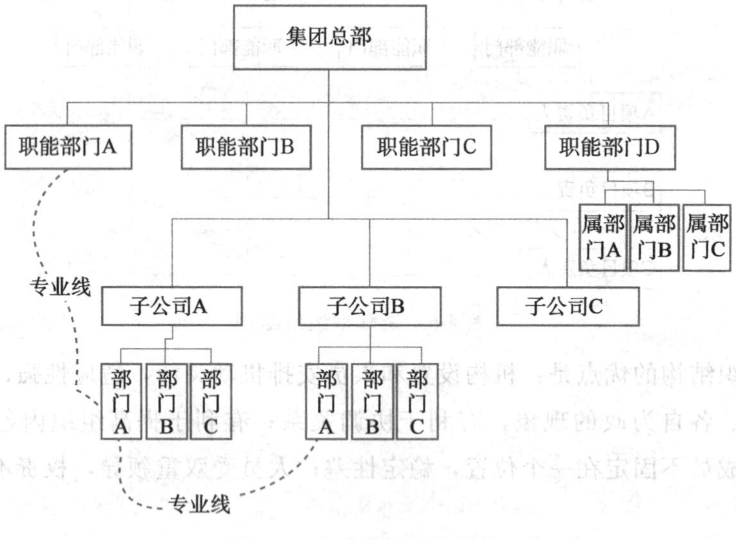

图 4-7 企业集团组织结构

企业集团的主要基本特征如下。

（1）多个法人。即企业集团是由多个法人组织所组成。企业集团作为一个整体并不具有法人资格。

（2）多种联系纽带。企业集团的各成员企业之间主要是由持股、控股所产生的产权关系这一纽带相联系，除此之外，还可以具有生产、销售、技术等多方面的联系纽带。

（3）多层次的组织。无论是纵向持股形成的企业集团，还是企业横向持股所形成的企业集团，从持股关系和比例来分，可分为核心层、紧密层、半紧密层和松散层等。

(4) 多样化经营。即企业集团一般不是从事单一产品的生产和经营，为了降低风险增强抵御风险的能力，企业集团往往是进行多样化生产和经营的。

(5) 多职能。即企业集团不仅具有生产经营职能，还往往具有社会职能、文化职能和政治职能等。

(6) 多国化。发达的市场经济国家的企业集团通常是跨国集团，活动的地域不仅仅局限于国内。

八、网络型组织结构

网络型组织结构是利用现代信息技术手段而建立和发展起来的一种新型组织结构。现代信息技术使企业与外界的联系加强了，企业可以重新考虑自身机构的边界，不断缩小内部生产经营活动的范围，相应地扩大与外部单位之间的分工协作，从而产生了一种基于契约关系的新型组织结构形式，即网络型组织结构。

网络型组织结构是一种只有很精干的中心机构，以契约关系的建立和维持为基础，依靠外部机构进行制造、销售或其他重要业务经营活动的组织结构形式。被联结在这一结构中的两个或两个以上的单位之间并没有正式的资本所有关系和行政隶属关系，但却通过相对松散的契约纽带，透过一种互惠互利、相互协作、相互信任和支持的机制来进行密切的合作。卡西欧是世界有名的制造手表和袖珍型计算器的公司，却一直只是一家设计、营销和装配公司，在生产设施和销售渠道方面很少投资。

网络型结构是小型组织的一种可行的选择，也是大型企业在联结集团松散层单位时通常采用的组织结构形式。

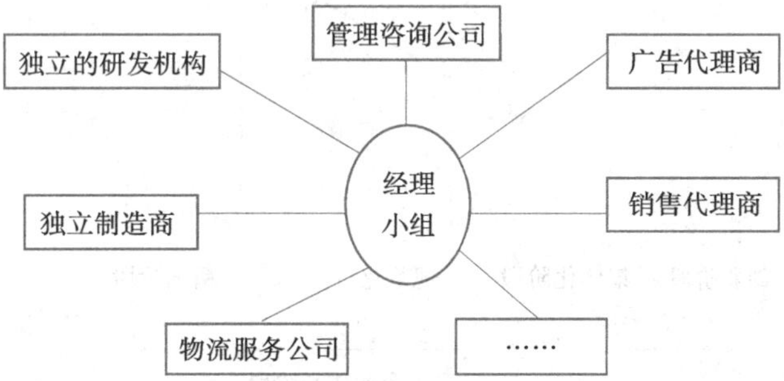

图 4-8　网络型组织结构图

采用网络型组织结构的组织，它们所做的就是创设一个“关系”的网络，与独立的制造商、销售代理商及其他机构达成长期协作协议，使它们按照契约要求执行相应的生产经营功能。

由于网络型组织结构的大部分活动都是外包、外协的，因此，公司的管理机构就只是一个精干的经理班子，负责监管公司内部开展的活动，同时协调和控制与外部协作机构之间的关系。

九、新型组织结构

扁平化组织是一种新型组织结构

传统的企业组织结构多为金字塔型的，其优点是结构严谨、等级森严、分工明确、便于监控等。但是，随着社会的发展和时代的变迁，特别是经济全球化进程的加快和市场竞争的加剧，这种组织结构的弊端已日益显露，主要是：

(1) 由于管理层次多必然要导致机构臃肿、人员膨胀。

(2) 人员膨胀必然要造成管理成本上升。

(3) 人浮于事，又必然要带来扯皮现象增多和管理效率低下。

(4) 管理层次多，势必造成信息传递不畅，甚至会出现信息在传递过程中失真。

(5) 权力集中在上层，下属自主性小，参与决策的程度低，创造潜能难以释放。

(6) 上层领导和基层群众相距甚远，不便交流，不易沟通。

所谓组织的扁平化，就是压缩组织的纵向结构，减少中间层次，增大管理幅度，促进信息的传递与沟通。实际上，从直线制组织结构到直线职能制组织结构再到矩阵制结构，以及网络型组织结构的演变，就体现了组织的扁平化过程，如图 4-9 所示。

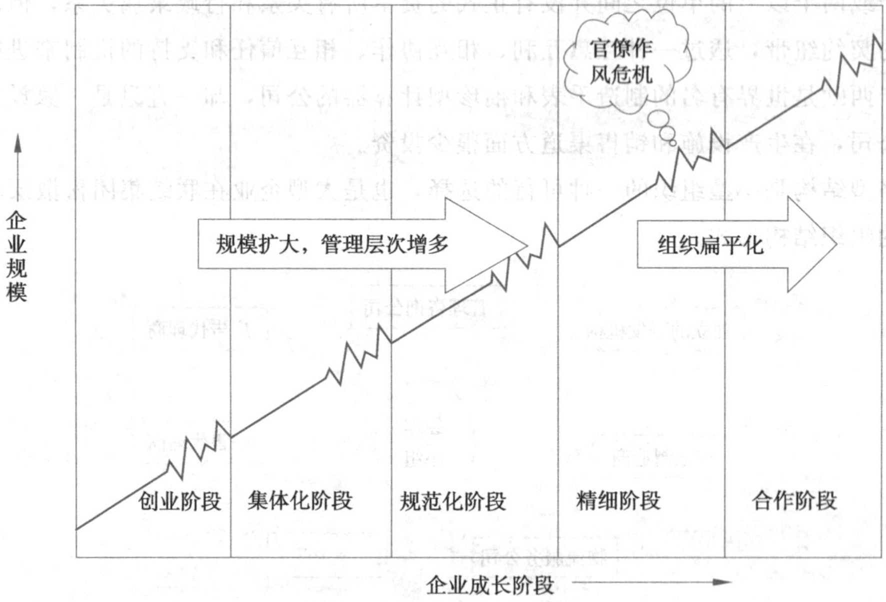

图 4-9　组织的扁平化过程

经过比较研究，人们认为扁平组织利大于弊，其主要优点如下：

(1) 由于管理层次的减少，管理人员也就相应地减少，不仅可以大大降低人工费用，同时还有助于实现工作的内容丰富化。

(2) 管理跨度加大，迫使领导必须适度授权，领导放权下属就能自主，这对开发员工潜能和发挥员工的创造性极为有利，领导放权、放手、放心，才能换来下属尽职、尽责、尽力。

(3) 管理人员授权要求领导必须十分审慎地选用下属人员，这对改善和提高员工队伍的整体素质也非常有好处。

(4) 削减中间层次，缩短了上下层的距离，既可以提高信息传递的速度，也可以提高领导决策的效率，还可以促进上下级之间的沟通，一举多得。

(5) 更重要的是层次减少、人员精干后，加大了员工的工作责任，增大了工作职位的挑战性，迫使员工自我加压，促使人才快速成长。

就我国目前的情况来看，多数企业组织基本上还属于金字塔型结构，这已经无法适应发展市场经济和迎接知识经济的要求，严重地束缚了员工的手脚，极大地挫伤了下属的积极性，阻碍了人才健康成长，不利于优秀人才的脱颖而出，弊端已日益凸显。按照扁平化的原理变革传统的组织构架，已成大势所趋。

教学互动

单项选择题

1. 某大型广告公司，业务包括广告策划、制作和发行。考虑到一个电视广告设计至少要经过创意、文案、导演、美工、音乐合成、制作等专业的合作才能完成，下列(　　)组织结构能最好地支撑该公司的业务要求。

A. 直线制　　B. 职能制　　C. 矩阵制　　D. 事业部制

2. 中华商务中心是一家合资企业，以物业经营为主要业务。目前有写字楼租户 272 家，公寓租户 426 家，商场租户 106 家。公司在总经理下设有物业部、市场部、财务部、人事部、公关部、业务发展部等部门。物业部下设置了写字楼管理部、公寓管理部、商场管理部以及其他配套部门。其整个公司和物业部内部的组织结构设计分别采取了(　　)部门划分形式。

A. 职能部门化和顾客部门化　　B. 顾客部门化和职能部门化

C. 均为职能部门化　　D. 均为顾客部门化

3. 有一天，某公司总经理发现会议室的窗户很脏，好像很久没有打扫过，便打电话将这件事告诉了行政后勤部负责人，该负责人立刻打电话告诉事务科长，事务科长又打电话给公务班长，公务班长便派了两名员工，很快就将会议室的窗户擦干净。过了一段时间，同样的情况再次出现。这表明该公司在管理方面存在着(　　)问题。

A. 组织层次太多　　B. 总经理越级指挥

C. 各部门职责不清　　D. 员工缺乏工作主动性

4. 汪力是一民营企业的职员，他工作中经常接到来自上层领导的两个不同甚至相互冲突的命令。(　　)说法指出了导致这一现象的最本质原因。

A. 该公司在组织设计上采取了职能型结构

B. 该公司在组织运作中出现了越级指挥问题

C. 该公司的组织层次设计过多

D. 该公司组织运行中有意或无意地违背了统一指挥原则

5. 确定合理的管理幅度是进行组织设计的一项重要内容。关于什么是合理的管理幅度，对于下列四种说法，你最赞同(　　)。

A. 管理幅度越窄，越易控制，管理人员的费用也越低

B. 管理幅度越宽，组织层次越少，但管理人员的费用会大幅度上升

C. 管理幅度应视管理者能力、下属素质、工作性质等因素的不同而定

D. 管理幅度的确定并不是对任何组织都普遍重要的问题，无须过多考虑

6. 某公司随着经营规模的扩大，其由总经理直管的营业员销售队伍也从3人增加到近100人。对一家大型企业来说，授权具有非常重要的意义，这主要是因为公司总裁决定进一步采取授权行动，在公司内部推行民主管理。最近公司发文规定，在文件所列举的20种紧急情况下，一线经理有权自主采取行动，但需将进展情况和结果及时报告上级经理。对于这一安排，你认为下述描述中，(　　)最贴切。

A. 这表明公司显著增加了一线经理的决策权

B. 公司有限度地扩大了一线经理的自主决策权。

C. 如果无须报告上级经理，这种做法就是授权。

D. 这不是真正意义上的授权而只是一种工作落实。

7. 对一家大型企业来说，授权具有非常重要的意义，这主要是因为(　　)。

A. 有利于中层干部的培养

B. 使高层管理人员从日常事务中解脱出来

C. 充分发挥下属的专长，弥补授权者自身的不足

D. 提高下属的工作情绪，增强其责任心，从而提高效率

8. 最近，公司发现营销人员似乎有点松散，对公司的一些做法也有异议，但又找不到确切的原因。从管理的角度看，你认为出现这种情况的主要原因最大可能在于(　　)。

A. 营销人员太多，产生了鱼龙混杂的情况

B. 总经理投入的管理时间不够，致使营销人员产生了看法

C. 总经理的管理幅度太宽，以至于无法对营销队伍实行有效的沟通

D. 营销队伍的管理层次太多，使得总经理无法对营销人员实行有效的沟通

第三节　组织职权设计

一、职务说明

职务说明是职务设计的结果，它有广义和狭义之分。狭义的职务说明一般包括职务名

称与代号、承担此职务的员工数、所属部门名称及直属主管姓名、待遇情况及所处级别、职务概念(工作性质、范围、目的)、职务开展(工作具体内容、对象、方法和步骤，每项工作所花时间及所要达到的标准，工作所需原材料、工具与设备，工作的环境条件与疲劳程度等)。广义的职务说明除了以上几方面外，还要有雇用规范，即指明某个职务适合配备什么资格或条件的人员来担任。雇用规范的内容包括：担任该职务应该接受的教育程度及工作经验，任职者所应拥有的生理状况、个性和行为特点，以及任职者所应拥有的智商程度和技能等。

二、职务设计形式

▶ 1. 职务专业化

在20世纪上半叶以前，职务设计与劳动分工、工作专业化的意义是相同的，管理者都在设法将其组织中各个职务的工作设计得尽可能简单、细小、易做。时至今日，专业化原则继续指导着许多职务的设计。如生产工人是在装配流水线上从事简单、重复的工作，工人只完成指定的任务，如在车门上打孔安装把手或拧紧某个螺钉，办公室职员坐在计算机终端前执行范围狭窄的、标准化的任务。

▶ 2. 职务扩大化

职务扩大化是为了增加员工任务的横向多样性而进行的职务设计。它不是将工作划分为细小的部分，使每个人单独承担其中某一部分的活动，相反地，而是把若干活动合并为一件工作，扩大工作的广度和范围，减少了职务循环重复的频率。

职务多样化可以提高员工工作的多样性。但根据国外研究表明，职务扩大化所取得的结果并不尽如人意，它并没有给工人的活动提供多少挑战性和意义。

▶ 3. 职务丰富化

职务丰富化的方法可以有以下几种：

(1) 任务组合。管理人员首先理清现有被分割的、零散的工作任务，把它们组合在一起，形成一种新的、内容更多的工作单位，增强技术的多样性和任务的同一性。

(2) 建立自然的工作单元，即让一个员工负责一个独立而有意义的工作整体。它会加强员工的“主人翁”意识并且还会促使员工认识到自己工作的意义。

(3) 建立员工—客户关系。管理人员应尽可能地建立员工与客户之间的直接关系，这样做会提高员工的技能多样性、自主性及反馈程度。

(4) 纵向的工作负荷。管理人员应使员工拥有以前属于管理人员的责任与控制权，提高员工工作的自主性。

(5) 开通反馈渠道。通过加强反馈，员工不仅能了解到自己的工作做得如何，而且还能了解到自己的工作绩效是在提高、下降，还是保持不变。应使员工在工作过程中就能直接了解有关绩效状况，而不是不定期地从管理人员那里得到有关工作绩效的评价。

三、人员配备

人员配备是对人员进行恰当而有效的选择、培养、绩效考评，以及员工职业生涯的规划，其目的是让合适的人员去充实组织结构中所规定的各项职务，使所有员工不仅能胜任组织中的各项工作，并且使员工能不断更新技能和知识，长期保持高绩效水平，即做到“位得其人、人得其位、人尽其才”。

人员配备的过程包括：评价现有的人力资源，包括职工队伍的规模、结构和人员素质状况；预估将来需要的人力资源，这是根据组织任务目标和职务设计的要求确定的；制定满足未来人力资源需要的行动方案，如内部提升与轮换、外部选聘、人才开发培训等。

▶ 1. 确定人员需求数量

人员需求数量主要是根据组织规模、组织结构的复杂程度、组织设计的要求等因素确定，同时，还要综合考虑环境变化、人员流动等动态因素。

▶ 2. 人员的招聘与选拔

人员的招聘与选拔主要有两种方式：一种是从企业外部选拔、招聘，即所谓的“空降兵”模式，另一种则是从企业内部产生。

▶ 3. 人员考评

人员考评是为了确定各个职位的工作人员是否符合组织要求的标准，以便为组织确定是否进一步培养以及确定薪酬、奖惩提供依据，同时，人员考评也是组织内部沟通的过程。

▶ 4. 人员培训

人员培训一方面是为了提高企业员工素质和个人能力，另一方面也是企业内部信息沟通，针对某些具体问题改变员工态度、更新观念的需要。具体培训内容包括政治思想教育、管理业务知识、管理技巧等。培训方法有理论培训、职务轮换、晋升、在副职岗位上培训等。具体形式有在职学习、脱产学习。

四、组织中的职权关系

职权指的是管理职位所固有的发布命令和希望命令得到执行的权力。

(一)职权的性质

(1) 职权是把组织紧密结合起来的黏合剂。职权可以向下层层委让给下属管理人员，通过授予他们一定的权力，从而形成等级链系统。

(2) 职权与组织中的一定职位相关，而与担任该职位管理者的个人特性无关。每一个管理职位都有某种特定的、内在的权力，任职者可以从该职位的等级或头衔中获得这种权力。

(二) 直线职权与参谋职权

组织分工将组织机构划分为纵向与横向两类。我们将纵向的、由管理层次形成的体系称为直线组织，直线组织对实现组织目标负有直接职责。而与直线组织中每一层次的职位相对应的权力即为直线职权，是指上下级之间的指挥与命令权力。

参谋职权是指对实现组织目标负协助责任的权力。参谋职权的职责是通过策划、建议协助直线职权有效地工作。为此派生的职能称为参谋职能，它遵循专业化原则，如计划、财务、人事、采购、设备维修、质量管理和安全检查等部门。随着现代企业的规模扩大化、战略复杂化，参谋机构日益扩大，地位日趋重要。实践中，一般是从职权关系角度区分组织内的直线部门与参谋部门，看其是否拥有指挥和命令权。

具体而言，参谋职权有以下几类：

(1) 建议权。

(2) 强制协商权，直线人员在作出决策之前必须听取参谋人员的意见。

(3) 共同决定权，直线人员不仅在作出决策之前要听取参谋人员的意见，而且在命令采取行动时必须得到参谋人员的同意和许可。

(4) 职能职权，这是对直线主管人员行使决策和指挥权限的最高程度的限制。它的权力最大，允许参谋人员在其专门知识和技能领域对有关人员直接下达指示，而且这种指示和命令必须如同来自直线主管的一样得到执行。当然，这种指示也可能被直线主管撤回，但在此之前它是必须执行的。

(三) 授权与尽责

授权是指上级把自己的部分权力转移给下级，使下属拥有相当的自主权和行动权。授权包含三方面内容：分派职责、赋予职权和明确责任。

(1) 分派职责。职责是指完成一项确定的任务所必须履行的义务。

(2) 赋予职权。斯蒂芬·P. 罗宾斯认为职责与职权是对等的。一个人得到某种“权力”，他也就承担相应的“责任”。反过来说，分派给某人完成任务的职责，相应地，也应该授予他完成任务的职权。因此，授权与分派职责的过程必须遵循“职权与职责对等”原则。

(3) 确立责任。职权与职责对等原则告诉我们，当某人得到某种权力时，也相应地应该对其行使权力所带来的一切后果负责。也就是说，下级在接受上级分派的任务和授予的职权时，应该对上级负有运用所拥有的职权去完成任务的责任。

(四) 集权与分权

集权与分权是用于描述决策权在组织中不同管理层次上的集中与分散程度的概念。集权与分权是相对的。集权，就是决策权限主要集中在高层领导手中。分权，就是将决策的权限分配给中下层组织单位，分权同时也是授权的过程。

▶ 1. 判断一个组织集权与分权程度的标志

(1) 不同类型决策的集中程度。如果组织中的低层管理者可自主决定的事项越多、越重要、影响范围越广，分权程度越高。

(2) 整个决策过程的集中程度。参与决策过程的部门越多，分权程度越高。

(3) 下属决策受控制的程度。如果组织制定出许多细致的政策、程序、规则来对成员施加前提影响，分权程度就比较低。

2. 影响组织集权与分权的因素

(1) 经营环境条件和业务活动性质。

(2) 组织的规模和空间分布广度。

(3) 决策的重要性和管理者的素质。

(4) 对方针政策一致性的要求和现代控制手段的使用情况。

(5) 组织的历史和领导者个性的影响。

3. 集权与分权的利弊

正确地处理集权与分权关系对于组织的生存和发展至关重要。从国内企业的实际情况来看，许多组织都普遍地存在一种过分集权的倾向。集权过度会带来一系列弊端，所以需要适度地集权与分权。

一般意义而言，集权程度高，便于从整个组织目标出发处理问题，避免局部利益行为；可使组织的有限资源得到有效利用；有助于确保组织政策和行动的一致性，提高组织的控制力；还可以保证组织雷厉风行地执行决策。

而分权程度高，可避免高度集权的弊端，但最重要的问题是容易失去控制。因此，要避免组织的瓦解，就必须有选择地把事关重大决策方面的权力集中起来，以避免分散化可能带来的不利影响。

正确掌握集权与分权程度，适当分权对组织运行的有效性有重要影响。首先，在现代组织中，对规模经济的追求导致组织规模扩大，要求增加管理层次，使分权倾向日益明显；其次，组织活动的分散性也使分权成为必要，尤其是那些跨国、跨地区的部门主管要求自主决策的意愿更加强烈；再次，组织的创新性也同样要求组织的分权化；最后，现代计算机和信息技术的发展也使分权成为可能，因为现在即便是普通员工也能迅速获取从前只有高层管理人员才能得到的信息。

教学互动

通用汽车公司的组织结构创新

1916 年，随着联合汽车公司并入通用汽车公司，阿尔弗雷德·斯隆出任通用汽车公司副总裁。作为副总裁的斯隆发觉通用汽车公司管理上存在的问题，他先后写了 3 份分析通用汽车公司内部管理弱点的报告。但是，总裁杜兰特只是赞赏，不予采纳。到了 1920—1921 年的经济危机期间，通用汽车公司在经营管理上的问题彻底暴露出来了，公司危机四伏，摇摇欲坠。这时，杜兰特引咎辞职，皮埃尔·S. 杜邦兼任总经理。斯隆在他的支持下，开始了改革的进程，这场改革从 1921 年一直持续了 10 年。

斯隆分析了通用汽车公司的弊病，指出公司过去将领导权完全集中在少数高级领导人身上，他们事无巨细，大包大揽，反而事与愿违，造成了公司各部门失去控制的局面。他认为，大公司较为完善的组织管理体制，应以集中管理与分散经营两者之间的协调为基础。只有在这两种显然相互冲突的原则之间取得平衡，把两者的优点结合起来，才能获得最好的效果。由此他认为，公司应采取“分散经营、协调控制”的组织体制。根据这一思想，斯隆提出了改组的计划，并第一次提出了事业部制的概念。

1920年12月30日，斯隆的计划得到公司董事会的一致同意。翌年1月3日，这个计划开始在公司内推行。

以后的10年中，斯隆将管理部门分成参谋部和前线工作部(前者是在总部进行工作，后者负责各个方面的经营活动)的做法很为大家熟悉，这种分组在19世纪较大的铁路公司里已经成形。现代军队，特别是普鲁士军队也率先使用了这种组织结构，许多概念同时在工业公司里获得发展。斯隆也确实用过军事方面的例子来说明他正要在通用汽车公司里干什么。

斯隆在通用汽车公司创造了一个多部门的结构。他废除了杜兰特的许多附属机构，将力量最强的汽车制造单位集中成几个部门。这种战略现在人们已经熟悉，但在当时是第一流的建议并且被出色地执行了。多年后，斯隆这样说明：我们的产品品种有缺陷。通用汽车公司生产一系列不同的汽车，聪明的办法是制造出价格尽可能各有不同的汽车，就好像一个指挥战役的将军希望在可能遭到进攻的每个地方都要有一支军队一样。“我们的车在一些品种上太多，而在另一些品种上却没有。”公司首先要做的事情之一是开发系列产品，在竞争出现的各个阵地上对付挑战。

斯隆认为，通用汽车公司出产的车的品牌应从凯迪拉克牌到别克牌、奥克兰牌，最后到雪佛兰牌，这是20世纪20年代早期的产品阵容。以后有了改变，1925年增加了庞蒂艾克牌，以填补雪佛兰和奥尔兹莫比尔中间的缺口，奥克兰被淘汰后增加了拉萨利，后来拉萨利也被淘汰了。

每个不同品牌的汽车都有自己专门的管理人员，每个品牌的总经理相互之间不得不进行合作和竞争。这意味着生产别克牌汽车的部门与生产奥尔兹莫比尔牌汽车的部门都要生产零件，但价格和式样有重叠之处。这样，许多买别克牌汽车的主顾可能对奥尔兹莫比尔牌汽车也感兴趣，反之亦然。这样，斯隆希望在保证竞争的有利之处的同时，也享有规模经济的成果。零件、卡车、金融和通用汽车公司的其他单位差不多有较大程度的自主权，其领导人成功获奖赏，失败则让位。通用汽车公司后来成为一架巨大的机器，但斯隆力图使它确实保有较小公司所具有的激情和活力。

斯隆的战略及其实施产生了效果。1921年，通用汽车公司生产了21.5万辆汽车，占美国销售的7%；到1926年年底，斯隆将小汽车和卡车的产量增加到120万辆。1940年该公司产车180万辆，已达该年全国总销量的一半。相反，福特公司的市场份额1921年是56%，1940年是19%，不仅远远落后于通用汽车公司，而且次于克莱斯勒公司而成第三位，而克莱斯勒公司在1921年时甚至还不曾出现。这是美国商业史上最戏剧性的沉浮升降之一。

根据上述情况，请回答下列问题：

1. 斯隆认为，在通用汽车公司的组织结构方面(　　)。

A. 集权有百害而无一利

B. 传统的集权式组织结构必须让位于现代的分权式组织结构

C. 应在集中管理与分散经营之间取得平衡

D. 它与通用当时的问题关系不大

2. 关于事业部制，下述说法中不正确的是(　　)。

A. 它是一种集中指导下的分权管理形式

B. 它又称为斯隆模型

C. 各事业部具有相对独立的利益和自主权

D. 各事业部之间协调方便

3. 斯隆对通用汽车公司的部门进行划分时，主要是按(　　)。

A. 工艺　　B. 人数　　C. 产品　　D. 营销渠道

4. 在1940年前后，美国汽车市场是一种典型的(　　)。

A. 完全竞争市场　　B. 垄断竞争市场

C. 寡头垄断市场　　D. 完全垄断市场

5. 对于参谋职权与直线职权，下述说法中不正确的是(　　)。

A. 直线职权是上级指挥下级工作的权力

B. 参谋职权旨在协助直线职权有效地完成组织目标

C. 两者之间是“参谋建议、直线命令”的关系

D. 参谋职权应受直线职权的领导

6. 在产品方面，斯隆(　　)。

A. 把高档车作为目标市场　　B. 把低档车作为目标市场

C. 把所有的汽车作为目标市场　　D. 对原有的产品品种不作改动

第四节　组织文化

一、组织文化的含义及其内容

1. 组织文化的含义

组织文化(企业文化)是一种群体文化，是企业或组织成员所共同拥有的总的行为方式、共同的信仰和价值观。它是通过企业长期经营与培育而形成的一种有别于其他企业的、能反映本企业特有经营管理风格的、被企业成员所共同认可和自觉遵守的价值观念与

群体行为规范。企业文化的实质是团队精神。

▶ 2. 组织文化的内容

(1) 成员的同一性。雇员与作为一个整体的组织保持一致的程度，而不是只体现出他们的工作类型或专业领域的特征。

(2) 团体的重要性。工作活动围绕团队组织而不是围绕个人组织的程度。

(3) 对人的关注。管理决策要考虑结果对组织中的人的影响程度。

(4) 单位的一体化。鼓励组织中各单位以协作或相互依存的方式运作的程度。

(5) 控制。用于监督和控制雇员行为的规章、制度及直接监督的程度。

(6) 风险承受度。鼓励雇员进取、革新及冒风险的程度。

(7) 报酬标准。同资历、偏爱或其他非绩效因素相比，依雇员绩效决定工资增长和晋升等报酬的程度。

(8) 冲突的宽容度。鼓励雇员自由争辩及公开批评的程度。

(9) 手段—结果倾向性。管理更注意结果或成果，而不是取得这些成果的技术和过程的程度。

(10) 系统的开放性。组织掌握外界环境变化并及时对这些变化作出反应的程度。

组织文化是相对稳定与持久的。通用汽车公司被普遍描绘成冷静的、正规的、不愿意冒险的公司，20 世纪 30 年代，它是如此，现在基本上还是这样。相反，HP 公司是一个非正规的、结构松散的、极富人情味的公司。尽管两家公司的文化不同，但它们在过去都获得了实质性的成功。

二、建立优秀企业文化的意义

▶ 1. 有效的管理机制

一种优秀的企业文化能够成为影响组织成员行为的有效管理机制，从而协助组织成员共同为实现组织目标而努力工作。在这样一种文化氛围内，组织成员愿意自觉地遵守由企业文化所形成的价值准则和行为规范，这将比任何其他控制手段都更理想、更有效。因为靠强制命令虽然也能迫使组织成员改变其行为，但因为这不是自觉的行为，工作效率必然很低。

▶ 2. 良好的组织气氛

在具有良好文化环境的组织里工作，可以使人心情舒畅、精神振奋、充满生气、积极进取、畅所欲言、有较强的满足感和自我实现意识。在这样的环境中，人力资源的潜力可以得到充分的发挥和利用，组织成员愿意为组织的发展贡献其创造力。

▶ 3. 强大的推动作用

建立优秀的企业文化，将会对企业的经营业绩产生强大的推动作用，原因在于以下三方面。

(1) 企业文化能够带动员工树立明确的目标，并在为此目标而奋斗的过程中保持一致的步调。在当今企业化生产程度很高、分工复杂的环境中，做到这一点极为困难。

(2) 企业文化能够在员工中营造出非同寻常的积极性，因为企业成员共享的价值观和行为方式使得他们愿意为企业出力。

(3) 企业文化还提供了必要的企业组织结构和管理机制，从而产生了一个合适的激励，积极创造的压力水平。

▶ 4. 生存和发展壮大的灵魂

目前，许多著名的成功企业，他们的企业文化价值观逐步由原来的“物本主义”转向“人本主义”，由注重企业的资本增值而转向注重人力资源的合理开发和利用，以及企业文化的建设。摩托罗拉如此，诺基亚也如此。诺基亚就提出“科技以人为本”的战略发展目标，并取得良好的成效。所以，21 世纪的企业家就要从关心人、爱护人、以人为本的企业价值观念出发，注重企业的科学技术人才和优秀管理人才的培养和使用，创造一个能使他们充分发挥积极性、创造性的文化和工作环境，这是企业文化的重要内容。企业文化是企业生存和发展壮大的灵魂所在，它规范和指导着企业的一切商业活动。

三、企业文化的作用

企业文化是企业在市场经济中处理各种关系的准则。优秀的企业文化应在处理以下关系中发挥积极的作用。

(1) 与消费者的关系：做到顾客完全满意。

(2) 与政府部门的关系：做到诚信不渝、遵纪守法。

(3) 与其他企业的关系：做到公平竞争、互惠互利、互相尊重。

(4) 与企业员工的关系：做到肯定个人尊严、保障员工合法权益。

但文化，特别是强文化对组织有效性潜藏着负面作用，表现在对变革的障碍、对多样化的障碍，以及对兼并和收购的障碍。

四、企业文化与企业制度化

企业的组织结构是其有效运转的实体框架，企业的制度和规范是保证其机体正常有序、沿既定方针目标运行的基础。企业制度化所约束和管理的对象是人，它既包括管理者，也包括普通员工。制度化只是约束人们的行为，只起到预防和警示作用，不会对人们产生激励和聚合作用。

人是精神与肉体的结合物，人的心理认识支配着人们的主观能动作用，人们在得到一定层次的心理满足之后，会产生巨大的外在行为驱动力。而这一满足是通过企业内在的文化氛围的影响、企业与员工之间的相互诚信和企业对员工需求最周到、最全面的满足来实现的。企业中这些人性化措施的集中体现就是企业文化。

五、企业文化与经济增长

要使企业成为一流的企业，就要不断建立、丰富和完善自己的企业文化，并借助企业文化力来实现企业的目标。

目前，国际范围内的著名企业普遍采用的企业形象战略和建设企业文化的实践，都是以企业文化力推动经济发展的积极尝试，并取得了引人瞩目的成果。摩托罗拉等企业文化已经给企业带来了经济和社会的双重效益，并且证明了企业文化力是获得经济增长的有效手段，是企业取之不尽、用之不竭的财富之源和智慧之源。企业文化不仅仅是一种管理方法，而且是一种象征企业灵魂的价值导向，反映了一种企业的理念、一种精神气质、一种精益求精的工作态度和献身事业的价值取向。

六、企业文化优劣的判断

如何判断一个企业的文化是否优秀呢？哈佛商学院的研究人员提出了“企业文化力量指数”的概念，这个指数的大小与对以下问题的肯定回答存在密切联系。

(1) 公司的经理是否经常谈论自己公司的“模式”或行事方法。

(2) 公司是否将自己的价值观通过准则、口号等公诸于众，并且大力教育和鼓励自己公司的职员恪守遵循。

(3) 公司是否按照本身的长期经营策略和经营行为方式进行运作，还是根据现任企业领导者的经营策略和行为方式进行工作？

七、组织文化的形式

组织文化以多种形式传递给员工，最常用的有故事、仪式、物质象征和语言。

▶ 1. 故事

许多组织中都流传着这样的小故事，它们的内容多半是与组织创建者、违犯组织制度、从乞丐到富翁的发迹史、裁减劳动力、员工重新安置、反省过去的错误以及组织应急事件等有关。这些小故事能够起到借古喻今的作用，还可以为目前的组织政策提供解释和支持。

例如，诺斯拉姆公司的员工喜欢谈论这样一个故事，它与公司的顾客退货制度密切相关。这个零售连锁店初创时，有一天一个顾客来到商店想退掉一副汽车轮胎，售货员不很清楚自己应该怎样处理这个问题。就在顾客与售货员交谈时，诺斯拉姆先生路过此处，并听到了谈话内容。他立刻走过去，问顾客花多少钱买下这副轮胎的，然后让售货员收回轮胎，把钱全数退给顾客。顾客拿着钱离开后，这位售货员困惑地看着老板说：“诺斯拉姆先生，我们没有卖过轮胎呀!”他的老板说：“我知道，但无论如何我们要让顾客满意。我说过，顾客退货时，我们不提任何问题，这是我们的退货制度，必须做到这一点。”然后，诺斯拉姆先生就打电话给一个在汽车配件厂的朋友，问他愿意花多少钱拿走那副轮胎。

▶ 2. 仪式

仪式是一系列活动的重复。这些活动能够表达并强化组织的核心价值观，即什么目标是最重要的？哪些人是重要的？哪些人是无足轻重的？

例如，最出名的公司仪式是玫琳凯化妆品公司的年终奖大会。年终奖大会既像马戏团表演，又像美国小姐大选。大会在一个大礼堂的舞台上举行，一般持续几天。台下是一大群欢呼雀跃的人，与会者都身着漂亮的晚礼服。达到销售指标的女售货员得到一些精美的奖品，如金饰针、钻石饰针、狐皮披肩等。这种年会公开地奖励销售业绩突出的员工，从而起到了激励员工的作用。另外，这种仪式强化了玫琳凯的个人坚强意志与乐观精神，而这两点正是她克服个人困难、创立自己的公司、获得巨大物质财富的力量来源。玫琳凯通过年会这种形式告诉她的员工，实现他们的销售指标很重要，通过努力工作和足够的勇气，他们也能获得成功。

▶ 3. 物质象征

坦德姆计算机公司总部在加利福尼亚州的卡普蒂诺市，看起来不像人们通常想象中的总部，这儿有跑道、篮球场、舞厅和瑜伽教室，还有一个游泳池，这些都是供员工享用的。每个星期五下午 4 点 30 分，员工就可以参加公司出资举行的啤酒豪饮会。这种非正式的公司总部组织的活动告诉员工，公司重视的是公开性与平等。

公司总部的布局、公司提供给高级管理人员的车型、公司是否给他们提供私人飞机，这些都是物质象征的例子。物质象征物还包括办公室的大小和摆设，装饰物的档次，高级管理人员的额外津贴、衣着等。这些物质象征物告诉员工，谁是重要人物、高级管理人员希望平等的程度，以及什么样的行为类型是恰当的。

▶ 4. 语言

许多组织，以及组织内的许多单位都用语言作为识别组织文化或亚文化成员的标志。通过学会这种语言，可确保组织成员已经接受了这种文化，这样又有助于员工坚持这种文化的价值观。

例如，戴劳公司是一家以加利福尼亚为基地的数据分发公司。公司员工使用即位数目(分配数据库中每个个体记录的数字)、KWIC(文章中的关键词)、关系操作员(在数据库中按一定顺序搜索人名或关键词的人)等词语。图书馆管理学专家所用的术语大部分是外行人所不了解的。他们在谈话中会不时地使用一些缩略语，如 ARL(图书馆研究协会)、OPAC(提供合作目录的俄亥俄中心)、OPAC(上机用户专用目录)等。

随着时间的推移，组织往往就形成了自己特有的名词，用来描绘与业务有关的设备、办公室、关键人物、供应商、顾客、公司产品等。一般来说，新员工经过 6 个月的工作之后，那些起初令他们困惑不已的新名词就成为他们语言的一部分。这些术语一旦为员工所掌握，就成了共同特征，把特定文化或亚文化中的成员联结在一起。

拓展与思考

一、简答题

1. 什么是组织？从事组织工作应遵循哪些原则？

2.“员工喜欢在扁平的、分权的组织中工作”，你认为是这样的吗？为什么？

3. 事业部制组织结构最突出的特点是什么？有何优缺点？

4. 如果你是企业的领导者，你会重视企业文化的建设吗？为什么？

5. 如何理解现代企业中提倡的“团队精神”？

6.“一位管理者在组织工作职能上做些什么，取决于他或她所处的组织层次”，请对此进行解释。

二、实践训练

1. 分组模拟创办一家公司，结合所学组织结构知识构建公司组织框架，并制定组织目标和相关规章制度。要求：确定本公司的名称和办公地点；选举产生总经理；确定本公司的组织结构模式和领导体制；由总经理任命本公司各成员的职位，并确定分工。

2. 根据模拟公司的工作计划建立组织结构，各模拟公司组织招聘各公司部门负责人及业务人员，各公司招聘范围为班级全体成员，每位同学可以交叉报名应聘，最终看哪个公司的应聘成功率最高。招聘程序按课程讲授内容进行，同学们先在课下进行精心准备，在课上进行角色扮演。

招聘程序如下：

(1) 制订招聘计划。

(2) 进行工作分析。

(3) 确定招聘条件。

(4) 招聘实施公布：分为公司外招聘和公司内部招聘。

(5) 具体实施过程：填写履历表、复核、面试、体检、测试、试用、就职。

请同学们严格按上述程序分角色认真扮演，最终由老师进行总结。

三、案例分析

锦江模式——锦江集团宾馆文化的标志

上海锦江集团成立于1984年，是我国第三产业中组建最早、规模最大，以饭店业为主体，以旅游、交通、金融、房地产、商贸为骨干的综合性的涉外企业集团之一。几年来，锦江集团实现了与国际旅游先进水准接轨的目标，走出了一条有中国特色的饭店管理道路。

1. 全方位的服务——“锦江模式”的核心

一个服务性的企业赢得市场、取得效益，是多种因素共同作用的结果，但其核心在于能长年累月、坚持不懈地为中外客人提供全方位的优质服务。全方位的服务是“锦江”的服务特色。提取行李、陪同进房、介绍设施、送上茶水毛巾、了解生活爱好、引领进入餐厅、转告餐厅和厨房有关客人的口味特点、离店前的诚恳征求意见直至最后送别……这点点滴滴，看似简单琐碎，没有高深的学问，然而要做得完美无缺，绝非易事。可是，锦江人做到了。

一位客人扔掉了一件旧衣服，服务员从上到下检查一遍，摸出了一个金锁片还给客人。一位客人在赴宴会前10分钟，猛然想起自己的外衣还未烫好，于是连忙打铃唤来服务员。没想到服务员微笑着说："我了解到您今晚有个宴会，在您休息时，我已请您的随员取出这套外衣，现已烫好放回原处了。"

2. 规范化的管理——"锦江模式"的基础

锦江集团从成立之日起，就准备着参与国际竞争，发展跨省市、跨国界的经营。在全市、全国乃至全球管理的大跨度中，如何保持稳定的服务质量，是锦江集团管理面临的难题。以规范化的管理为基础的"锦江模式"的形成，为解决这一难题创造了条件。

锦江集团的管理规范是国际先进饭店管理经验和自身传统的结合。它用文字统一规定了饭店各工种、各岗位的操作规程、作业标准和职业要求。这种要求，是建立在不断提高职工文化技术素养的基础之上的。

锦江集团通过年年月月从不间断的岗位培训、岗位考核，打破了各饭店自成习惯的纯经验型的做法，逐步形成了统一而又鲜明的锦江风格。这种风格，一方面是全集团统一的服务规范，另一方面是各个饭店别具一格的服务特色。

3. 继承、借鉴、创新——"锦江模式"的特色

饭店是文化型的企业，建筑风格、饮食菜肴是文化，职工的仪容仪表、精神风貌也是文化。开放，把锦江集团推向了国际舞台，中西两种不同的文化在锦江集团这个特定的环境中不可避免地发生了碰撞。如何继承中国饭店的优秀文化传统，借鉴吸收西方文化中精华，是锦江集团在开放中遇到的又一课题。

锦江集团的党政领导在继承、借鉴、创新中，发挥锦江集团传统文化的优势，探索出一条有中国特色的饭店管理的道路。

1. 锦江集团在建设"锦江模式"的组织文化过程中，有哪些值得学习和借鉴的经验，是否还存在不足？

2. 如何在当今的中国现代企业中，建立并培养适合于组织发展的企业文化？

拓展阅读

管理哲理故事

如果你把六只蜜蜂和同样多只苍蝇装进一个玻璃瓶中，然后将瓶子平放，让瓶底朝着窗户，会发生什么情况？

你会看到，蜜蜂不停地想在瓶底上找到出口，一直到它们力竭倒毙或饿死；而苍蝇则会在不到两分钟之内，穿过另一端的瓶颈逃逸一空——事实上，正是由于蜜蜂对光亮的喜爱，由于它们的智力，蜜蜂才灭亡了。

蜜蜂以为，囚室的出口必然在光线最明亮的地方，它们不停地重复着这种合乎逻辑的行动。对蜜蜂来说，玻璃是一种超自然的神秘之物，它们在自然界中从没遇到过这种突然不可穿透的大气层，而它们的智力越高，这种奇怪的障碍就越显得无法接受和不可理解。

那些愚蠢的苍蝇则对事物的逻辑毫不留意，全然不顾亮光的吸引，四下乱飞，结果误打误撞地碰上了好运气，这些头脑简单者总是在智者消亡的地方顺利得救。因此，苍蝇得以最终发现那个正中下怀的出口，并因此获得自由和新生。

上面所讲的故事并非寓言，而是美国密执安大学教授卡尔·韦克转述的一个绝妙的实验。韦克是一个著名的组织行为学者，著有《组织的社会心理学》等书。

韦克总结道："这件事说明，实验、坚持不懈、试错、冒险、即兴发挥、最佳途径、迂回前进、混乱、刻板和随机应变，所有这些都有助于应付变化。"

他进一步说："我从大企业中所认识到的最重要的事情，就是当每人都遵循规则时，创造力便会窒息。"这里的规则也就是瓶中蜜蜂所坚守的"逻辑"，而坚守的结局是死亡。已有不止一家大企业到IDEO取经。它们迫切想知道，怎样才能使自己变得更富活力、更有创造性？

这样的问题之所以急迫，是因为管理模糊性、管理不确定性、管理变革，业已成为当今企业面临的头号任务。不确定性已经并将长期成为折磨企业的一种"慢性疾病"，比如，许多公司已停止印发组织结构图了，因为它几乎刚刚出来就会变得过时。在高科技企业，人人都知道，哪怕只预测几个月后的技术趋势都是一件浪费时间的徒劳之举。如果你对混沌理论有一点点认识的话，你会懂得世界既不可知，也不可预测。过去的企业好像一条优哉游哉的豪华游轮，而现在的企业则好像波浪滔天的大海里的一只独木舟。

但这样说也不是要鼓励我们对世界的悲观看法。韦克的观点是，对付不确定性的办法，是在瞬变时刻赋予事物以合理性，就像上述实验中的苍蝇一样。这意味着，面对趋于复杂的世界，如果你想使之成理，就必须拥有随机性的智慧而不是教条式的智慧。

为什么这样讲？由于狩猎是布拉多印第安人千百次进行的一项活动，他们得以积累丰富的有关猎物、追踪、天气和地形的经验。通常情况下，他们会依靠狩猎队伍中经验丰富的猎手的知识和智力进行判断。然而在外界环境的变数加大或遭遇其他特殊情况时，布拉多印第安人便会把经验搁置一旁，转而求助于非逻辑性的"魔法"——通过炙烤鹿骨来决定狩猎的走向。从现代的理性人的观念来看，这样做简直荒唐可笑，但布拉多印第安人的魔法却带来了一些超出经验的新事物，使狩猎最终得以成功。魔法为其固定的狩猎模式引入了一个随机的变数，狩猎的战术因此不会墨守成规，避免了由于一味遵从经验而可能造成的无效追逐，这也就是我们常说的"因以往的成功经验而导致的失败"。智者如蜜蜂往往正是因经验而陷入死地。

企业生存的环境可能突然从正常状态变得不可预期、不可想象、不可理解，企业中的"蜜蜂"们随时会撞上无法理喻的"玻璃之墙"。领导者的工作就是赋予这种变化以合理性，并找出带领企业走出危机的办法。组织的本意是稳定自身的直接环境，从混乱中理出秩序，但在一个经常变化的世界里，混乱的行动也比有序的停滞好得多。

第 五 章

领 导

A对B说："我要离开这个公司。我恨这个公司！"

B建议道："我举双手赞成你报复！破公司一定要给它点颜色看看。不过你现在离开，还不是最好的时机。"

A问："为什么？"

B说："如果你现在走，公司的损失并不大。你应该趁着在公司的机会，拼命去为自己拉一些客户，成为公司独当一面的人物，然后带着这些客户突然离开公司，公司才会受到重大损失，非常被动。"

A觉得B说得非常在理。于是努力工作，事遂所愿，半年多的努力工作后，他有了许多的忠实客户。

再见面时，B问A："现在是时机了，要跳赶快行动哦！"

A淡然笑道："老总跟我长谈过，准备升我做总经理助理，我暂时没有离开的打算了。"

其实这也正是B的初衷。一个人的工作，只有付出大于得到，让老板真正看到你的能力大于位置，才会给你更多的机会替他创造更多利润。

管理启示

只有为公司作出真正贡献的人，才会得到领导的器重。整日期盼得到公司的重用，只想着在更高的岗位上展示才华的人恐怕永远没有机会。只有做好眼前的工作，兢兢业业做好本职工作，就会获得更大的工作平台，实现自己的价值。

当今领导，集中到一点，就是他有能力使他的下属信服而不是简单地控制他们。

——美国管理学家，亨利·艾伯斯

>>> 学习目标

- 理解态度、人格特质、知觉的基本概念和理论，学会在管理中应用。
- 了解领导的含义、作用，领导者素质及领导集体构成。
- 理解领导的影响力构成因素、领导的类型。
- 掌握相关领导理论。

第一节 行为基础

作为管理者实施领导职能时，他所面对的绝大多数是人们的活动，即人的行为。管理者必须能够解释员工为什么表现出这样或那样的行为，能够预测员工对管理者所采取的各种活动作出什么样的反应，并能够进一步影响员工实施具体的行为。下面的内容主要介绍如何理解员工的态度、人格、认知等，从而帮助我们解释和预测员工的生产率、出勤率以及工作满意度。

一、态度

（一）态度概述

态度是对物体、人物和事件的评价性陈述，这种评述可以是赞同的，也可以是反对的，它反映了个体对某一对象的内心感受。当一个人说“我喜欢我的工作”时，他就是在表明自己对工作的态度。

迈尔斯对于态度的定义较为完善，认为态度是对某物或者某人的一种喜欢或者不喜欢的评价性反应，它在人们的信念、情感和倾向中表现出来。迈尔斯指出，态度的结构涉及三个维度：情感(Affective)、行为意向(Behavioral)和认知(Cognitive)，即态度的 ABC 结构。情感成分是指个人对态度对象的情感体验，如尊敬—蔑视、同情—冷漠、喜欢—厌恶等。行为意向成分就是指个人对态度对象的反应倾向或行为的准备状态，也就是个体准备对态度对象作出何种反应。认知成分就是指个人对态度对象带有评价意义的叙述。叙述的内容包括个人对态度对象的认识、理解、相信、怀疑以及赞成或反对等。

当然，管理者并不对员工的每种态度都感兴趣，他们只对与工作有关的态度感兴趣，其中三种最重要的态度是工作满意度、工作投入和组织承诺。工作满意度是员工对自己工作的总体态度，通常我们谈到员工的态度时指的就是工作满意度。工作投入指的是员工认同自己的工作、积极参与工作，把工作视为个人价值体现的程度。组织承诺代表了员工的组织取向，指的是他们对组织的忠诚度、认可程度和参与程度。

（二）态度理论

▶ 1. 学习理论

这种理论认为，人们能像获得事实、概念、思想意识、思维方式和习惯一样去获得态度。情绪和事实结合会引起态度的改变与发展。心理学家斯台茨和伯恩克劳雷认为：环境刺激会引起情绪反应；奖励、赞赏和社会承认所促进的心理倾向会持续下去，对个体态度产生积极影响；人们可以通过学习来模仿他人的行为，态度也是如此，一种态度的发展可能会受到其他态度的影响。

▶ 2. 认知理论

海德的态度平衡理论重视人与人之间的相互影响在态度转变中的作用。海德认为，在人们的态度系统中存在某些情感因素之间或评价因素之间趋于一致的压力，即如果出现不平衡，则向平衡转化。海德指出，人们在改变态度时，往往遵循“费力最小原则”，即个体尽可能少地改变情感因素而维持态度平衡。

奥斯古德的一致性理论认为：一致性原则支配人们的思维。人们总是通过改变态度来达到一致性，一旦产生不一致，马上就会产生心理压力，从而在增加一致性的方向上改变对一个人的评价，然后再影响另一个人态度。例如，话不投机半句多、酒逢知己千杯少。

史密斯和卡兹的功能主义理论认为：人们选择的是负荷特殊心理需要的态度，把态度和个体内在需要联系起来。人的态度是为心理功能服务的，人如何选择态度依赖于个体的利害关系。

▶ 3. 强化理论

霍夫兰德、贾尼斯和凯莱在 1953 年提出，强调联想、强化和模仿在态度转变中的作用。观点有两个：其一，态度就是对环境刺激的一种反应，态度的改变就像改变行为一样，会有强化因素的参与。其二，当个体面对的强化物要求的态度和本人态度不同时，会产生心理矛盾，会按照自己的态度或者是强化物的态度作出反应。当诱因足够强大时，会产生态度的改变。

▶ 4. 认知失调理论

费斯廷格的认知失调理论认为，态度改变是为了维持各项态度之间的一致。如果态度中有两种认知不一致，就会造成认知失调；如果失调认知的成分多于协调认知的成分，则会引起更大的失调；认知失调给个人造成心理压力使之处于不愉快的紧张状态。此时，个体就会产生清除失调、缓解紧张的动机，通过改变态度的某些认知成分，达到认知协调的平衡状态；费斯廷格认为，认知失调有四种原因：逻辑的矛盾、文化价值冲突、观念的矛盾以及新旧经验相悖。

(三) 态度对管理者的意义

认识和了解态度对管理者有何意义？

意义之一在于管理认知失调。我们知道员工都会试图减少不协调。当要求员工去做显然存在认知失调的事情或与他们已有的态度相悖的事情时，管理者应该记住，如果让员工认识到这种失调受外界强加因而自己无法左右，则员工降低失调的压力就会最小化。如果他们得到的奖赏足够大以压过失调时，此时降低失调的压力也会减弱。因此，当管理者解释需要完成某种工作活动时，如果会使员工产生一定的失调感，则可以指出一些外在力量的压力，如竞争对手或客户的原因以及其他因素，或者提供员工渴望的奖赏。

意义之二在于，不少证据有力地证明了那些具有奉献精神和对工作满意的员工离职率和缺勤率也很低。管理者当然都希望员工的辞职率和缺勤率低，尤其是那些高生产率的员工，因此，必须激发员工积极的工作态度方面有所作为。

最后，有关满意度-生产率之间关系的发现对管理者来说具有重大意义。它意味着那种“有了快乐就有了高生产率”假设基础上提出的快乐员工目标会使人误入歧途。在这种思想下管理者很可能造就一支非常快乐但效率低下的员工群体。因为，一项细致的研究表明，员工较高的满意度并不必然带来较高的生产率，反而较高的生产率能够增强员工对工作的满意度。

二、人格特质

(一) 人格特质概述

人格特质指的是在不同的时间与不同的情境中保持相对一致的行为方式的一种倾向，是在组成人格的因素中，能引发人们行为和主动引导人的行为，并使个人面对不同种类的刺激都能作出相同反应的心理结构。

对于人格特质的研究，早在 1921 年，心理学家荣格就采取科学的方式把人分为直觉型(Intuitor)、思考型(Thinker)、情绪型(Feeler)、和感觉型(Sensor)4 种。此后，心理学家便创造出各种不同的行为模式，有些细分为 16 种或更多种类型，行为管理学家东尼·亚历山卓和麦可·欧康诺则把人格特质分为以下 4 种：

▶ 1. 指挥者(Director)

这种类型的人果敢、坚定、充满自信，重视效率、喜欢竞争、勇于接受挑战和冒险，在工作上会努力达成目标、注重最后的结果，是天生的领袖和行动者，但是比较霸道没有耐性，常常直话直说，容易得罪人，而且无法容忍别人的能力不足。

▶ 2. 社交者(Socializer)

这种类型的人乐观、活跃、积极、热心，喜欢表现、爱说话、爱表达意见，具有创意、直觉力强、人际关系很好，但是注意力无法持久，容易感到无聊，要不断寻找刺激，做事冲动，不注意细节。

▶ 3. 协调者(Relater)

这种类型的人友善、随和、愉快，谦虚、有礼，乐于和别人合作，关心别人、宽容别人，但比较谨慎小心、不敢冒险，喜欢照章行事、难有突破、不轻易改变。

▶ 4. 思考者(Thinker)

这种类型的人理性、细心、深思熟虑，注重逻辑、善于分析，做事有条理、有规律，重视细节，但比较保守、内向，有时过于吹毛求疵、要求完美，讨厌不讲理的人。

(二) 人格特质理论

▶ 1. 迈尔斯-布里格斯类型指标

美国的凯恩琳·布里格斯和她的女儿伊莎贝尔·布里格斯·迈尔斯研制了迈尔斯-布里格斯类型指标(MBTI)。这个指标以瑞士心理学家荣格划分的 8 种类型为基础，加以扩展，形成四个维度，如表 5-1 所示。

表 5-1 迈尔斯-布里格斯类型指标介绍

维度	类型	相对应类型英文缩写	类型	相对应类型英文缩写
第一维度	外倾	E	内倾	I
第二维度	感觉	S	直觉	N
第三维度	思维	T	情感	F
第三维度	判断	J	知觉	P

四个维度如同四把标尺，每个人的性格都会落在标尺的某个点上，这个点靠近那个端点，就意味着个体有哪方面的偏好。如在第一维度上，个体的性格靠近外倾这一端，就偏外倾，而且越接近端点，偏好越强。

(1) 第一维度：外倾与内倾。如果只能用一个维度将人群区分开来的话，那么，这个维度应该是内外倾向，它是区分个体的最基本的维度。我们以自身为界，可以将世界分为自身以外的世界和自我的世界两个部分，也可称为外部世界和内部世界。外倾的人倾向于将注意力和精力投注在外部世界、外在的人、外在的物和外在的环境等，而内倾的人则相反，较为关注自我的内部状况，如内心情感、思想。两种类型的个体在自己偏好的世界里会感觉自在、充满活力，而到相反的世界里则会不安、疲惫。因此，外倾与内倾的个体之间的区分是广泛而明显的，并不像我们平时讲的“外倾者健谈、内倾者害羞”那么简单，具体可以从下列几个方面进行分析，如表 5-2 所示。

表 5-2 外倾型与内倾型的特征比较

外倾型(E)	内倾型(I)
与他人相处时精力充沛	独处时精力充沛
行动先于思考	思考先于行动
喜欢边想边说出声	在心中思考问题
易于“读”和了解，随意地分享个人情况	更封闭，更愿意在经挑选的小群体中分享个人的情况
说的比听的多	听的比说的多
高度热情地社交	不把兴奋说出来
反应快，喜欢快节奏	仔细考虑后，才有所反应
重于广度而不是深度	喜欢深度而不是广度

(2)第二维度感觉与直觉。我们每个人都在不断地接受着信息，这是我们跟上外界节拍的必要前提。但不同类型的个体接受信息的方式不同，这便有了感觉型与直觉型之别。首先，面对同样的情景，两者的注意中心不同，依赖的信息通道也不同。感觉型的人关注的是事实本身，注重细节，而直觉型的人注重的是基于事实的含义、关系和结论；感觉型的人信赖五官听到、看到、闻到、感觉到、尝到的实实在在、有形有据的事实和信息，而直觉型的人注重“第六感觉”，注重“弦外之音”，直觉型的人的许多结论在感觉型的人眼里，也许是飘忽的、不实在的。注重细节的结果是感觉型的人擅长记忆大量事实与材料，他们有时候像本“词典”，能清晰地讲出大量的数据、人名、概念乃至定义，常使其他人感到吃惊。而直觉型的更擅长解释事实，捕捉零星的信息，分析事情的发展趋向。其次，感觉型的人对待任务，习惯于按照规则、手册办事，比如照着手册使用家电，比如看着地图辨认交通路线，而直觉型的人，习惯尝试，跟着感觉走，他不习惯仔细地看完一大本说明书再动手。结果呢？直觉型的人可能比感觉型的人更快地完成了任务，也可能因为失败而必须重新开始。感觉型习惯于固守现实，享受现实，使用已有的技能，直觉型的人更习惯

变化、突破现实。简言之，感觉型注意“是什么”，实际而仔细，直觉型则更关心“可能是什么”，具体区别如表 5-3 所示。

表 5-3　感觉型与直觉型的特征比较

感觉型(S)	直觉型(N)
相信确定和有形的东西	相信灵感或推理
对概念和理论兴趣不大，除非它们有着实际的效用	对概念和理论感兴趣
重视现实性和常情	重视可能性和独创性
喜欢使用和琢磨已知的技能	喜欢学习新技能，但掌握之后很容易就厌倦了
留意具体的、特定的事物，进行细节描述	留意事物的整体概况、普遍规律及象征含义，用概括、隐喻等方式进行表述
循序渐进地讲述有关情况	跳跃性地展现事实
着眼于现实	着眼于未来，留意事物的变化趋势，惯于从长远角度看待事物

在我们的周围，两种类型的人都会存在，当然极端典型的比较少，大多数人兼有两种特质，但其中一种会更突出一些，成为本人的特色，也由此可以确定本人的类型。使用哪种方式接受信息都有利有弊。作为个体，往往只擅长一种，了解到这点，直觉型的人就不必在百科全书式的人物面前自叹弗如，感觉型的人也无需在灵动、敏感的直觉者面前不好意思了。当然，我们在享受自我性格类型所带来的优势的同时，也不妨有意识地弥补劣势，比如说，直觉型的人可多关注一些细节，而感觉型的人可多留神蕴含的潜在信息。国外的研究表明，25 岁以后，伴随着对于人生的反思，个体完善自我性格的倾向会更明确。确定一下你的类型，看看这种类型的优势所在。

(3) 第三维度：思维与情感。这是从作决策的方式来看，仅看这个维度的名称，也许你会觉得，思维型的人是理性的，而情感性的人是非理性的，事实上并非如此。两类人都有理性思考的成分，但作决定或下结论的主要依据不一样。情感型的人常从自我的价值观念出发，变通地贯彻规章制度，作出一些自己认定是对的决策，比较关注决策可能给他人带来的情绪体验，人情味较浓。思维型的人则比较注重依据客观事实的分析，一以贯之、一视同仁地贯彻规章制度，不太习惯根据人情因素变通，哪怕作出的决定并不令人舒服。具体区别如表 5-4 所示。

表 5-4　思维型与情感型的特征比较

思维型(T)	情感型(F)
退后一步思考，对问题进行客观的、非个人立场的分析	超前思考，考虑行为对他人的影响
重视符合逻辑、公正、公平的价值，一视同仁	重视同情与和睦，重视准则的例外性
被认为冷酷、麻木、漠不关心	被认为感情过多，缺少逻辑性，软弱

续表

思维型(T)	情感型(F)
认为坦率比圆滑更重要	认为圆滑比坦率更重要
只有当情感符合逻辑时，才认为它可取	无论是否有意义，认为任何感情都可取
被“获取成就”所激励	被“获得欣赏”所激励
很自然地看到缺点，倾向于批评	惯于迎合他人，着重维护人脉资源

不同性别的个体在这个维度上的偏好有所差异，据研究，大约 2/3 的女性偏好情感型，2/3 的男性偏好思维型，这是什么原因造成的？也许社会本身对不同性别的人就给予了不同的期待，期待女性的同情心，期待男性的冷静、客观。其实，这两种类型无所谓好或坏，重要的是理解和自己不同类型的人的做法，并且尽量避免走入极端，极端的思维倾向可能会给人“冷酷”的感觉，而极端的情感倾向则给人“无原则”的感觉。看看你的性格在这个维度上会有什么样的偏好？

(4) 第四维度判断与知觉。这是从喜好的生活方式来看。如果我们看看人们的办公桌上、包内或柜子里摆放的物品，可以发现，有些人经常是井然有序，而有些人就不那么习惯于保持整齐，前者是判断型具有的特征，后者是知觉型的人经常有的状态。不仅如此，在处事方式上，判断型的人目的性较强，一板一眼，他们喜欢有计划、有条理的世界，更愿意以比较有序的方式生活。知觉型的人好奇性、适宜性强，他们会不断关注新的信息，喜欢变化，也会考虑许多可能的变化因素，更愿意以比较灵活、随意、开放的方式生活。在作决策时，判断型的人较为果断，而知觉型的人总希望获得更多信息后再决断。逛了两天商场，还决定不了买什么的人，多半是知觉型的。两者的具体区别如表 5-5 所示。

表 5-5 判断型与知觉型的特征比较

判断型(J)	知觉型(P)
作了决定后最为高兴	当各种选择都存在时，感到高兴
“工作原则”：工作第一，玩其次(如果有时间的话)	“玩的原则”：现在享受，然后再完成工作(如果有时间的话)
建立目标，准时地完成	随着新信息的获取，不断改变目标
愿意知道它们将面对的情况	喜欢适应新情况
着重结果(重点在于完成任务)	着重过程(重点在于如何完成工作)
满足感来源于完成计划	满足感来源于计划的开始
把时间看作有限的资源，认真地对待最后期限	认为时间是可更新的资源，而且最后期限也是有收缩的

大多数人兼具两种倾向，只是更偏向某一端。我们在日常生活、工作中，也会受其他因素影响，改变一贯的方式，如面临紧急的或期限明确的任务，知觉型的人也会果断起来。兴致所至，也会把物品收拾的整整齐齐，但这些并不是他们常有的行为方式，也不是

他们内心感到真正自然、舒服的方式。作为个体，一方面，根据内心的感受识别自我的偏好，发挥优势；另一方面，则要约束一下性格的弱点。如完全的判断型，比较容易走入刻板、教条的境地，完全的知觉型则容易使事情的进行没有限制。看看最后一个维度上，你的偏好是什么？

▶ 2. 现代五因素特质理论

20 世纪 80 年代以来，人格研究者们在人格描述模式上达成了比较一致的共识，提出了人格五因素模式，被称为“大五人格”。这五种人格特质如下：

(1) 情绪稳定性：焦虑、敌对、压抑、自我意识、冲动、脆弱。

(2) 外向性：热情、社交、果断、活跃、冒险、乐观。

(3) 开放性：想象、审美、情感丰富、求异、智能。

(4) 随和性：信任、直率、利他、依从、谦虚、移情。

(5) 谨慎性：胜任、条理、尽职、成就、自律、谨慎。

(三) 人格特质对管理者的意义

理解个体人格差异的主要价值在于人员选择。如果管理者能够考虑把人格类型与工作进行匹配，则可能有更高业绩水平和更满意的员工。对管理者来说人格还有其他好处，例如，当管理者意识到人们在问题解决、作出决策和工作交流方面是不一样的，他就会更容易理解为什么某个员工对于迅速决策感到不舒服，或为什么另外一名员工在处理一个问题之前坚持要尽可能多地收集信息。最后，要想成为一名成功的管理者，要想成功实现目标，意味着要与组织内外的其他人良好合作。而为了有效合作，需要彼此之间的理解，这种理解至少一部分来自对不同人不同工作方式的认可，也就是对于不同人格特质的接纳。

三、知觉

▶ 1. 知觉概述

知觉是一系列组织并解释外界客体和事件产生的感觉信息的加工过程。对客观事物的个别属性的认识是感觉，对同一事物的各种感觉的结合，就形成了对这一物体的整体的认识，也就是形成了对这一物体的知觉。知觉是直接作用于感觉器官的客观物体在人脑中的反映。

知觉是各种感觉的结合，它来自于感觉，但已不同于感觉。感觉只反映事物的个别属性，知觉却认识了事物的整体；感觉是单一感觉器官的活动的结果，知觉却是各种感觉协同活动的结果；感觉不依赖于个人的知识和经验，知觉却受个人知识经验的影响。同一物体，不同的人对它的感觉是类似的，但对它的知觉就会有差别，知识经验越丰富对物体的知觉越完善、越全面。显微镜下边的血样，只要不是色盲，无论谁看都是红色的，但医生还能看出里边的红细胞、白细胞和血小板，没有医学知识的人就看不出来。

与感觉相比较，知觉又具有不同于感觉的特征：

(1) 知觉反映的是事物的意义，知觉的目的是解释作用于我们感官的事物是什么，尝试用词去标志它，因此知觉是一种对事物进行解释的过程。

(2) 知觉是对感觉属性的概括，是对不同感觉通道的信息进行综合加工的结果，所以知觉是一种概括的过程。

(3) 知觉包含有思维的因素。知觉要根据感觉信息和个体主观状态所提供的补充经验来共同决定反映的结果，因而知觉是人主动地对感觉信息进行加工、推论和理解的过程。可以说，感觉是知觉的基础，知觉是感觉的深入。

2. 归因理论

有关知觉的大量研究以无生命的客体为研究对象，然而，管理者更关注的是人。因此，以下的讨论主要集中于对人的知觉。

人们在知觉人的行为时，总是试图进行推断和解释。所谓归因，就是指观察者为了预测和评价人们的行为并对环境和行为加以控制，而对他人或自己的行为过程所进行的因果解释和推论。人们行为的原因提出包括内部原因和外部原因两种。内部原因是指个体自身所具有的、导致其行为表现的品质和特征，包括个体的人格、情绪、心境、动机、欲求、能力、努力等。外部是指个体自身以外的、导致其行为表现的条件和影响，包括环境条件、情境特征、他人的影响等。美国心理学家海德在 1958 年最早提出了归因问题，但直到 20 世纪 60 年代中期才引起社会心理学界的重视并成为一个热门研究领域。1965 年，琼斯和戴维斯提出了相应推断理论，1967 年，凯利进一步提升了海德的理论，增加了影响归因形成的因素的假设：区别性、一致性和一贯性。

(1) 区别性：指行动者是否对同类其他刺激作出相同的反应，他是在众多场合下都表现出这种行为还是仅在某一特定情境下表现这一行为。例如，一名今天迟到的员工是否经常表现得自由散漫、违反规章纪律。如果行为的区分性低，则观察者可能会对行为内部归因；如果行为的区分性高，则活动原因可能会被归于外部。

(2) 一贯性：指行动者是否在任何情境和任何时候对同一刺激物作相同的反应，即行动者的行为是否稳定持久。例如，如果一名员工并不总是上班迟到，她有 7 个月从未迟到过，则表明这是一个特例，行为的一贯性较低；而如果她每周都迟到两三次，则说明行为的一贯性高。行为的一贯性越高，观察者越倾向于对其作内部归因。

(3) 一致性：指其他人对同一刺激物是否也作出与行为者相同的方式反应。如果每个人面对相似的情境都有相同的反应，我们说该行为表现出一致性。比如，所有走相同路线上班的员工都迟到了，则迟到行为的一致性就高。从归因的观点看，如果一致高，人们对迟到行为进行外部归因。如果走相同路线的其他员工都准时到达了，则应认为该员工的迟到行为的原因来自于个体内部。

如果一名员工完成目前工作的水平，与其他类似的工作相同，即低区分性，而在这项工作中其他员工的水平总是和他的水平十分不同(或低工高)，即低一致性，并且他的这一工作绩效无论何时都是稳定的，即高一贯性，则他的管理者或其他任何人在判断他的工作时，都会认为他自己对这一绩效负有主要责任(内部归因)。

凯利还研究了归因中的错误或偏见。比如，尽管人们在评价他人的行为时有充分的证据支持，我们总是倾向于低估外部因素的影响而高估内部或个人因素的影响，这称为基本归因错误。它可以解释下面情况：当销售代表的业绩不佳时，销售经理倾向于将其归因于下属的懒惰而不是客观外界条件的影响；个体还有一种倾向于是把自己的成功归因于内部因素，如能力或努力，而把失败归因于外部因素，如运气，这称为自我服务偏见。由此表明，对员工的绩效评估可能会受到归因偏见的影响。

凯利对归因理论的贡献在于，他提出了一个归因过程的严密的逻辑分析模式，对人们的归因过程做了比较细致、合理的分析和解释。但是，他的三度理论也遭到了人们的批评。这些批评主要是指他过分强调归因的逻辑性，使之成为一个理想化的模式，脱离了普遍人归因活动的实际。人们实际上往往得不到这个模式所要求的信息，不知道某人在以前同样场合中的行为。也难知道其他人在同样的场合中的行为。经验表明，在许多情况下，人们对于所发生的事件，并不是多方面观察，收集足够的信息而后进行归因，而往往是利用在生活经验中形成的某些固定的联系，根据自己的需要、期望，凭借有限的信息，对行为结果经济、迅速地作出归因，而并不像统计学家那样对信息资料进行烦琐的分析。这也就是凯利所说的单线索归因。

因此，凯利后来对他的理论加以补充和完善，他提出了因果图式说来弥补三度理论的不足。所谓因果图式，就是人们日常生活中形成的关于各种现象之间的因果关系的基本认知结构，在具体的归因过程中，这种子认知结构会被特殊的事件唤醒而参与对行为的归因。后来，凯利又为他的归因理论补充了几条原则，即“打折扣原则、增强原则和补偿原则”。打折扣原则是指人们对于他人行为的归因，可能事先有几种假设，如果其他似乎可能的原因同时出现，那么最初假定的原因就不可全信了，需要打折扣。增强原则是指如果行为发生在有连续性的抑制原因出现的时候，那么一个可能的促进性原因的强度将理解得更高。补偿原则是指内部原因、外部原因、抑制性原因和促进性原因对于结果是互相补偿的。

▶ 3. 知觉对管理者的意义

归因理论提出了人们在对他人的行为进行判断和解释过程中所遵循的一些规律，在管理过程中，管理者和员工对行为的归因也不可避免地受到这些规律的影响。管理者要认识到员工是根据他们对事物的主观知觉而不仅仅是客观现实作出反应的。员工对于薪水、上级的评价、工作满意度、自己在组织中的位置和成就等方面的知觉与归因正确与否，对于其潜力的发挥和组织的良好运作是有重要影响的；同时，管理者在对员工的行为进行判断和解释时也应该尽量避免归因中的偏见和误差。

管理者要时刻注意员工对他们的工作和管理活动的知觉。请记住，一个优秀的员工因为不正确的知觉而离职与其由于正当理由而离职对组织的损失是等同的。

第二节 领导职能的构成

一、领导职能的界定

孔茨认为："领导是一种影响力，它是影响人们心甘情愿地和满怀热情地为实现群体目标努力的艺术或过程。"他还认为："领导是一种影响过程，即领导者和被领导者个人的作用和特定的环境相互作用的动态过程。"

《中国企业管理百科全书》把"领导"定义为："率领和引导任何组织在一定条件下实现一定目标的行为过程。"

我们认为，从管理学意义上来讲，"领导"的定义可概括为：领导是指领导者依靠影响力，指挥、带领、引导和鼓励被领导者或追随者，实现组织目标的活动和艺术。其基本含义包括以下几个方面：

(1) 领导包含领导者和被领导者两个方面。领导者是指能够影响他人并拥有管理的制度权力、承担领导职责、实施领导过程的人。领导是领导者与被领导者的一种关系，如果没有被领导者，领导者将变成光杆司令，其领导关系也就不复存在。在领导过程中，下属都甘愿或屈从于领导者而接受领导者的指导。

(2) 领导是一种活动，是引导人们的行为过程，是领导者带领、引导和鼓舞部下去完成工作、实现目标的过程。

(3) 领导的基础是领导者的影响力。领导者拥有影响被领导者的能力或力量，它们既包括由组织赋予的职位权力，也包括领导者个人所具有的影响力。

一个领导者如果一味地行使职权而忽视社会和情绪因素的作用力，就会使被领导者产生逃避和反抗行为。当一个领导者的职位权威不足以说服下属从事适当的活动时，领导是无效的。

(4) 领导的目的是实现组织的目标。不能为了领导而领导，不能为了体现领导的权威而领导。领导的根本目的在于影响下属为实现组织的目标而努力。

二、领导的影响力

所谓影响力是指一个人在与他人的交往中，影响和改变他人的心理和行为的能力。领导者对个人和组织的影响力来自两方面：一是职位权力(又称为制度权力)影响力，二是非职位权力(又称为个人权力)影响力。

(一) 职位权力影响力

职位权力是指由于领导者在组织结构中所处的位置，上级或组织制度所赋予的权力，具有很强的职位特性。这种权力与领导者的职位相对应，退位后相应的权力便会消失，如法定权、惩罚权、奖赏权都属于职位权力。这种影响力一般仅仅属于社会各层结构中占有管理者角色地位的人，只有在某些特殊情况下，非掌权者才能具有这种影响力。这种权力与特定的个人没有必然的联系，它只同职务相联系。权力是管理者实施领导行为的基本条件，没有这种权力，管理者就难以有效地影响下属，实施真正的领导。

▶ 1. 职位权力影响力的构成

职位权力影响力包括法定权、强制权和奖赏权，它由组织正式授予领导者，并受组织规章的保护。

(1) 法定权，是由组织机构正式授予领导者在组织中的职位所引起的、指挥他人并促使他人服从的权力。组织正式授予领导者一定的职位，从而使领导者占据权势地位和支配地位，使其有权力对下属发号施令。法定权力是领导者职权大小的标志，是领导者的地位或在权力阶层中的角色所赋予的，是其他各种权力运用的基础。

法定权具有四个突出的特点：①层次性。职权的大小是由职位的高低决定的，职位高的权力大，职位低的权力小。②固定性。法定权是由法律或有关政策规章相对固定下来的，有职就有权，失职就失权。③自主性。当领导者的某一法定权被确定下来后，领导者也就相应地取得了在职权范围内相对独立用权的条件。④单向性。法定权具有极强的线性约束力，只能指派职权范围内的下属。

(2) 强制权，又叫惩罚权，是领导者在具有法定权的基础上，强行要求下级执行的一种现实的用权行为，是和惩罚相联系的迫使他人服从的力量。服从是强制权的前提；法律、纪律、规章是强制权的保障；处分、惩罚是强制权的手段。如果领导者不善于运用这种权力，就会使被领导者的服从意向减弱，从而降低领导效能。在某些情况下，领导是依赖于强制的权力与权威施加影响的，对于一些心怀不满的下属来说，他们不会心悦诚服地服从领导者的指示，这时领导者就要运用惩罚权迫使其服从。这种权力的基础是下属的惧怕。这种权力对那些认识到不服从命令就会受到惩罚或承担其他不良后果的下属的影响力是最大的。

(3) 奖赏权，是一种建立在良好希冀心理之上的权力，在下属完成一定的任务时给予相应的奖励，以鼓励下属的积极性。奖赏属于正刺激，是领导者为了肯定和鼓励某一行为，而借助物质或精神的方式，以达到使被刺激者得到心理、精神以及物质等方面的满足，从而激发出前进性行为的最大动力。依照交换原则，领导者通过提供心理或经济上的奖酬来换取下属的遵从。

▶ 2. 影响权力影响力的主要因素

(1) 传统的观念。几千年的社会生活，使人们对领导者形成了这样一种心理观念，即认为领导者不同于普通人，他们或者有权，或者有才干，总之是比普通人要强，由此产生了对领导者的服从感。由于这种传统观念从小就影响着每一个人的思想，从而增强了领导者言行的影响力。

(2) 职位因素。由于领导者凭借组织所授予的指挥他人开展具体活动的权力，可以左右被领导者的行为、处境，甚至前途、命运，从而使被领导者对领导者产生敬畏感。领导者的职位越高，权力越大，下属对他的敬畏感越强，领导者的影响力也越大。

(3) 资历因素。一个人的资历与经历是历史性的东西，它反映了一个人过去的情况。一般而言，人们对资历较深的领导者比较尊敬，因此其言行也容易在人们的心目中占据一定的位置。

权力影响力是通过正式的渠道发挥作用的。当领导者担任管理职务时，由传统心理、职位、资历构成的权力的影响力会随之产生，当领导者失去管理职位时，这种影响力将大大削弱甚至消失。这种权力之所以被大家所接受，是因为大家了解这种权力是实现组织共同目标所必需的。

(二) 非职位权力影响力

非职位权力影响力是指由于领导者的个人经历、地位、人格特殊品质和才能而产生的影响力，它可以使下属心甘情愿的、自觉的跟随领导者。这种权力对下属的影响比职位权力更具有持久性。非职位权力影响力不是外界附加的，它产生于个人的自身因素，与职位没有关系。

▶ 1. 非职位权力影响力的构成

非职位权力影响力包括专长权、感召权。

(1) 专长权，是指领导者具有各种专门的知识和特殊的技能或学识渊博而获得同事及下属的尊重和佩服，从而在各项工作中显示出的在学术上或专长上的一言九鼎的影响力。领导者如果涉猎广泛、通今博古、学识渊博，特别是拥有组织活动所必备的专业技能，必然使被领导者对其产生一种钦佩力，这种信服力、信任力、钦佩力综合起来，共同构成领导者的专长权。这种影响力的影响基础通常是狭窄的，仅仅被限定在专长范围之内。

(2) 感召权，是指由于领导者优良的领导作风、思想水平、品德修养，而在组织成员中树立的德高望重的影响力。这种影响力是建立在下属对领导者承认的基础之上的，由领导者本身的素质，诸如品格、知识、才能、毅力和气质所决定的，它通常与具有超凡魅力或名声卓著的领导者相联系。这种影响力对人们的作用是通过潜移默化而变成被领导者内驱力来实现的，因赢得了被领导者发自内心的信任支持和尊重，对被领导者的影响和激励作用不仅很大，而且持续的时间也较长。

▶ 2. 构成非职位权力影响力的主要因素

(1) 品格，主要包括领导者的道德、品行、人格等。优良的品格会给领导者带来巨大的影响力。因为品格是个人的本质表现，好的品格能使人产生敬爱感，并能吸引人，使人模仿。下属常常希望自己能像领导者一样。

(2) 才能，领导者的才干是决定其影响力大小的主要影响因素之一。才干通过实践来体现，主要反映在工作成果上。一个有才干的领导者，会给事业带来成功，从而使人们对他产生敬佩感，吸引人们自觉地接受其影响。

(3) 知识，一个人的才干是与知识紧密联系在一起的。知识水平的高低主要表现为对自身和客观世界认识的程度。知识本身就是一种力量。知识丰富的领导者，容易取得人们的信任，并由此产生信赖感和依赖感。

(4) 感情，感情是人的一种心理现象，它是人们对客观事物好恶倾向的内在反映。人与人之间建立了良好的感情关系，便能产生亲切感；相互的吸引力越大，彼此的影响力也越大。因此，如果一个领导者平时待人和蔼可亲，关心体贴下属，与群众的关系融洽，那么他的影响力就往往较大。

由品格、才干、知识、感情因素构成的非权力影响力，是由领导者自身的素质与行为造就的。在领导者从事管理工作时，它能增强领导者的影响力。在不担任管理职务时，这些因素仍对人们产生较大的影响。由于这种影响力来源于下属服从的意愿，有时会比权力显得更有力量。

(三) 领导影响力运用效果的影响因素

领导者在影响力运用过程中，必须认真研究影响力运用效果。重点考虑以下几个主要因素：

▶ 1. 领导者职权与个人素质的结合程度

一般情况下，如果领导者个人素质、个人专长与所处职位能有机结合，则权力运用效果最佳；如果领导者个人专长及个人素质与所处职权不能相得益彰，则权力运用效果很不理想。在现实生活中，领导者可以通过个人素质和个人专长来强化职权运用，获得更好的效果。

▶ 2. 组织系统结构优化的程度

组织系统从某种意义上说，就是一定层次领导者的上级或下级。组织系统结构优化程度如何，肯定影响到领导者权力运用的效果。因此，一个精明的、成功的领导者总是十分注意选配下属及不断优化组织系统结构，以确保权力运用的效果。

▶ 3. 社会心理

社会心理对领导者权力运用的效果有重要的影响，特别是在社会改革和发展中，由于社会地位及其他因素的改变，很容易在社会上形成一定的逆反心理，在某种程度上削弱和损害领导者权力的运用。因此，领导者必须正视社会心理，善于利用社会心理，提高权力运用的效果。

▶ 4. 授权、分工和权限

是否有明确的授权、分工与权限，是影响权力运用效果的非常关键的因素。

三、领导者的类型

(一) 按制度权力的集中与分散程度划分

▶ 1. 集权式领导者

所谓集权式领导者，就是指把管理的制度权力相对牢固地进行控制的领导者。由于管理的制度权力是由多种权力的细则构成的，如奖励权、强制权和收益的再分配权等，这就意味着对被领导者或下属而言，受控制的力度较大。在整个组织内部，资源的流动及其效率主要取决于集权领导者对管理制度的理解和运用，同时，个人专长权和影响权是他行使上述制度权力成功与否的重要基础。这种领导者把权力的获取和利用看成是自我的人生价值。这种领导者的优势在于，通过完全的行政命令，管理的组织成本在其他条件不变的情况下，要低于在组织边界以外的交易成本。这对于组织在发展初期和组织面临复杂突变的变量时，是有益处的。但是，长期将下属视为某种可控制的工具则不利于他们职业生涯的良性发展。

▶ 2. 民主式领导者

与集权式领导者形成鲜明对比的是民主式领导者，这种领导者的特征是向被领导者授权，鼓励下属的参与，并且主要依赖于其个人专长权和影响权影响下属。从管理学角度看，意味着这样的领导者通过对管理制度权力的分解，进一步通过激励下属的需要，去实现组织的目标。不过，由于这种权力的分散性使得组织内部资源的流动速度减缓，因为权力的分散性一般导致决策速度降低，进而增大了组织内部的资源配置成本。但是，这种领导者对组织带来的好处也十分明显。通过激励下属的需要，组织发展所需的知识，尤其是意会性或隐性知识，能够充分地积累和进化，员工的能力结构也会得到长足提高。因此，相对于集权式领导者，这种领导者更能为组织培育21世纪越来越需要的智力资本。

（二）按领导工作的侧重点不同划分

▶ 1. 事务型领导者

事务型领导者通过明确角色和任务要求而指导或激励下属向着既定的目标活动，并且尽量考虑和满足下属的社会需要，通过协作活动提高下属的生产率水平。他们对组织的管理职能推崇备至，对勤奋、谦和而且公正地把事情理顺、工作有条不紊地进行引以为豪。这种领导者重视非人格的绩效内容，如计划、日程和预算对组织有使命感，并且严格遵守组织的规范和价值观。

▶ 2. 变革型领导者

变革型领导者鼓励下属为了组织的利益而超越自身利益，并能对下属产生深远而且不同寻常的影响。他们关怀每一个下属的日常生活和发展需要，帮助下属用新观念看待老问题从而改变下属对问题的看法，激励、唤醒和鼓舞下属为达到群体目标而付出更大的努力。

▶ 3. 战略型领导者

战略型领导者的特征是用战略性思维进行决策。战略型领导者是将领导的权力与全面调动组织的内外资源相结合，实现组织长远目标，把组织的价值活动进行动态调整，在市场竞争中站稳脚跟的同时，积极竞争未来抢占未来商机领域的制高点。战略型领导者认为组织的资源由有形资源、无形资源和有目的地整合资源的能力构成。管理人力资本的能力是战略型领导者最重要的技能。战略型领导者行为的有效性，取决于他们愿意进行坦荡、鼓舞人心但却是务实的决策。他们强调同行、上级和员工对于决策价值的反馈信息，讲究面对面的沟通方式。战略型领导者一般是指组织的高层管理人员，尤其是首席执行官(CEO)。其他战略型领导者还包括企业的董事会成员、高层管理团队和各事业部门的总经理。

▶ 4. 领袖魅力型领导

领袖魅力是指远远超出一般的尊重、影响、钦佩和信任的、对追随者的情感具有震撼力的一种力量和气质。富于领袖魅力的领导者对下属具有某种影响力，这种影响力来自以下几点：

(1) 为下属建立一个令人憧憬的目标，例如，马丁·路德·金有一个对更美好世界的梦想，肯尼迪宣称要把人类送上月球等。

(2) 形成某种公司价值体系。

(3) 信任下属从而赢得下属的尊重。他们总是创造一种变革的环境，努力为追随者建立起一种富于竞争、成功与信任并传递高度期望值的氛围。他们都是善于雄辩的演讲者，显示出高超的语言技巧，而这种技巧能够帮助他们激励和鼓舞群众。如沃特·迪斯尼能用讲故事的方式迷倒人们，他具有巨大的创造才能，并把高品位、甘冒风险和创新所具有的重要价值观逐渐灌输到组织中去。拥有这些品质的领导者能激发起其追随者的信任、信心、接受服从、同喜同悲、钦佩及他们更高的工作绩效。

四、领导的作用

领导活动直接影响着现代化管理水平和经济效益的好坏，而领导的作用就是引导部下以最大的努力去实现企业的目标。领导者的作用具体表现在以下三个方面：

▶ 1. 指挥作用

在人们的集体活动中，需要有头脑清醒、胸怀全局、能高瞻远瞩、运筹帷幄的领导者，帮助成员认清所处的环境和形势，指明组织活动的目标和达到目标的途径。领导者只有站在群众的前面，用自己的行动带领人们为实现企业目标而努力，才能真正起到指挥作用。

▶ 2. 协调作用

在组织系统中，即使有了明确的目标，但由于组织成员中，个人的才能、理解能力、工作态度、进取精神、性格、作用、地位等不同，加上外部各种因素的干扰，人们在思想认识上发生各种分歧，行动上出现偏离目标的现象是不可避免的。因此，就要求领导者来协调人们之间的关系和活动，把大家团结起来，朝着共同的目标前进。

▶ 3. 激励作用

在现代企业中，大多数职工都具有积极工作的热情和愿望，但也未必能自动地长久保持下去。这主要是因为劳动仍然是现阶段谋生的手段，人们需求的满足还受到种种限制。当人们的学习、工作和生活中遇到困难、挫折或不幸，某种物质的精神的需要得不到满足，就必然会影响工作热情。怎样才能使每一个职工都保持旺盛的工作热情，以最大限度地调动他们的工作积极性呢？这就需要有通情达理、关心群众的领导者来为他们排忧解难，激发和鼓励他们的斗志，发掘、充实和加强他们积极进取的动力。

第三节 领导理论

在管理学领域中，现有的领导理论，可大致归纳为三种比较典型的理论，即特性理论、行为理论和权变理论。

一、特性理论

特性理论主要是通过研究领导者的各种个性特征，来预测具有怎样性格特征的人才能成为有效的领导者。早期提出这种理论的学者认为，领导者所具有的特性是天生的，是由遗传决定的。显然，这种认识是不全面的。实际上，领导者的特性和品质是在实践中逐渐形成的，可以通过教育和培训而造就。当然，不同的环境对合格领导者提出的标准是不同的。对于领导者应当具有哪些特性，不同的研究者得到的结论并不相同。但特性理论并非没有用处，一些研究表明，个人品质与领导有效性之间确实存在着某种相互联系。另外，特性理论系统地分析了领导者所应具有的能力、品德和为人处事的方式，向领导者提出了要求和希望，这对组织选择、培养和考核领导者是有帮助的。

某些非天生的个性特点能够将有效的领导者与其他人区别开来。领导者有 6 项特性不同于非领导者，即进取心、领导愿望、正直与诚实、自信、智慧和工作相关知识。

▶ 1. 进取心

领导者表现出高度的工作积极性，拥有较高的成就渴望。他们不断地努力提高，进取心强，精力充沛，对自己所从事的活动坚持不懈，并有高度的主动精神。

▶ 2. 领导欲望

他们有强烈的权力欲望，喜欢领导别人，而不是被别人所领导。强烈的权力欲望驱使他们试图去影响别人，并在领导过程中获得满足和利益。

▶ 3. 正直与诚实

领导者言行一致，诚实可信，据此与下属之间建立起相互信任的关系。

▶ 4. 自信

领导者表现出高度的自信，自信能让领导者克服困难，在不确定的情况下惯于作出决策，并能逐渐将自信传给别人。

▶ 5. 智慧

领导者必须有足够的才智来搜集、整理和解释大量的信息，并能确立目标、解决问题和作出正确决策。在职业生涯中，高学历是重要的，但最终还是有关组织的业务专长更重要。

▶ 6. 工作相关知识

一个有效的领导者对其公司、行业和技术问题有清楚的了解，广博的知识能使他们作出富有远见的决策，并能理解这种决策的意义。

二、行为理论

行为理论主要研究领导者的行为及其对下属的影响，以期寻求最佳的领导行为，也就是要回答一个领导人是怎样领导他的群体的。行为理论中最有影响力的是连续统一体理论、管理系统理论、领导行为的四分图、管理方格理论等。

▶ 1. 连续统一体理论

在决策过程中，领导者常常面临这样的情况，即不知是自己决策好，还是让部属参与决策好？是集权好，还是民主好？为了解决这方面的问题，坦南鲍姆和施密特于 1958 年提出了连续体理论。他们认为在两种极端的领导行为之间，存在着许多中介性领导行为，它们与极端领导行为一起构成连续体，如图 5-1 所示。

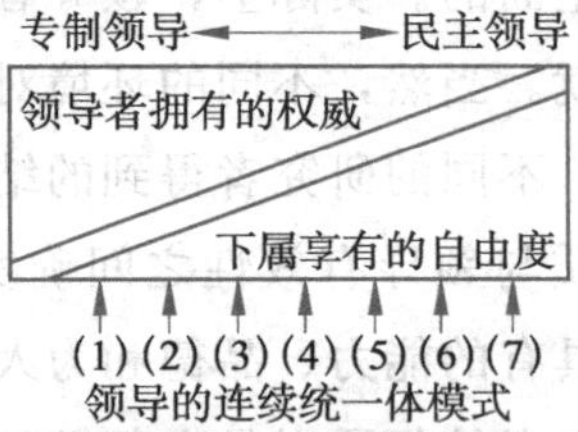

领导的连续统一体模式

说明：(1) 领导作决策，宣布行之。
(2) 领导者说服下级，执行决定。
(3) 领导者提出观点，征求意见。
(4) 领导者提出可作修改的决策草案。
(5) 领导者提出问题，征求意见作决策。
(6) 领导者明确范围，请集体作决策。
(7) 领导者允许下级在上级规定的范围内发挥作用。

图 5-1　领导行为连续体

在图 5-1 中，从左至右，领导者的职权“运用”逐渐变弱，而部属享有的自由则逐渐增强。偏向于独裁一端的领导者似乎较重视工作关系，并注意用权力去影响部属。而偏向于民主一端的领导者较重视群体关系，注意给部属一定的工作自由。

这一理论告诉人们，领导行为有效性的条件之一，是要根据具体情况决定“民主”程度，既不能固着在独裁一端，也不能沉湎于“绝对民主”一端。

▶ 2. 管理系统理论

行为科学家李柯特通过借鉴领导方式连续统一体理论，以数百个组织机构为对象，研究出这一理论。他认为，在所有的管理中，对人的管理是最重要的中心工作。典型的领导方式可分为四类，在连续统一体上定出四个系统，即四种基本领导方式：剥削式的集权领导、仁慈式的集权领导、协商式的民主领导、参与式的民主管理。

李柯特设计了一套测定表，包括领导、激励、沟通、交往与相互作用、政策、目标的设定、控制和工作指标等 8 个方面共 51 个问题，编制成一种问卷作组织调查，然后根据答案评定分数，绘成曲线，以判断组织的领导形态属于哪种类型。根据他们的研究，具有高度成就的部门负责人或中层主管，大部分采用参与式的民主管理，而成就低的部门负责人和中层主管一般采用剥削式的集权领导。

▶ 3. 领导行为的四分图理论

领导行为的四分图是 1945 年美国俄亥俄州立大学的学者们提出的。他们将领导行为的内容归纳为两个方面，即关心组织与关心人。所谓关心组织，是指领导者规定他与领导群体的关系，建立明确的组织模式、意见交流渠道和工作程序的行为。所谓关心人，是建立领导者与被领导者之间的友谊、尊重、信任关系方面的行为。

以关心组织与关心人作为两个坐标轴建立平面坐标系，用四个象限来表示四种类型的领导行为，如图 5-2 所示。

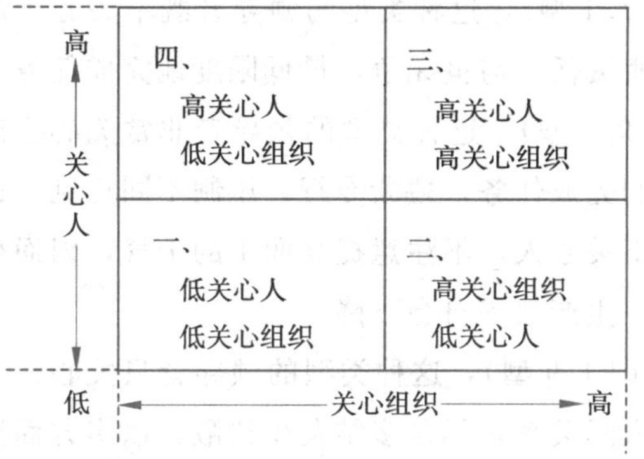

图 5-2 领导行为的四分图

哪种领导行为效果好结论是不肯定的。一般说来，低关心人与高关心组织带来更多的旷工、怨言和辞职。

▶ 4. 管理方格理论

管理方格理论是 1964 年由美国管理学者布莱克和莫顿研究提出的。他们以企业为例，研究组织的五种领导风格，用纵坐标表示“对人的关心”，横坐标表示“对生产的关心”，并将两个坐标轴划分为 9 等份，于是便形成了 81 种领导方式的“9.9 图”。因此，管理方格图适应性很强，准确性也很高，如图 5-3 所示。

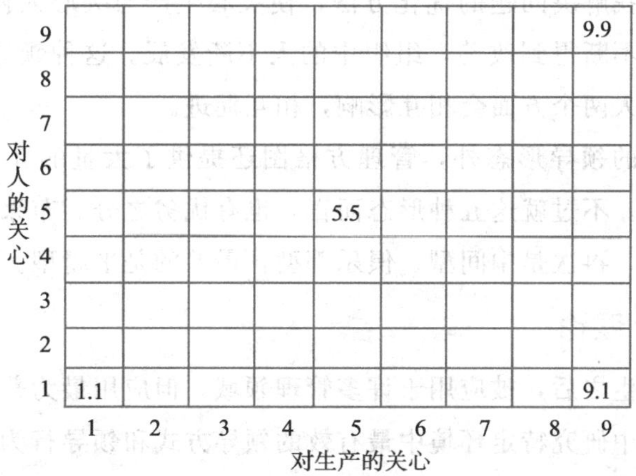

图 5-3 管理方格图

根据图 5-3，我们可以把企业的例子当作组织一般，关心生产，就是关心组织的主要业务工作。关心生产是指领导者对如下许多不同的事项所持的态度，如政策决定的质量、程序和过程、研究工作的创造性、职能人员的服务质量、工作的效率以及产量等。关心人是指个人对实现目标所承担的责任，保持工人的自尊，基于信任而非服从的职责，保持良好的工作环境及满意的人际关系。如果要评价某一位领导者的领导方式，只要在“9.9 图”中按照他的两种行为寻找交叉点就行了。布莱克和莫顿在提出管理方格理论的同时，还列举了五种典型的领导风格。

(1) 平庸型领导(即 1.1 型)，这种类型的领导者既不关心生产，又不关心人的情感与福利等，缺乏主见、逃避责任、与世无争，最低限度地完成任务。

(2) 任务型领导(即 9.1 型)，这种类型的领导者非常关心生产，但不大关心人。他们主要借助权力等组织人们完成任务，独断专行，压制不同意见。这种领导者在短期内可能提高生产效率，但由于不关心人，不注意提高职工的士气，因而生产效率不能持久。时间一长，人们会牢骚满腹，生产效率自会下降。

(3) 俱乐部型领导(即 1.9 型)，这种类型的领导者只关心人，而不大管生产。他们高度估计了温暖和友好的人际关系，尽量多结友少树敌，以多方面满足人们的需要来换取人们的支持和拥戴。但这种领导行为在竞争激烈的现代社会生活中很难立足，因为它不利于生产效率的提高。

(4) 中间型领导(即 5.5 型)，这种领导者推崇“折中”，而不用恰当的方法解决问题。也就是在处理生产与人的需要的矛盾上，不是去寻求对生产和人都有利的优化策略，而是寻找两者可以妥协的地方，如将生产目标降到人们乐于接受的程度。因此，这种领导行为虽然既要求完成必要的任务，又要求保持必要的士气，但工作效率与人们的积极性都有很大的局限性。

(5) 团队型领导(即 9.9 型)，这种类型的领导者既十分关心生产，又十分关心人的因素。他们总是努力寻找解决问题的优化方法，使关心生产与关心人协调一致，统筹解决。他们的目标是使组织不断得到改善，组织中的人不断发展。这种领导行为是比较有效的，因为关心生产与关心人两个方面会相互影响，相互促进。

除了这五种典型的领导形态外，管理方格图还提供了大量的介于这些形态之间的形态，这里就不详述了。不过就这五种形态而言，也有优劣之分。布莱克与莫顿认为团队型最佳，其次是任务型，再次是中间型、俱乐部型，最差的是平庸型。

三、权变领导理论

权变管理理论产生之后，被应用于许多管理领域，但应用最为普遍的还属领导理论研究。权变领导理论集中研究特定环境中最有效的领导方式和领导行为。这种理论的产生来源于这样一个事实：领导者性格理论无法用个人的特性来区分领导者和非领导者。行为理论忽略了被领导者的特性和环境因素，而孤立地研究领导者的行为，即某一具体的领导方式是否能在所有情况下都有效。为了克服这些理论的行为，人们广泛接受了权变领导理论。该理论认为，没有一种领导方式对所有的情况都是有效的，没有一成不变的、普遍适用的“最好的”管理理论和方法，管理者做什么，怎样做完全取决于当时的既定情况。

(一) 费德勒权变理论

费德勒认为个人的领导风格是一生经历的结晶，因而很难改变。所以，他的权变模型的基本思想是任何个人的领导风格都只在某种具体的情境中有效。因此增强领导有效性的方法是帮助领导者认识自己的领导风格，并使之与情境相适应，为此，菲德勒设计了 LPC (Least-Preferred-Coworker)量表。这种量表的使用方法是让领导者对“最不喜欢的同事”作“正反两面”的评价，评价分数用来测定一个人对其他人的态度。一个领导者如果对自己最不喜欢的同事给予很高或较高的评价，那他会被认为是关心人或宽容性的领导者，又叫关系型领导。而那些对其最不喜欢的同事给予很低或较低评价的人，则被认为是以工作为中心的领导者，又叫任务型领导。

他通过调查研究，提出了三种影响领导行为效果的情境因素：

(1) 领导者与被领导者之间的关系(即领导者对职工信任程度，及职工对领导者的忠诚和领导者是否有吸引力)。

(2) 任务结构是否明确(即指下达的工作是常规的、惯例的、还是非常规的)。

(3) 领导者的岗位(职位)权力强弱(即指领导者的职位、权力与权威、被上级与组织支持程度)。

即，他认为领导的有效性依赖于情境的有利性，而情境的有利性取决于三个变量：

(1) 任务的结构性(又叫任务结构化)，包括任务已标准化、规格化，目标、程序、内容是明确的。任务越是结构化，情境就越有利。

(2) 领导者的职权，也就是说，领导者的职位或法定权力越大，情境越有利。

(3) 领导者与被领导者关系。这个变量被看成是三种变量中最重要的。

如果以上三个条件均具备，便是最有利的领导条件。如果三者都不具备，便是最不利的领导条件。假如将上述一变量分成两种情况：上下关系好与差，任务结构性明确与不明确，职权强与弱，则可组合出 8 种主要的领导形态。

于是，费德勒设计了 LPC 问卷。费德勒用“你最难共事的同事”(即 LPC 问卷)来调查领导者本人的反应，从而测量领导者的人格特征与风格。若某领导者对其最难共事的同事仍给以好评，则其 LPC 得高分(即 73 分以上)，是关心人的支持型领导；相反，那些对其最难共事的同事给以低评价的领导者，LPC 得低分(即 64 分以下)是任务型、指令型领导；若 LPC 得分在 64 分～73 分之间，则为中间型领导。

费德勒通过对 1200 个小组的研究，调查了 1200 个团体的领导者，收集了将领导风格同对领导的有利条件或不利条件的三维情境因素联系起来的数据，得出如下结论：在组织情况极有利或极不利时，任务导向型是有效的领导形态；在组织情况一般时，人际关系型是有效的领导形态。根据结果绘成图 5-4。

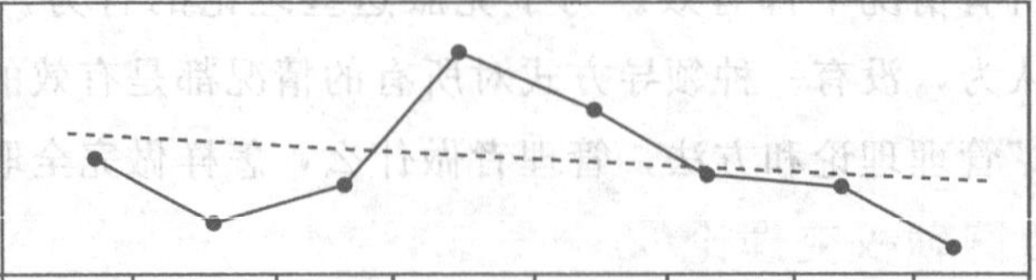

随和、被支、关心职工的领导作风								
控制、主动、讲究组织规章的领导作风								
领导者与职工关系	好	好	好	好	差	差	差	差
任务结构明确否	明确		不明确		明确		不明确	
领导者的岗位权力	强	弱	强	弱	强	弱	强	弱
有效领导方式	任务型	任务型	任务型	关心人型	关心人型	无资料	未发现	任务型
编号	1	2	3	4	5	6	7	8
对情势的控制力	高度			中度			低度	

图 5-4　费德勒的权变模型

图 5-4 表明在编号 1、2、3 和 8 的条件下，有效的工作成就和领导者的指令式任务型作风相关；在编号 4、5 条件下的工作成效，同关心人的领导作风相关。这些研究结果表明，某一领导风格，不能简单地区分优劣，因为在不同条件下都可能取得好的领导绩效。换言之，在不同情境下，应采取不同的领导方式。

这一理论对怎样补缺与选择领导人员、怎样进行领导者的轮职与调职、怎样操作领导情势因素(调整主管与下级的关系、调整工作结构、调整职权等)、怎样使领导方式与情势因素有效匹配，提高领导效能等都有重要意义。领导方式与领导情势的配合如表 5-6 所示。

表 5-6　领导方式与领导情势的配合

领导方式	情势控制		
	高度控制	中度控制	低度控制
高 LPC	行为：有点专制、冷淡、自我中心、只关心工作	行为：关怀的、开放的、参与的	行为：焦虑、不定的过分关心人际关系
	领导绩效：很差	领导绩效：良好	领导绩效：很差
低 LPC	行为：关怀的和乐于支持	行为：紧张、过分重视工作	行为：专制、严肃、过分重视工作
	领导绩效：良好	领导绩效：很差	领导绩效：较好

(二) 途径-目标理论

途径-目标理论是罗伯特·豪斯发展的一种领导权变理论。该理论以期望理论及领导行为四分图为依据，提出领导的主要职能是为下属在工作中提供获得满足需要的机会，并为下属搞清哪些行为能导致目标的实现并获得有价值的奖励。简言之，即领导应指明达成目标的途径。

1. 领导行为

豪斯认为“高工作”和“高关心”的组合不一定是最有效的领导方式，还需考虑环境因素。1974 年，他与米切尔发表的论文中提出了四种领导行为：

(1) 指示性的领导行为。让下属明确任务的具体要求，怎么做、工作日程、决策都由领导作出(此方式类似于主导型结构和任务导向型行为)。

(2) 支持型领导行为。与下属友善相处，领导平易近人，关心下属的福利，公平待人(与关心型及关系导向型相似)。

(3) 参与型领导行为。与下属商量，征询下属的建议，允许参与决策。

(4) 成就导向型领导行为。提出有挑战性的目标，要求下属有高水平的表现，鼓励下属并对下属的能力表示出充分的信心。

▶ 2. 情景因素

途径-目标理论提出领导方式要适应情景因素，该理论特别关注两类情景因素，一类是下属的个人特点，另一类为工作场所的环境因素。

(1) 个人特点，主要包括下属的控制点、经验和知觉能力。控制点是指个体对环境变化影响自身行为的认识程度。根据这种认识程度的大小，控制点分为内向控制点和外向控制点两种。内向控制点是说明个体充分相信自我行为主导未来，而不是环境控制未来的观念；外向控制点则是说明个体把自我行为的结果归于环境影响的观念。接受内因控制认识的个人相信一切结果都是通过自身的努力和行为所产生的；而接受外因控制认识的个人则往往把发生的结果归因于运气、命运或制度。相信内因决定论的人喜欢参与型的领导行为，相信外因决定论的人则宁可采用指令型的领导。假如下属认为自己能力不强，则他们更喜欢指令型领导；反之，有的人自视甚高，则可能对指令型的领导行为表示愤懑。管理者对下属的个人特点是难以影响并改变它的，但是管理人员对于环境的塑造及针对不同的个性采取不同的领导方式是完全可能的。

(2) 环境因素，环境因素非下属所能控制，它包括以下的情况：

① 任务结构。当任务结构很明确时，如采用指令型领导行为效果就差，对于一些很平常的工作，人们并不需要其上司老是喋喋不休地吩咐如何去做。

② 职权制度。正式职权制度是另一个重要的环境特点，如果正式职权都规定得很明确，则下属会更欢迎非指令性的领导行为。

③ 工作群体。工作群体的性质会影响领导行为，如果工作群体为个人提供了社会上的支持和满足，则支持性的领导行为就显得多余了；反之，个人则会从领导人那里寻求这类支持。

第四节 领导者与领导集体

一、领导者素质

为了有效地实现领导的作用，领导者必须具有一定的素质。虽然由于不同层次的领导者的作用不同，对不同阶层的领导者的素质要求也不同，但是个人品质或特征是决定领导效果的关键因素。

一般认为，作为一个领导者，在政治素质、业务素质和身体素质上必须符合以下基本条件。

1. 政治素质

政治素质主要包括思想观念、价值体系、政策水平、职业道德、工作作风等方面的要求，具体表现在以下几个方面：

(1) 正确的世界观、价值观与人生观。

(2) 现代化的管理思想。

(3) 强烈的事业心、高度的责任感、正直的品质和民主的作风。

(4) 实事求是，勇于创新。

2. 业务素质

(1) 较强的分析、判断和概括能力。高层领导要能在纷繁复杂的事务中，透过现象看清本质，抓住主要矛盾，运用逻辑思维，进行有效地归纳、概括、判断，找出解决问题的办法。

(2) 决策能力。决策是领导者的首要职能，是领导者综合能力的表现。任何正确的决策都来源于周密细致的调查和准确而有预见性的分析判断，来源于丰富的科学知识和实践经验，来源于集体的智慧和领导者勇于负责精神的恰当结合。正确的决策可以使组织转危为安，走向兴旺和发达；决策失误也可以使组织的生存受到威胁。

(3) 组织、指挥和控制的能力。组织中的高层领导者应懂得组织设计的原则，如因事设职、因职用人、职权一致、统一指挥、管理幅度等。应熟悉并善于运用各种组织形式，善于运用组织的力量，协调人力、物力和财力，以期达到综合平衡，获得最佳效果。控制能力要求在实现组织目标过程中，监控实施过程，找出薄弱的环节，制定相应的措施从而保证目标的顺利实现。

(4) 沟通、协调企业内外各种关系的能力。市场经济控制下，企业与企业之间的关系既是竞争对手，又是合作伙伴。领导者要能正确处理与其他企业的关系，在市场竞争中，树立企业的形象，同时，领导者要协调好各种内部关系，充分调动职工的积极性。

(5) 不断探索和创新的能力。领导者要在管理工作中不断探索，对新生事物要敏感，富有想象力，思路广阔，勇于提出新的设想、新的方案，制定出具有激励性和挑战性的组织目标，鼓舞下属去完成任务。

(6) 知人善任的能力。未来市场的竞争是产品的竞争，产品的竞争又是技术的竞争，技术的竞争又是人才的竞争。领导者要善于发现、培养、提拔和使用人才，用其所长；同时，也要创造条件，培养、锻炼下属的业务能力。

3. 身体素质

组织的高层领导，作为组织系统的指挥者，担负着组织、指挥组织活动的重任，因此，必须有强健的身体、充沛的精力，以便胜任繁重的工作。

二、领导集体的构成

组织中的领导者并非一个人，而是有一群人组成。现代企业的生产经营活动异常复杂，单靠一个人的聪明才智是很难有效地组织和指挥企业的生产经营活动。只有把具有各种专业才能的一群人组织在一起，才能构成全才的领导集体。一个具有合理结构的领导班子，不仅能使每个成员人尽其才，做好自己的工作，而且能通过有效地组合，发挥巨大的集体力量。领导班子的结构一般包括：年龄结构、知识结构、能力结构和专业结构等。

▶ 1. 年龄结构

不同年龄的人具有不同的智力、不同的经验，因此，寻求领导班子成员的最佳年龄结构是非常重要的。领导班子应该是老、中、青三结合，向年轻化的趋势发展。现代社会处于高度发展之中，知识更新的速度越来越快。尽管随着年龄的增长，也会增加知识数量的积累，但吸收新知识的优势无疑属于中青年人，人的知识水平的提高与年龄的增长没有必然的联系。现代生理科学和心理科学研究表明，一个人的年龄与智力有一定的定量关系，如表 5-7 所示。

表 5-7 年龄与智力的关系

智力 \ 年龄（岁）	10～17	18～29	30～49	50～69	70～89
知觉	100	95	93	76	46
记忆	95	100	92	83	55
比较和判断力	72	100	100	87	67
动作和反应速度	88	100	97	92	71

从表 5-7 中可知，在智力诸因素中，中青年占有明显的优势。人的经验与年龄一般呈正向关系，年老的人经验往往比较丰富。因此，领导班子中老、中、青结合，有利于发挥各自的优势。

领导班子的年轻化，是现代社会的客观要求，是组织现代化大生产的需要。但年轻化绝不是青年化，不是说领导班子中成员的年龄越小越好，而是指一个领导集体中应有一个合理的老、中、青比例，有一个与管理层次相适应的平均年龄界限。在不同管理阶层中，对年龄的要求，对年轻化的程度，应有所不同。

▶ 2. 知识结构

知识结构是指领导班子中不同成员的知识水平构成。

领导班子成员都应具有较高的知识水平，没有较高的文化知识素养，就胜任不了管理现代化企业的要求。在现代企业中，大量的先进科学技术被采用，在复杂多变的经营环境中，为了使企业获得生存、求得发展，企业领导人员必须具备广博的知识。随着我国社会经济的发展，职工的文化水准在不断提高，各类组织的各级领导都在向知识型转变。

▶ 3. 能力结构

领导的效能不仅与领导者的知识有关，而且与他运用知识的能力有密切的关系。这种运用知识的能力对于管理好一个企业是非常重要的。能力是一个内容十分广泛的概念，它包括决策能力、判断能力、分析能力、指挥能力、组织能力、协调能力等。每个人的能力是不相同的，有的人善于思考分析问题、提出好的建议与意见，但不善于组织工作；有的人善于组织工作，但分析问题的能力较差。因此，企业领导班子中应包括不同能力类型的人物，既要有思想家，又要有组织家，还要有实干家，这样才能形成最优的能力结构，在企业管理中充分发挥作用。

▶ 4. 专业结构

专业结构是指在领导班子中各位成员的配备应由各种专门的人才组成，形成一个合理的专业结构，从总体上强化这个班子的专业力量。在现代企业里，科学技术是提高生产经营成果的主要手段。因此，领导干部的专业化是搞好现代企业经营的客观要求。

以上所述的领导班子的结构仅是主要的结构。此外，还有其他一些结构，如性格结构等也是需要注意的。按照这些要求形成的领导集体将是一个结构优化、富有效率的集体。

拓展与思考

一、简答题

1. 描述工作满意度与生产率之间的关系。
2. 有关知觉的知识对领导者更好地理解个体行为有何帮助？
3. 领导的含义和作用是什么？
4. 构成领导影响力的主要因素有哪些方面？
5. 领导行为四分图和管理方格理论的含义是什么？
6. 领导的权变理论的要点是什么？
7. 领导的生命周期理论的含义是什么？
8. 途径-目标理论主要内容是什么？
9. 你是否认为大多数领导者在实践中都运用权变观点来提高领导力？请分析。
10. 领导者应具备哪些素质？领导集体的构成应注意什么？

二、实践训练

在班级内随机抽取 5 人，阅读伟人或企业家传记，总结他们的领导风格与特点，进行交流。

三、案例分析

哪种领导类型最有效

ABC公司是一家中等规模的汽车配件生产集团。最近，对该公司的三个重要部门经理进行了一次有关领导类型的调查。

1. 安西尔

安西尔对他本部门的产出感到自豪。他总是强调对生产过程、产量控制的必要性，坚持下属人员必须很好地理解生产指令以得到迅速、完整、准确的反馈。安西尔当遇到小问题时，会放手交给下级去处理，当问题很严重时，他则委派几个有能力的下属人员去解决问题。通常情况下，他只是大致规定下属人员的工作方针、完成怎样的报告及完成期限。安西尔认为只有这样才能更好地合作，避免重复工作。

安西尔认为对一个经理来说，对下属人员采取敬而远之的态度是最好的行为方式，所谓的"亲密无间"会松懈纪律。他不主张公开谴责或表扬某个员工，相信他的每一个下属都有自知之明。据安西尔说，在管理中的最大问题是下级不愿意接受责任。他讲到，他的下属可以有机会做许多事情，但他们并不是很努力地去做。他表示不能理解在以前他的下属如何能与一个毫无能力的前任经理相处，他说，他的上司对他们现在的工作运转情况非常满意。

2. 鲍勃

鲍勃认为每个员工都有人权，他偏重于管理者有义务和责任去满足员工需要的学说，他说，他常为他的员工做一些小事，如给员工两张下月在伽利略城举行的艺术展览的入场券。他认为，每张门票才15美元，但对员工和他的妻子来说却远远超过15美元。这种方式也是对员工过去几个月工作的肯定。

鲍勃说，他每天都要到工厂去一趟，与至少25%的员工交谈。

鲍勃不愿意为难别人，他认为安西尔的管理方式过于死板，安西尔的员工也许并不那么满意，但除了忍耐别无他法。鲍勃说，他已经意识到在管理中有不利因素，但大都是由于生产压力造成的。他的想法是以一个友好、粗线条的管理方式对待员工。他承认尽管在生产率上不如其他单位，但他相信他的雇员有高度的忠诚与士气，并坚信他们会因他的开明领导而努力工作。

3. 查理

查理说他面临的基本问题是与其他部门的职责分工不清。他认为不论是否属于他们的任务都安排在他的部门，似乎上级并不清楚这些工作应该让谁做。查理承认他没有提出异议，他说这样做会使其他部门的经理产生反感。他们把查理看成是朋友，而查理却不这样认为。查理说过去在不平等的分工会议上，他感到很窘迫，但现在适应了，其他部门的领导也不以为然了。

查理认为纪律就是使每个员工不停地工作，预测各种问题的发生。他认为作为一个好的管理者，没有时间像鲍勃那样握紧每一个员工的手，告诉他们正在从事一项伟大的工作。他相信如果一个经理声称为了决定将来的提薪与晋职而对员工的工作进行考核，那么，员工则会更多地考虑他们自己，由此而产生很多问题。

查理主张，一旦给一个员工分配了工作，就让他以自己的方式去做，取消工作检查。他相信大多数员工知道自己把工作做得怎么样。如果说存在问题，那就是他的工作范围和职责在生产过程中发生的混淆。查理的确想过，希望公司领导叫他到办公室听听他对某些工作的意见。然而，他并不能保证这样做不会引起风波而使情况有所改变。

1. 你认为这三个部门经理各采取的什么领导方式？试预测它们各自将产生什么结果。

2. 是否每一种领导方式在特定的环境下都有效？为什么？

拓展阅读

情绪智力

情绪智力又称为情感智力、情感智慧或情绪智能。情绪智力是近年来对商业企业最有影响的思想之一，它的理念是，经理人了解和控制自己和周围同事情感的能力将决定企业能否有更好的商业表现，如同其他许多重要管理学思想的重大突破一样，情绪智力的概念最初也是来源于商业领域之内。情绪智力的概念是由美国耶鲁大学的萨洛维和新罕布什尔大学的玛依尔提出的，是指"个体监控自己及他人的情绪和情感，并识别、利用这些信息指导自己的思想和行为的能力"。换句话说，情绪智力也就是识别和理解自己和他人的情绪状态，并利用这些信息来解决问题和调节行为的能力。在某种意义上，情绪智力是与理解、控制和利用情绪的能力相关的。

美国校园中不断增长的学生变得具有攻击性和产生沮丧心理的案例使丹尼尔·高曼对这一现象进行了研究。丹尼尔·高曼对全世界121家公司与组织的181个职位的胜任特征模型进行分析后发现：67%的胜任特征与情绪智力(EI)相关，在他1995年出版的《情绪智力》一书中，高曼阐述了他的研究结果。他认为，人类的自我意识、自我约束、毅力和全情投入等能力对一个人一生的影响在大多数时间内都要比智商更为重要。高曼宣称如果忽视了情绪智力因素的存在，对我们自身发展是不利的，而儿童更应该在学校期间就开始接受情绪智力的教育。

高曼的这本启蒙性著作对唤起商业领域对情绪智力概念的意识起到了相当重要的作用。越来越多的商业书籍和文章也开始致力于这一命题的研究。《情绪智力》一书连续18个月被列入《时代周刊》畅销书名单，并被翻译成近30种文字畅销全世界，而"情绪智力"一词也被列入各种管理发展计划和商学院的教程之中，为更多的企业管理人员所学习。

一、情绪智力理论的历史发展

在西方文化中，思维和情绪的关系的哲学讨论，大概可以追溯到2000多年以前。就近而言，情绪智力理论的历史发展，大致经历了以下几个阶段。

1. 分离的情绪与智力

20世纪70年代之前，心理学始终将情绪和智力作为两个领域来进行研究。在情绪和智力研究并行的同时，心理学家也逐渐熟悉了非认知因素的重要性，并且开始了社会智力的研究。上述这些观点和理论已经包含了情绪智力的最初含义，也可以说，它们就是情绪智力的最初起源。

2. 情绪智力先驱

20世纪七八十年代，情绪智力的先驱出现了。他们将其整合为一个全新的领域——认知和情感(也叫思维与情绪)。在这个时期，由于R. B. Zajonc首次阐述了情绪首因的问题，引发了情绪与认知的谁为首因的空前大辩论。这场谁为首因辩论的深远意义不仅在它本身，更重要的是它颠覆了认知驾驭情绪的心理哲学基础，使情绪、感情在哲学熟悉论上提升到前所未有的地位。同时，虽然"情绪智力"这个名词零星的出现了，但是还没有任何一个明确的方式来定义或者描述。

3. 情绪智力研究的出现

1990年，美国耶鲁大学的萨洛维和新罕布什尔大学的玛依尔一起正式提出情绪智力理论，并对其进行实证测量。玛依尔等人从智力和情绪研究、哲学、人工智能、脑科学和临床心理学研究中寻找证据，来证实被他们命名为"情绪智力"的这种人的能力是存在的。1990—1993年这个时期被普遍认为是情绪智力研究出现的划分点，在此期间，情绪智力的基础研究一步步进行，尤其是脑科学方面的研究。

4. 情绪智力的繁荣

1994—1997年，情绪智力发生了不平常的转变，变得非常流行。这是由于丹尼尔·高曼出版的《情绪智力》，此书受到媒体的大肆宣传，致使情绪智力开始风靡世界。由于这本书属于非专业著作，对情绪智力概念及理论的科学意义造成了极大混乱。所以，情绪智力思潮在1995—1997年风靡世界的同时，各种针对情绪智力的概念界定、理论模型、量化研究等的批评和评论也接踵而来。

5. 情绪智力学术研究的繁荣

1997年后，心理学工作者开始讨论、修正、规范、深化和发展情绪智力理论。各种情绪智力理论发展起来，新的情绪智力量表也被开发出来，研究者们对其进行了大量的研究。今天，EI有两个世界：一个是宽泛、粗放的大众心理学世界；另一个是谨慎、艰辛的科学研究世界。这使得该领域的研究非常复杂，形成了多种情绪智力理论。

二、情绪智力的5种能力

作为通过培训方式进行辅导的心理学家，高曼对哈佛大学的心理学家霍华德·加德纳(加德纳以开发多元智力理论而著称于世)和耶鲁大学的心理学家彼得·萨洛威的思想进行了进一步延伸。在他的著作中，高曼引用了萨洛威对情商所下的定义。萨洛威认为，情绪智力主要体现在以下五个方面：

1. 认识自身情绪的能力

认识自身情绪，就是能认识自己的感觉、情绪、情感、动机、性格、欲望和基本的价值取向等，并以此作为行动的依据。

2. 妥善管理自身情绪的能力

妥善管理自身情绪，是指对自己的快乐、愤怒、恐惧、爱、惊讶、厌恶、悲伤、焦虑等体验能够自我认识和自我协调。比如，自我安慰，主动摆脱焦虑、不安情绪。有人发现，当自己情绪不佳时，可用以下方法帮助调整情绪：正确查明使自己心烦的问题是什么，找出问题的原因，进行一些建设性引动。

3. 自我激励

自我激励，指面对自己欲实现的目标，随时进行自我鞭策、自我说服，始终保持高度热忱、专注和自制。如此，使自己保持较高的办事效率。

4. 认识他人的情绪

认识他人的情绪，指对他人的各种感受，能"设身处地"地、快速地进行直觉判断。了解他人的情绪、性情、动机、欲望等，并能作出适度的反应。在人际交往中，常从对方的语言及其语调、语气和表情、手势、姿势等来作判断。常常真正透露情绪情感的就是这些表达方式。故捕捉人的真实性情绪情感的常是这些关键信息，而不是对方"说的什么"。

5. 人际关系的管理

人际关系的管理，这是指管理他人情绪的艺术。一个人的人缘、人际和谐程度都和这项能力有关。深谙人际关系者，容易认识人而且善解人意，善于从别人的表情来判读其内心感受，善于体察其动机想法。这种能力的具备，易使其与任何人相处都愉悦自在，这种人能充任集体感情的代言人，引导群体走向共同目标。

三、正确解读情绪智力(EI)

拥有高EI并不仅仅意味着"做个好人"，在关键的战略时刻，个体有时还得扮演"黑脸"的角色。拥有高EI并不意味着个体就可以放纵自己的情绪，相反，要对情绪进行管理，使之能适宜、有效地表达，使人们能朝着共同的目标一起顺畅地工作。

在EI上并不存在性别差异。女性在EI上并不比男性更聪明，反之亦然。研究发现：女性一般能更清醒地意识到自己的情绪，更富有同情心，更擅长人际交往；男性则更自信，更乐观，更能适应环境以及能更好地应付各种激变。客观地说，无论是男性还是女性，在EI上均有其长处，也有其不足。一些人虽富有同情心，但却缺乏处理自己苦恼的能力；而另一些人虽能敏锐地意识到自己情绪的细微变化，但对别人的情绪反应却"呆若木鸡"。

EI的水平并非由遗传所决定的，也不是在儿童早期阶段就已发展定型的。与IQ不同的是(IQ在十几岁以后就不太变化)，EI在人的一生中能通过不断的学习而得到不断地提高。通过一项对人的EI水平进行的追踪研究显示：随着个体越来越善于调控自己的情绪和冲动，更善于激励自己以及共情能力的增强和社交技巧的不断丰富，人们在EI上的能力表现也不断地得到提高。用一个老套的字眼来形容这种变化就是"成熟"。

由于EI可经由后天的学习和经验而不断提高，因此拥有高EI并不是一件可望而不可及的事。要想成为一名成功人士，你不但应该学习相关领域的新知识、新技能，也应不断地有意识地提高自己的EI。企业则可以通过一些激励措施，及开展相关的培训，提高员工的EI。

四、情绪智力对企业管理的影响

高曼就情绪智力对个人和对职业的影响力继续进行了研究。情绪智力对工作绩效的回归分析认为，在经常为冷冰冰的商业分析和理智所困扰的当代商业环境中，情绪氛围的营造对企业成功的影响比以前想象中更为重要。高曼提出，在明星企业中，建立在情绪智力基础上的工作能力比其他的智力和技术因素在企业中扮演着更重要的作用。个人和企业都能够从培养这种能力的行为中获利。

他特别指出，对企业领导来说，情绪方面的因素更为重要。处于有挑战性的高难度工作岗位的企业领导人通常都具有高于常人的智商，这时候，拥有高超情商能力便可使某些领导者在工作中更胜人一筹。在企业高级管理层中，只有“情绪智力”而不是“理性智力”才标志着谁是真正的领导者。

高曼对表现杰出的企业的调查显示，企业能够在同行业中拥有更为出色表现的原因有2/3应该归功于情绪智力，而只有1/3应归结为可由智商衡量的智力因素和专业科技水平。

五、与人相处受欢迎的五大特质

1. 外向热情

外向热情，就是一个人活泼、能言善道、社交的能力。一个喜欢独处、下班后赶着回家的人，跟一个时时愉快招呼你的人比起来，哪一个较为外向不言而喻。

2. 稳定的情绪

情绪是否稳定，意指一个人是否经常处于气愤、焦虑、沮丧、情绪化、不安全、操心的状态。林肯曾经说过：“我们选择要多快乐，就会有多快乐”，而这句话在心理学家的注释下，可以这么说“一般而言，人的快乐程度，多半和他情绪稳定的程度成正比。情绪稳定、生性乐天的人，比较容易乐在工作”。情商的概念是当代美国耶鲁大学的心理学家萨洛维和玛依尔在高曼博士的情绪智力的思想的基础上提出来的。他们认为，情商是一个人控制和调节自己情绪体验的能力。

3. 用正面的语言与人交流

有些人与人说话，喜欢用负面的形容词，或总是令人感到不愉快。想想看，两个应征者如果专业技术不分上下，一个乐于助人、一个说话随时刺激你使你感到不愉快，你喜欢与谁共事？

4. 认真负责

负责任的人往往做事谨慎、努力，条理分明，一丝不苟。他们以工作为己任，具有坚强的毅力。

5. 勇于创新

勇于实验的人也可说是勇于冒险，这种人往往好奇心重、联想力丰富，创意十足。

六、情绪智力与职业生涯发展

人的情绪主要有喜悦、愤怒、悲伤、恐惧、焦虑等。喜悦是大家最喜欢的情绪，通常说笑比哭好，但有时候哭比笑好。热恋的时候，爱情有可能让你成为一个浪漫的诗人，失恋的时候，悲痛有可能使你成为一个深邃的哲人。我们通常是在人生低谷的时候、痛苦的时候反省。我们成功的时候高兴、兴奋，反思却是不足的。

愤怒是好事吗？很多人都不喜欢愤怒这种情绪。我们通常说一个人情绪智力高就不发脾气，不发脾气才代表有修养、有涵养。一个民族如果不懂得愤怒，就会被别人欺辱；一个人不会愤怒也就不会保护自己的界限。

在人类所有的情绪中，对我们帮助最大的情绪就是恐惧。如果人类不懂得恐惧，我们的祖先早就被泥石流、火山、海啸吞噬了。恐惧使我们远离危险，恐惧使我们避免伤害。为什么大家参加各种培训，拼命学习？是我们对这个多变的社会把握不够，我们对自己职业生涯发展前景的把握欠缺，内心有一种恐惧感，这种恐惧感帮助我们老老实实坐下来学习。

喜悦、悲伤、愤怒、恐惧和焦虑这五种情绪影响着个人的职业生涯发展。

人的情绪如同季节，自然交替。情绪没有好坏之分，只有效果不同。职业生涯的发展快慢受情绪智力影响重大，那我们怎样去把握自己的情绪、提高自己的情绪智力呢？什么是情绪智力？对于自己就是了解自己的情绪，接受自己的情绪，控制自己极端情绪的能力。对于他人就是理解他人的情绪，接受他人的情绪，陪伴他人的情绪，影响他人情绪的能力。情绪智力高的人不在情绪波动时作重大决定。我们要做情绪的主人，不做情绪的奴隶。情绪的奴隶是被动接受，受其左右；情绪的主人对各种情绪了解接受，利用享受。

我们有的时候恐惧、有的时候悲伤、有的时候焦虑、有的时候愤怒，这些并不是问题。问题是我们觉得有这些情绪是不对的、不应该的，自己不允许自己有这样的情绪，不允许自己的员工有这样的情绪，也不允许自己的孩子有这样的情绪，我们只是认为笑才是最好的情绪。如果一个人悲伤的时候不会哭，生气的时候不会怒，紧张的时候不会害怕，有急事儿的时候也不焦虑，那将是个什么样的人？你愿意把自己变成那样的人吗？

在职业生涯发展过程中，许多极限是我们自己设定的，它们妨碍了我们的成功。一个人可以突破死亡极限，可以突破常规极限，但我们更多的时候是要突破自我极限。所谓的自我极限常常是心理极限，心理极限常常又表现为情绪极限。我受不了这种气，受不了这种窝囊，受不了就要逃避、退缩。我们是否应该这样想：突破心理极限就是接受自己以前所不能接受的情绪，接受并掌控了，你就成长了，你的职业生涯就可能有大的发展。

在职业生涯中，没有几次把体力、智力、心力用到极限，是难以成功的。精疲力竭、头疼欲裂都是突破极限的表现。工作场合把自己的情绪和工作本身尽可能分开，我们接受自己和别人有各种各样的情绪，但是在工作上提高自己的职业化素质。一个情绪智力高超的人，不是一个不笑、不哭、不恐惧、不着急、不发火的人。我们要做的是一个敢笑、敢说、敢做，还要敢哭、敢急、敢怒的人，并把效果比动机看得更重要，这才是一个情绪智力健全的人。

第 六 章

激励与沟通

曾经有个小国的人到中国来，进贡了三个一模一样的金人，金碧辉煌的，把皇帝高兴坏了。可是这小国的人同时出了一道题目：这三个金人哪个最有价值？皇帝想了许多办法，请珠宝匠检查、称重量、看做工，都是一模一样的。怎么办？使者还等着回去汇报呢。泱泱大国，不会说连这点小事都不懂吧？最后，有一位退位的老大臣说他有办法。皇帝便将使者请到大殿上，老臣胸有成竹地拿出三根稻草，插入第一个金人的耳朵里，这稻草从另一边耳朵出来了。第二个金人的稻草则从嘴巴里直接掉出来，而第三个金人，稻草进去后掉进了肚子，什么响动也没有。于是，老臣说：第三个金人最有价值！使者默默无言，答案正确。

管理启示

最有价值的人，不一定就是最能说的人。老天给我们每个人两只耳朵一张嘴巴，本来就是让我们多听少说的。善于倾听，是沟通最重要的技巧之一。

表扬一个人最好用公文，批评一个人尽量用电话。

——美国实业巨子雅科尔

学习目标

- 了解激励与沟通的含义、过程，激励的作用等问题。
- 理解激励的基本理论及沟通中存在的障碍对有效沟通的影响。
- 掌握激励的原则与方法、沟通的类别、沟通的基本技术与方法，为实际工作服务。

第一节 激励概述

一、激励的含义

从心理学角度讲，激励是指激发人的行为动机的心理过程，是一个不断朝着期望的目标前进的循环的动态过程。简言之，就是在工作中调动人的积极性的过程。

激励是对人的一种刺激，是促进和改变人的行为的一种有效的手段。激励的过程就是管理者引导并促进工作群体或个人产生有利于管理目标行为的过程。每一个人都需要激励，在一般情况下，激励表现为外界所施加的推动力或吸引力，转化为自身的动力，使得组织的目标变为个人的行为目标。可以从以下三个方面来理解激励这一概念。

▶ 1. 激励是一个过程

人的很多的行为都是在某种动机的推动下完成的。对人的行为的激励，实质上就是通过采用能满足人需要的诱因条件，引起行为动机，从而推动人采取相应的行为，以实现目标，然后再根据人们新的需要设置诱因，如此循环往复。

▶ 2. 激励过程受内外因素的制约

各种管理措施，应与被激励者的需要、理想、价值观和责任感等内在的因素相吻合，才能产生较强的合力，从而激发和强化工作动机，否则不会产生激励作用。

▶ 3. 激励具有时效性

每一种激励手段的作用都有一定的时间限度，超过时限就会失效。因此，激励不能一劳永逸，需要持续进行。

员工被激励的程度与其工作绩效密切相关。实践证明，经过激励的工作行为与未经激励的行为，其工作效果大不相同，激励能够使员工充分发挥其能力，实现工作的高质量和高效率。美国哈佛大学心理学家威廉·詹姆士通过对员工激励的研究发现，在计时工资制下，一个人若没有受到激励，仅能发挥其能力的20%～30%；如果受到正确而充分的激励，其能力就能发挥到80%～90%，甚至更高。由此他得出一个公式：工作绩效＝能力×动机激发。这就是说，在个体能力不变的条件下，工作成绩的大小取决于激励程度的高低。激励程度越高，工作绩效越大；反之，激励程度越低，工作绩效就越小。

二、激励的过程

激励是一个非常复杂的过程，它从个人的需要出发，引起欲望并使内心紧张(未得到满足的欲求)，然后引起实现目标的行为，最后再通过努力后使欲望达到满足。激励过程如图 6-1 所示。

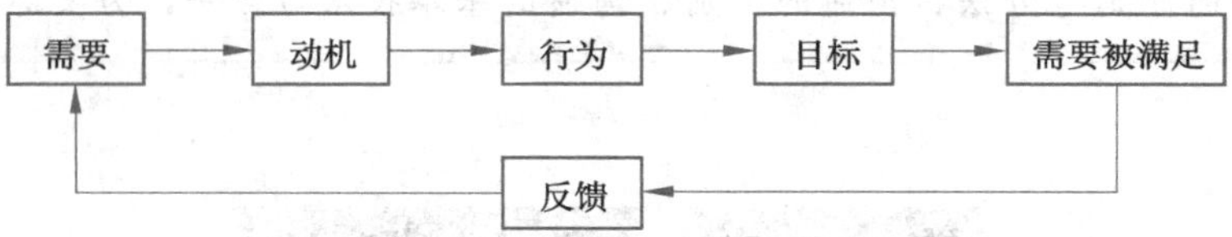

图 6-1　激励的连锁过程

▶ 1. 需要

激励的实质就是通过影响人的需要或动机达到引导人的行为的目的，它实际上是一种对人的行为的强化过程。研究激励，先要了解人的需要。需要是人的一种主观体验，是人们在社会生活中对某种目标的渴求和欲望，是人们行为积极性的源泉。人的需要一旦被人们所意识，它就会以动机的形式表现出来，从而驱使人们朝着一定的方向努力，以达到自身的满足，需要越强烈，它的推动力就越强越迅速。人的需要有三个方面：一是生理状态的变化引起的需要，如饥饿时对食物的需要；二是外部因素影响诱发的需要，如对某种新款商品的需要；三是心理活动引起的需要，如对事业的追求等。

▶ 2. 动机

动机是建立在需要的基础上的。当人们有了某种需要而又未能满足时，心理上便会产生一种紧张和不安，这种紧张和不安就成为一种内在的驱动力，促使个体采取某种行动。从某种意义上说，需要和动机没有严格的区别。需要体现一种主观感受，动机则是内心活动。实际上一个人会同时具有许多种动机，动机之间不仅有强弱之分，而且会有矛盾，一般来说，只有最强烈的动机才可以引发行为，这种动机称为优势动机。

▶ 3. 行为

在组织中，组织成员的行为与工作、生活环境相互作用，任何一种行为的产生，都是有其内在原因的。动机对于行为，有着重要的功能，表现为三个方面：一是始发功能，即推动行为的原动力；二是选择功能，即它决定个体的行为方向；三是维持和协调功能，行为目标达成时，相应的动机就会获得强化，使行为持续下去或产生更强烈的行为，趋向更高的目标，相反，则降低行为的积极性或停止行为。

▶ 4. 需要、动机、行为和激励的关系

通过分析我们知道，人的任何动机和行为都是在需要的基础上建立起来的，没有需要，就没有动机和行为。人们产生某种需要后，只有当这种需要具有某种特定的目标时，需要才会产生动机，动机才会成为引起人们行为的直接原因。但并不是每个动机都必然会引起行为，在多种动机下，只有优势动机才会引发行为。组织成员之所以产生组织所期望的行为，是组织根据组织成员的需要来设置某些目标，并通过目标导向使组织成员出现有利于组织目标的优势动机，同时按照组织所需要的方式行动。管理者实施激励，即是想方设法做好需要引导和目标引导，强化组织成员动机，刺激组织成员的行为，从而实现组织目标。

三、激励的作用

▶ 1. 通过激励可以提高知名度，吸引人才

组织可以通过提供有竞争性优势的薪酬制度等方法，把急需的、有才能的人吸引过来，并长期为组织工作。

▶ 2. 通过激励可以提高人们工作的主动性、积极性和创造性

要提高自觉性，主要应解决人们对工作价值的认识问题，认识所从事工作的必要性、重要性和迫切性。人的行为常常带有个人利益的动机，承认和尊重个人利益，让人们看到在实现组织大目标的过程当中，也能实现个人利益和个人目标。个人目标与组织目标的统一程度越高，组织成员的自觉性乃至主动性、创造性就越能得到充分的发挥。反之便会出现消极怠工，甚至产生抵触情绪。创造性是取得突破性进展的重要保证，是工作积极性得到发挥的体现，它能够大大地提高工作绩效。

▶ 3. 通过激励可以激发人们的热情和兴趣

激励不仅可以提高人们对自身工作的认识，还能激发人们的工作热情和兴趣，解决工作态度和认识倾向问题。通过激励，使之对本组织成员产生强烈、深刻、积极的情感，并以此为动力，将自己的全部精力投入实现预定目标中。兴趣是影响动机形成的重要因素，

通过激励使人对工作产生稳定而浓厚的兴趣，使人对工作产生高度的注意力、敏感性、责任感，形成对自身职业的偏爱。个人的知识、技术和能力，一般也是在浓厚的职业兴趣的基础上发展起来的。因此，强烈而稳定的职业兴趣，也是人们提高技能、保证技术、知识、能力充分发挥的心理条件。

教学互动

选择题

激励对于组织管理具有重要意义，激励的作用主要体现在（ ）。

A. 有利于激发和调动员工的积极性

B. 有助于将员工的个人目标与组织目标统一起来

C. 有助于增强组织的凝聚力

D. 有助于促进组织内部各组成部分的协调统一

第二节 激励理论与激励方法

一、激励理论

（一）需要层次论

1. 需要的层次

需要层次理论是美国心理学家马斯洛于20世纪40年代提出的。该理论认为，人人都有许多复杂的需要，而这些需要可以按其优先次序排列成阶梯式的层次系列，从低级到高级划分为五个层次：生理需要、安全需要、社交需要、尊重需要与自我实现的需要，如图6-2所示。

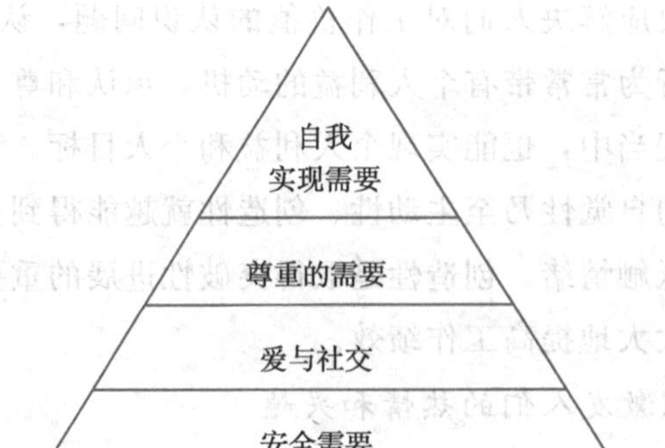

图6-2 需要的层次

(1) 生理需要，指人类生存最基本的需要，如食物、水、住房、医药等。这是动力最强大的需要，如果这些需要得不到满足，人类就无法生存，也就谈不上其他的需要。

(2) 安全需要，是指保护自己免受身体和情感伤害的需要。这种安全需要体现在社会生活中是多方面的，如生命安全、劳动安全、职业有保障、心理安全等。

(3) 社交需要，包括友谊、爱情、归属、信任与接纳的需要。人们一般都愿意与他人进行社会交往，想和同事们保持良好的关系，希望给予和得到友爱，希望成为某个团体的成员等。这一层次的需要得不到满足，可能会影响人的精神上的健康。

(4) 尊重需要，包括自尊和受到别人尊重两方面。自尊是指自己的自尊心，工作努力不甘落后，有充分的自信心，获得成就感后的自豪感。受人尊重是指自己的工作成绩、社会地位能得到他人的认可。这一层次的需要一旦得以满足，必然信心倍增，否则就会产生自卑感。

(5) 自我实现的需要，这是最高一级的需要，指个人成长与发展，发挥自身潜能、实现理想的需要，即希望自己能够充分发挥自己的潜能，做最适宜的工作。马斯洛认为，如果一个人想得到最大快乐的话，那么，一个音乐家必须创作乐曲，一个画家必须绘画，一个诗人必须写诗。一个人能做哪样的人，他就必须成为那样的人。

▶ 2. 需要层次论的基本点

(1) 人是有需要的动物，已经满足的需要不起激励的作用，因而不再是激励因素，只有尚未满足的需要能够影响行为。

(2) 五种需要像阶梯一样从低到高，逐层上升。一个层次的需要相对满足了，就会向高一层次发展。

(3) 多数人的需要结构是很复杂的，在每一时刻都会同时有许多需要在影响着人们的行动，而不会是单一的需要支配着人们的行动。

(4) 各层次的需要相互依赖、相互重叠，任何一种需要并不因为下一个高层次的需要的发展而消失。高层次的需要发展后，低层次的需要仍然存在，只是对行为的影响比重减轻了。

(5) 人的需要有轻重层次，在一般情况下，只有在低层次的需要得到满足后，才能使高层次的需要有足够的动力去驱动行为。

(6) 一般来说，满足较低层次需要的途径少，而满足较高层次需要的途径多。

(7) 五种需要不可能完全满足，越到上层，满足程度越小。

(8) 需要有高级低级之分。生理的需要和安全的需要为较低级需要，而社会需要、尊重需要、自我实现需要则为较高级的需要。

▶ 3. 需要层次在管理实践中的应用

没有满足的需要是激励的开端，而需要的满足则是激励过程的完成。可见，需要是人类行为的出发点、基础和最根本的原因。管理者只有了解了组织成员的需要以及组织成员之间需要的差异，然后有针对性地采取管理措施，才能收到良好的激励效果，充分调动组织成员的工作积极性。需要层次在管理实践中的应用如表6-1所示。

表6-1　需要层次在管理实践中的应用

需要层次	激励因素(追求的目标)	应用
生理需要	工资和奖金、各种福利、工作环境	足够的薪金、舒适的工作环境、适度的工作时间、住房和福利设施、医疗保险等
安全需要	职业保障、意外事故的防止	雇用保证、退休养老金制度、意外保险制度、安全生产制度、危险工种营养福利制度
社交需要	友谊、团体的接纳、组织的认同	建立和谐的工作团队、建立协商和对话制度、互助金制度、联谊小组、教育培养制度
尊重需要	名誉和地位、权力和责任	人事考核制度、职衔、表彰制度、责任制度、授权
自我实现需要	能发挥个人特长的环境具有挑战性的工作	决策参与制度、提案制度、破格晋升制度、目标管理、工作自主权

(二)双因素论

1. 激励因素和保健因素

双因素论是美国心理学家赫茨伯格于20世纪50年代后期提出的。赫茨伯格认为，使组织成员感到满意的因素与使组织成员感到不满意的因素是大不相同的。使组织成员感到不满意的因素往往是由外界环境引起的，使组织成员感到满意的因素通常是由工作本身产生的。赫茨伯格发现造成组织成员非常不满意的原因有公司政策、行为管理和监督方式、工作条件、人际关系、地位、安全和生活条件等。这些因素改善了，只能消除组织成员的不满、怠工与对抗，但不能使组织成员变得非常满意，也不能激发他们的工作积极性，提高效率。赫茨伯格把这一类因素称为保健因素，就像某些保健物品只能预防疾病，但不能提高身体状况一样。赫茨伯格还发现使组织成员感到满意的原因有工作富有成就感、工作成绩能得到认可、工作本身具有挑战性、负有较大的责任、在职业上能得到发展等。这类因素的改善，能够激励组织成员的工作热情，从而提高生产率。如果处理不好，也能引起组织成员的不满，但影响不是很大，赫茨伯格把这类因素称为激励因素。

(1) 保健因素包括金钱、监督、地位、安全、工作环境、政策与行为，以及人际关系等。

(2) 激励因素包括工作本身、赏识、进步、成长的可能性、责任，以及成就等。

2. 双因素论的两个基本点

(1) 满意与不满意。赫茨伯格认为满意的对立面是没有满意，而不是不满意；不满意的对立面是没有不满意，而不是满意。

(2) 内在激励与外在激励。双因素论实际上将激励分为内在与外在两种。内在激励是从工作本身得到的满足，如对工作的兴趣、责任感和成就感等，这些因素属于激励因素。外在激励是指外部的奖酬或在工作以外获得的间接的满足，如工资、工作环境。这种满足有一定的局限性。因为外在激励或保健因素只能满足人的低层次的生理需要，而不能满足人的高层次的精神需要，因而只能防止反激励，并不能持久有效地激励人的积极性。

（三）期望理论

期望理论是美国心理学家弗鲁姆在20世纪60年代提出来的。该理论认为，人之所以能够从事某项工作并达成组织目标，是因为这些工作和组织目标会帮助他们实现自己的目标、满足自己某些方面的需要。具体而言，当组织成员认为努力会带来良好的绩效评价时，他就会受到激励进而付出更大的努力，同时良好的绩效评价会带来诸如奖金、加薪或晋升等组织奖励，这些组织奖励会实现组织成员的个人目标，满足其某些需求，从而产生激励。

弗鲁姆认为，激励是个人寄托于一个目标的预期价值与他对实现目标的可能性的看法的乘积。用公式表示为

$$M=V\cdot E$$

其中，

M——激励力。表示个人对某项活动的积极性程度，希望达到活动目标的欲望程度。

V——效价。即活动结果对个人的价值大小。

E——期望值。即个人对实现这一结果的可能性的判断。

从公式我们可以看出，促使人们做某种事的激励力依赖于效价和期望值这两个因素。效价和期望值越高，激励力就越大。公式同时还表明，在进行激励时要处理好三个方面的关系，这三个关系也是调动人们工作积极性的三个条件。

(1) 努力与绩效的关系。人总是希望通过一定的努力能够达到预期的目标，如果个人主观认为通过自己的努力达到预期目标的概率较高，就会有信心，就可能激发出很强的工作力量。但是如果他认为目标太高，通过努力也不可能会有很好的绩效时，就失去了内在的动力，导致工作消极。

(2) 绩效与奖励的关系。人总是希望取得成绩后能得到奖励，这种奖励是广义的，既包括提高工资、多发奖金等物质方面的，也包括表扬、自我成就感、得到同事或领导认可和信赖等。如果他认为取得绩效后能够获得合理的奖励，就有可能产生工作热情，否则就没有积极性。

(3) 奖励与满足个人需要的关系。人总希望自己所获得的奖励能满足自己某方面的需要。然而，由于人们在年龄、性别、资历、社会地位和经济条件等方面都存在着差异，他们对各种需要要求得到满足的程度不同。因而对于不同的人，采用同一种奖励办法能满足的需要程度不同，能激发出来的工作动力也不同。

（四）公平理论

公平理论是美国的斯达西·亚当斯在20世纪60年代提出的。亚当斯通过大量的研究发现：组织成员对自己是否受到公平合理的待遇十分敏感。组织成员首先思考自己收入与付出的比率，然后将自己的收入-付出比与其他人的收入-付出比进行比较，如果组织成员

感觉到自己的比率与他人的相同，则为处于公平状态；如果感到两者的比率不相同，则产生不公平感，也就是说，他们会认为自己的收入过低或过高。

组织成员的工作积极性不仅受到其所得报酬的绝对值的影响，更受到相对值的影响。相对值来源于横向比较与纵向比较。横向比较是将自己的付出和所得的报酬，与一个和自己条件相当的人的付出和所得的报酬进行比较，从而对此作出相应的反应。纵向比较是指个人对工作的付出和所得与过去进行比较时的比值。比较的结果有三种可能：

(1) 感到报酬公平。当组织成员经过比较感到相对值相等时，其心态就容易平衡。有时尽管他人的结果超过了自己的结果，但只要对方的投入更大，就不会有太大的不满。他会认为激励措施基本公平，积极性和努力程度可能会保持不变。

(2) 感到报酬不足。在比较中，当组织成员发现自己的报酬相对低了，就会感到不公平，他们就会设法去消除不公，并有可能采取以下的措施来求得平衡：一是曲解自己或他人的付出或所得；二是采取某种行为使得他人的付出或所得发生改变；三是采取某种行为改变自己的付出或所得；四是选择另外一个参照对象进行比较；五是辞去工作。组织成员感到不公平时，工作的积极性往往会下降。

(3) 感到报酬多了。当组织成员感到自己相对于他人而言，报酬高于合理水平时，多数人认为不是什么大问题，他们可能会认为这是自己的能力和经验有了提高的结果。但有关研究也证明，处于这种不公平的情况下，工作积极性不会有多大程度的提高，而有些人也会有意识地减少这种不公，例如，通过付出更多的努力来增加自己的投入、有意无意曲解原先的比率、设法使他人减少投入或增加产出。

公平理论表明公平与否是源于个人的感觉。人们在心理上通常会低估他人的工作成绩，高估别人的得益，由于感觉上的错误，就会产生心理不平衡。这种心态对组织和个人都很不利。所以管理人员应有敏锐的洞察力来体察组织成员的心情，如确有不公，则应尽快解决，如是个人主观的认识偏差，也有必要进行说明解释，做好思想工作。

(五) 强化理论

强化理论是由美国心理学家斯金纳首先提出的。该理论认为人的行为是其后果的函数，如果这种后果对他有利，则这种行为就会重复出现；若对他不利，则这种行为就会减弱直至消失。因此管理要采取各种强化方式，以使组织成员的行为符合组织目标。

根据强化的性质和目的，强化可以分为四类：

▶ 1. 正强化

正强化是一种增强行为的方法，指用某种具有吸引力的结果，对某一行为进行鼓励和肯定，使其重视和加强，从而有利于组织目标的实现。例如，看到组织成员工作表现出色领导立即加以表扬，实际上就是对行为进行了正强化。在管理中，正强化表现为奖酬，如认可、赞赏、增加工资、职位提升、高奖金、提高满意的工作条件等。为了使强化达到预期的效果，还必须注意实施不同的强化方式。正强化方式主要有连续的、固定的正强化和间断的、不固定的正强化两种。前者是指对每一次符合组织目标的行为都给予强化，或每隔一固定时间就给予一定数量的强化。尽管这种强化有及时刺激、立竿见影的效果，但久而久之，人们就会对这种正强化有越来越高的期望，或者认为这种正强化是理所应当的。组织的管理者有时不得不经常加强这种正强化，否则其作用会减弱甚至不再起到刺激行为的作用。后者是指管理者根据组织的需要和个人行为在工作中的反映，不定期、不定量实施强化，使每次强化都能起到较大的效果。实践证明，后一种正强化更有利于组织目标的实现。

▶ 2. 负强化

负强化也是一种增强行为的方法，是指预先告知某种不符合要求的行为或不良绩效可能引起的不愉快的后果，使组织成员的行为符合要求，从而保证组织目标的实现不受干扰。负强化包含有减少奖酬或罚款、批评、降级等。让组织成员知道做了不符合规定的事会受到批评或惩罚，如能够避免或改正，则不会受到惩罚，以此来引导，强化组织成员的行为，使之转向符合组织的要求。例如，组织成员知道随意迟到、缺勤会受到处罚，不缺勤、按时上班则不会受到处罚，于是组织成员会避免迟到、缺勤，学会按要求行事。实际上，不进行正强化也是一种负强化。比如，过去对某种行为进行正强化，现在组织不再需要这种行为，但基于这种行为并不妨碍组织目标的实现，这时就可以取消正强化，使行为减少或不再重复出现。实施负强化的方式与正强化有所差异，应以连续负强化为主，即对每一次不符合组织的行为都应及时予以负强化，消除人们的侥幸心理，减少直至消除这种行为重复出现的可能性。

▶ 3. 惩罚

惩罚是指用某种令人不快的结果，来减弱某种行为。如当有组织成员工作不认真、不负责任，经常出差错，或影响他人工作，管理者就可以用批评、纪律处分、罚款等措施，以制止该行为的再次发生。但是，惩罚也会有副作用，如会激起组织成员的愤怒、敌意等。因此，管理者们最好尽可能用其他强化手段。

▶ 4. 自然消退

自然消退是指通过不提供个人所期望的结果来减弱一个人的行为。自然消退有两种方式，一是对某种行为不予理睬，以表示对该行为的轻视或某种程度上的否定使其自然消退；另一种是指原来用正强化手段鼓励的有利行为由于疏忽或情况发生变化，不再给予正强化，使其逐渐消失。研究表明，一种行为如果长期得不到正强化，就会逐渐消失。如组织成员由于某种原因使工作出现小的差错，上级管理者不予追究，而是给机会使该组织成员及时自觉改正。

（六）挫折理论

挫折理论专门研究人们遇到挫折后会有一些什么行为反应，管理人员应如何针对组织成员的挫折采取相应措施以及如何引导组织成员走出挫折的阴影，积极努力地对待工作。挫折是指人们从事有目的的活动，在环境中遇到障碍和干扰，使需要和动机不能获得满足时的情绪，它是一种普遍存在的社会心理现象。这不仅是因为客观事物是纷繁复杂、不断变化的，人们对其的认识要有一个不断深化的过程，而且达到目标也要有一个积蓄力量、创造条件的过程，所以在这个过程中遇到一些障碍和干扰是难免的。某一目标能否实现，某一需要和动机能否得到满足，既取决于这种目标、需要和动机是否具备实现的客观和环境，也取决于人们的主观认识是否与客观事物相吻合的程度。所以，挫折是客观存在的。

引起挫折的原因是多种多样的，人们受挫的程度也各不相同，但总地来说，挫折不外乎是由主观因素和客观因素造成的。由主观因素引起的挫折叫作个人起因的挫折，例如，由于个人体力和智力的限制，不能达到目标；或由于个人健康状况不佳及生理上的缺陷，不能胜任某种工作；或经验不足、智力水平较差，在工作中遭到失败等。由客观因素引起的挫折叫作环境起因的挫折，这是由于外界事物或情况阻碍人们达到目标而产生挫折。历史发展的不平衡、社会变革的影响、新生事物发展的不完善、不良的社会风气、不良的小环境(如人们之间的关系紧张、工作岗位不能使人充分发挥才能、教育方法不当、管理方式不妥等)、偶然事件的发生等，都可能成为挫折的原因。许多研究表明，受挫的大小与个体的动机密切相关，当重要动机受挫时，感受到的挫折就大，打击也大。由于心理发展层次的不同，认识方法的差异，抱负水准的高低等原因，不同个体会具有不同的重要动机，因而，挫折的感受因人而异。一般来说，一个人遭受挫折后，在生理上、心理上均会产生种种反应，而反应的强烈程度和方式则往往根据受挫的性质、强度及个体自身当时的情况而异。一个人的行为受挫后，目标不能达成，动机无法兑现，需要得不到满足，在个体和环境之间便产生了冲突，导致内心的紧张、心理上的不安，乃至陷入痛苦之中。此时，个体会自觉不自觉地采取一种防卫性的对抗行为，以适应行为受挫后的新情况。行为受挫后所产生的防卫行为，其效果可能是积极的、建设性的、也可能是消极的、破坏性的。所以说，挫折既是坏事，也是好事。它一方面使人失望、痛苦、消极、颓废，甚至一蹶不振，也会引起粗暴的消极对抗行为，导致矛盾激化；还可能使某些意志薄弱者因此失去生活的希望等。另一方面，挫折又可能给人以教益，使人变得聪明起来，使犯错误的人猛醒，认识错误、接受教训、改弦更张，它还可以磨砺人的意志，使之更加成熟、坚强，它还能激发人的斗志，从逆境中奋起。

挫折理论之所以能归结于激励范畴，就是因为成功与挫折是个体行为的两种可能结果。目标达成了，要加以积极引导从而保持激励的效果；遭受挫折了，同样要积极引导，保护积极性，使之不产生消极的对抗性的行为。为消除行为受挫可能带来的消极影响，国外常见的做法有：及时了解、排除形成挫折的根源；提高组织成员挫折忍受力；采用精神发泄疗法等。

二、激励的原则与方法

(一)激励原则

激励是一门学问，科学地运用激励理论，可以有效地激发组织成员的潜力，使组织目标和个人目标在实现中达到统一，进而提高组织的经营效率。正确地激励应遵循以下原则：

▶ 1. 组织目标与个人目标相结合的原则

在激励中设置目标是一个关键环节。目标设置必须以体现组织目标为要求，否则激励将偏离组织目标的实现方向。目标设置还必须能满足组织成员个人的需要，否则无法提高组织成员的目标效价，达不到满意的激励强度。只有将组织目标与个人目标结合好，才能收到良好的激励效果。

▶ 2. 物质激励与精神激励相结合的原则

组织成员存在物质需要和精神需要，相应的激励方式也应该是物质与精神激励相结合。随着生产力水平和人员素质的提高，应该把重心转移到满足较高层次需要即社交、自尊、自我实现需要的精神激励上去，但也要兼顾好物质激励。物质激励是基础，精神激励是根本，在两者结合的基础上，逐步过渡到以精神激励为主。

▶ 3. 外在激励与内在激励相结合的原则

凡是满足组织成员对工资、福利、安全环境、人际关系等方面需要的激励，叫作外在激励；满足组织成员自尊、成就、晋升等方面需要的激励，叫内在激励。实践中，往往是内在激励使组织成员从工作本身取得了很大的满足感，如工作中充满了兴趣、挑战性、新鲜感；工作本身具有重大意义；工作中发挥了个人潜力、实现了个人价值等，对组织成员的激励最大。所以要注意内在激励具有的重要意义。

▶ 4. 正强化与负强化相结合的原则

在管理中，正强化与负强化都是必要而有效的，通过树立正面的榜样和反面的典型，扶正祛邪，形成一种良好的风气。产生无形的压力，使整个群体和组织行为更积极、更富有生气。但鉴于负强化具有一定的消极作用，容易产生挫折心理和挫折行为，因此，管理人员在激励时应把正强化和负强化巧妙地结合起来，以正强化为主，负强化为辅。

▶ 5. 按需激励的原则

激励的起点是满足组织成员的需要，但组织成员的需要存在着个体的差异性和动态性，因人而异，因时而异，并且只有满足最迫切需要的措施，其效价才高，激励强度才大。因此，对组织成员进行激励时不能过分依赖经验及惯例。激励不存在一劳永逸的解决方法，必须用动态的眼光看问题，深入调查研究，不断了解组织成员变化了的需要，有针对性地采取激励措施。

▶ 6. 客观公正的原则

在激励中，如果出现奖不当奖、罚不当罚的现象，就不可能收到真正意义上的激励效果，反而还会产生消极作用，造成不良的后果。因此，在进行激励时，一定要认真、客观、科学地对组织成员进行业绩考核，做到奖罚分明，不论亲疏，一视同仁，使得受奖者心安理得，受罚者心服口服。

(二) 激励方法

▶ 1. 物质利益激励法

物质利益激励法就是以物质利益(如工资、奖金、福利、晋级和各种实物等)为诱因对组织成员进行激励的方法。最常见的物质利益激励有奖励激励和惩罚激励两种方法。奖励激励是指组织以奖励作为诱因，驱使组织成员采取最有效、最合理的行为。物质奖励激励通常是从正面对组织成员引导。组织首先根据组织工作的需要，规定组织成员的行为，如果符合一定的行为规范，组织成员可以获得一定的奖励。组织成员对奖励追求的欲望，促使他的行为必须符合行为规范，同时给组织带来有益的活动成果。物质惩罚激励，是指组织利用惩罚手段，诱导组织成员采取符合组织需要的行动的一种激励。在惩罚激励中，组织要制定一系列的组织成员行为规范，并规定逾越了行为规范的不同的惩罚标准。物质惩罚手段包括扣发工资、奖金、罚款、赔偿等。人们避免惩罚的需求和愿望促使其行为符合特定的规范。

实施物质激励要注意保持组织成员的公平感，充分体现“多劳多得，少劳少得”的分配原则。虽然这种激励是直接满足组织成员的低级需要的，但也能间接地满足组织成员的高级需要，因为物质利益可以看作是自己受到尊重，或自己的成就为组织所赏识的标志。

▶ 2. 目标激励方法

管理中常说的目标管理，不仅是一种管理活动，也是一种有效的目标激励方法。所谓目标激励方法就是给组织成员确定一定的目标，以目标为诱因驱使组织成员去努力工作，以实现自己的目标。任何组织的发展都需要有自己的目标，任何个人在自己需要的驱使下也会具有个人目标。目标激励必须以组织的目标为基础，要求把组织的目标与组织成员的个人目标结合起来，使组织目标和组织成员目标相一致。

目标管理通过广泛的参与来制定组织目标，并将其系统地分解为每一个人的具体目标，然后用这些目标来引导和评价每个人的工作。在目标管理中目标是最重要的，组织目标是组织前进的目的地，个人目标则是个人奋斗所实现的愿望。目标管理的特点之一是把组织的目标分解为各个行动者的目标，而分解过程又充分吸收了行动者参与。按照这一特点，只要使个人的目标及奖酬与个人的需要一致起来，就提高了目标的效价。而实现目标信心的增加也就是实现目标的期望值的提高。目标管理充分发挥每个人的最大能力，实行自我控制，更容易发挥每个人的潜能和创造力，增加激励力量。

▶ 3. 榜样激励

榜样激励法是指通过组织树立的榜样使组织的目标形象化，号召组织内成员向榜样学习，从而提高激励力量和绩效的方法。

运用榜样激励法，首先要树立榜样，榜样不能人为地拔高培养，要自然形成，但不排除必要的引导。选择榜样时要注意榜样的行为确实是组织中的佼佼者，这样才能使人信服。其次，要对榜样的事迹广为宣传，使组织成员都能知晓，这就是使组织成员知道什么样的行为才能荣登榜样的地位，使学习的目标明确。还有非常重要的一环就是给榜样以明确的使人羡慕的奖酬，这些奖酬中当然包括物质奖励，但更重要的是无形的受人尊敬的奖励和待遇，这样才能提高榜样的效价，使组织成员学习榜样的动力增加。

使用榜样激励方法时还需要注意两点，一是要纠正打击榜样的歪风，否则不但没有多少人愿当榜样，也没有多少人敢于向榜样学习。二是不要搞榜样终身制，因为榜样的终身制会压制其他想成为榜样的人，并且使榜样的行为过于单调，有些事迹多次重复之后可能不再具有激励作用，而原榜样又没有新的更能激励他人的事迹，就应该物色新的榜样。

▶ 4. 内在激励法

日本著名企业家道山嘉宽在回答“工作的报酬是什么”时指出：“工作的报酬就是工作本身!”，这句话深刻地指出了内在激励的重要性。尤其在今天，当组织解决了组织成员基本的温饱问题之后，组织成员就更加关注工作本身是否具有乐趣和吸引力，在工作中是否会感受到生活的意义；工作是否具有挑战性和创新性；工作内容是否丰富多彩，引人入胜；在工作中能否取得成就，获得自尊，实现价值，等等。要满足组织成员的这些深层次需要，就必须加强内在激励。

▶ 5. 形象与荣誉激励法

一个人通过视觉感受到的信息，占全部信息量的80%，因此，充分利用视觉形象的作用，激发组织成员的荣誉感、成就感、自豪感，也是一种行之有效的激励方法。常用的方法是照片、资料张榜公布，借以表彰组织中的标兵、模范。有条件的组织还可以通过闭路电视系统传播组织的相关信息，宣传组织内部涌现的新人、新事、优秀员工、劳动模范、技术能手、爱厂标兵、模范家庭等。这样可以达到内容丰富、形式多样、喜闻乐见的效果。

▶ 6. 信任关怀激励法

信任关怀激励法是指组织的管理者充分信任组织成员的能力和忠诚，放手、放权，并在下属遇到困难时，给予帮助、关怀的一种激励方法。这种激励方法没有什么固定的程序，总的思路是为下属创造一个宽松的工作环境，给组织成员以充分的信任，使其充分发挥自己的聪明才智；时时关心组织成员疾苦，了解组织成员的具体困难，并帮助其解决，使其产生很强的归属感。

▶ 7. 兴趣激励法

兴趣对人的工作态度、钻研程度、创新精神的影响是巨大的，往往与求知、求美、自我实现密切联系。在管理中只要能重视组织成员的兴趣因素，就能实现预期的精神激励效果。国内外都有一些组织允许甚至鼓励组织成员在组织内部双向选择，合理流动，包括组织成员找到自己最感兴趣的工作。兴趣可以导致专注，甚至于入迷，而这正是组织成员获得突出成就的重要动力。

业余文化活动是组织成员兴趣得以施展的另一个舞台。许多组织形成了摄影、戏曲、舞蹈、书画、体育等兴趣小组，使组织成员的业余爱好得到满足，增进了组织成员之间的感情交流，感受到组织的温暖和生活的丰富多彩，大大增强了组织成员的归属感，满足了社交的需要，有效地提高了组织的凝聚力。

教学互动

案例分析：为了激励业务员更好地完成销售目标，销售部主管发布了这样一项奖励措施：年终销售业绩前两名，奖励九寨沟双飞旅游一次。这项激励政策在小张、小李和老王三个人身上就产生了不同的反应(假定小张、小李、老王都相信主管会兑现诺言)。

小张刚刚大学毕业一年多，别说九寨沟，就是出远门的机会都很少，而且更没有坐过飞机。

小李是一位工作了将近五年的业务员，全国各地他跑了不少地方，飞机也坐过了，可是九寨沟却一直没有去过，九寨沟风景美丽他早就知道，也想着什么时候有机会去游览一番。

老王是一位老业务员，是三位中资历最老，也是业绩最出色的一个业务员，全国各地几乎没有他没有去过的地方，九寨沟他已经去过两次，而且，他老婆刚刚动了一次大手术，并因此欠了不少债，人们都知道老王现在最缺的是钞票。

思考：这项激励政策对小张、小李、老王谁最有效？为什么？

第三节 沟通概述

一、沟通及其过程

1. 沟通的基本概念

管理过程中每一件事都包含着沟通的任务(注意：不是一些事情，而是每一件事)。管理者没有信息就不可能作出决策，而一旦作出决策，没有沟通就不可能实现目标。因此管理者和组织成员都要从各自的角度认识沟通的重要性，掌握沟通的有效方法，否则就会陷入无穷的问题与困境之中。

沟通是指信息从发送者到接受者的传递和理解的过程。首先，沟通包含着意义的传递。如果信息或想法没有被传送到，则意味着沟通没有发生。也就是说，说话者没有听众或写作者没有读者都不能构成沟通。其次，要使沟通成功，信息不仅需要被传递，还要被理解。比如，我收到一封来自美国的英文信件，但我本人对英语一窍不通，那么不经翻译我就不能看懂，也就无法称之为沟通。

所以根据上述定义，沟通有以下三个方面的含义：

(1) 沟通是双方的行为，必须有信息的发送者和接送者。其中，双方既可以是个人，也可以是群体或组织。

(2) 沟通是一个传递和理解的过程。如果信息没有被传递到对方，则意味着沟通没有发生。而信息在被传递之后还应该被理解，一般来说，信息经过传递之后，接受者感知到的信息与发送者发出的信息完全一致时，才是一个有效的沟通过程。

(3) 要有信息内容，并且这种信息内容不像有形物品一样由发送者直接传递给接受者。在沟通过程中，信息的传递是通过一些符号来实现的，例如语言、身体动作和表情等，这些符号经过传递，往往都附加了传送者和接受者一定的态度、思想和情感。

良好的沟通常常被错误地理解为沟通双方达成协议，而不是准确理解信息的意义。如果有人与我们意见不同，不少人认为此人没有完全领会我们的看法，换句话说，很多人认为良好的沟通是使别人接受我们的观点。但事实上，我可以很明白你的意思却不同意你的看法。当一场争论持续了相当长的时间，旁观者往往断言这是由于缺乏沟通导致的，然而，调查表明，恰恰此时正进行着大量有效的沟通，他们中的每一个人都充分理解了对方的观点和见解。存在的问题是人们把有效的沟通与意见一致混为一谈了。

▶ 2. 沟通的重要性

沟通不仅与人们的日常生活密切相关，它在管理的各个方面也得到了广泛的运用。良好的管理沟通首先表现在它与管理者的工作密切相关，并随着管理层次的递增，管理者用于沟通上的时间也就越多。一项研究表明，一个基层管理人员工作时间的20%～50%用于语言沟通，而中、高层管理人员工作时间的66%～87%用于面对面和电话形式的沟通。沟通体现在不同的管理职能方面，如计划的制订与安排、部门之间的协调、人与人之间的交往、领导者与下属的联络、控制中的纠偏矫正工作、组织间的交流等。

一般来说，沟通的重要性体现在以下几个方面：

(1) 沟通是实现组织目标的重要手段。组织中的个体、群体为了实现一定的目标，在完成各种具体工作的时候都需要相互交流，统一思想，自觉地协调。信息沟通使组织成员团结起来，把抽象的组织目标转化为组织中每个成员的具体行动。没有沟通，一个群体的活动就无法进行，特别是管理者通过与下属的沟通使组织成员了解和明确自己的工作任务，以保证目标的实现。

(2) 沟通使管理决策更加合理有效。对信息的收集、处理、传递和使用是科学决策的前提。在决策过程中利用信息传递的规律，选择一定的信息传播方式，可以避免延误决策时间而导致的失败。管理人员通过一定的方式推行决策方案，赢得上级的支持和下级的合作，没有有效的沟通是不会达到这一目标的。

(3) 沟通成为组织中各个部门、各成员之间密切配合与协调的重要途径。由于现代组织是建立在职能分工基础上的，不同职能部门之间“隔行如隔山”，难以相互了解和协作配合。通过有效的沟通，可以使组织内部分工合作更为协调一致，保证整个组织体系的统一指挥、统一行动，实现高效率的管理。

(4) 沟通是管理人员激励下属，影响和改变别人的态度和行为，实现领导职能的基本途径。沟通不仅能增进组织成员彼此间的了解，促进彼此之间的合作，改善人与人之间的关系，也是最大限度地调动组织成员积极性的一种方式，管理者与组织成员的定期沟通会提高组织成员的满意度，从而提高工作效果，降低组织的缺勤率和流动率。

(5) 沟通也是组织与外部环境之间建立联系的桥梁。一个组织的外部环境处于不断变化之中，为了生存就必须适应这种变化。例如，某汽车制造销售公司必然要和顾客、政府、公众、原材料供应商、竞争者等发生各种各样的关系，它必须按照顾客的要求调整产品结构，遵守政府的法规法令，担负自己应尽的责任，获得适用、廉价的原材料，并且在激烈的竞争中取得一席之地，这就迫使企业不得不和外部环境进行有效的沟通。不同规模和不同类型的组织沟通联络的着重点也有所不同，例如，一个规模很小的企业里，沟通的重点应是对外的，小企业的主管们需要从外部获得信息，以便决定自己的产品和服务。

3. 沟通的过程

沟通是信息从发送者到接受者的传递和理解的过程。沟通过程中，有一位发送者，他制作信息，传递给接受者。接受者收到信息后，立即将信息加以破解，然后再采取行动，如果他的行动符合信息发送者的原意，就可以说沟通成功了。沟通的过程如图 6-3 所示。

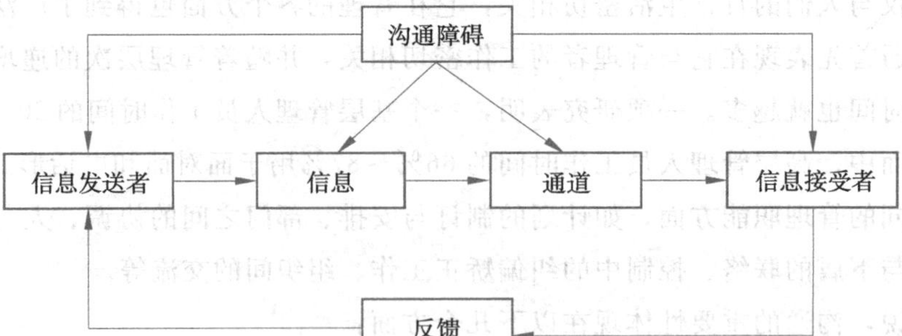

图 6-3 沟通过程

需要指出的是，反馈是接受者将对信息的了解、接受和执行情况返回给发送者，使发送者发现信息是否被接受和执行。

沟通应包括以下要素：

(1) 发送者需要向接受者传送信息。这里所说的信息范围很广，包括想法、观点、资料等。

(2) 发送者需将信息做成接受者能够理解的一系列符号。为了有效的沟通，这些符号必须能够符合适当的媒体，例如，如果媒体是书面报告，符号的形式应选择文字、图表或照片。

(3) 将上述符号传递给接受者。由于选择的符号种类不同，传递的方式也不同。传递的方式可以是书面的，也可以是口头的，甚至还可以通过形体动作来表示。

(4) 接受者接受这些信息。接受者根据这些符号传递的方式，选择相应的接受方式。

(5) 接受者破译、理解信息的内容。但由于接受者接受和破译水平的差异，信息的内容和含义经常被曲解。

(6) 接受者执行理解后的信息内容。

(7) 通过反馈完成双向沟通，从而了解信息是否被准确无误的接受。

二、沟通的类别

(一) 按照方法划分

按照方法划分，沟通可分为口头沟通、书面沟通、非语言沟通、电子媒介沟通等，这是组织中使用最普遍的沟通方式，它们之间的比较如表 6-2 所示。

表 6-2 沟通方式比较

沟通方式	举 例	优 点	缺 点
口头沟通	交谈、讲座、讨论会、电话	快速传递、快速反馈、信息量很大	传递中经过层次越多信息失真越严重，核实越困难
书面沟通	报告、备忘录、信件、文件、内部期刊、布告	持久、有形、可以核实	效率低，缺乏反馈
非语言沟通	声、光信号、体态、语调	信息意义明确、内涵丰富、含义隐含灵活	传递距离有限、界限模糊，只能意会，不可言传
电子媒介沟通	传真机、闭路电视、互联网、电子邮件	快速传递、信息容量大、一份信息可以同时传递给多人、廉价	信息交流对技术、网络依赖较强

▶ 1. 口头沟通

人们之间最常见的交流方式是交谈，也就是口头沟通。常见的口头沟通包括演说、正式的一对一讨论或小组讨论、非正式的讨论，以及传闻或小道消息的传播。口头沟通的优点是快速传递和快速反馈。在这种方式下，信息可以在最短的时间里被传送，并在最短的时间里得到对方的回复。如果接受者对信息有所疑问，迅速的反馈可以使发送者及时检查其中不够明确的地方并进行改正。但是，当信息经过多人传送时，口头沟通的主要缺点便会暴露出来。在此过程中卷入的人越多，信息失真的潜在可能性就越大。每个人都以自己的方式解释信息，当信息到达终点时，其内容常常与最初大相径庭。如果组织中的重要决策通过口头方式在权力金字塔中上下传递，则信息失真的可能性相当大。

▶ 2. 书面沟通

书面沟通包括备忘录、信件、组织内发行的期刊、布告栏及其他任何传递书面文字或符号的手段。为什么信息的发送者会选用书面沟通？因为它持久、有形、可以核实。一般情况下，发送者与接受者双方都拥有沟通记录，沟通的信息可以无限期地保存下去。如果对信息的内容有所疑问，过后的查询是完全可能的。对于复杂或长期的沟通来说，这尤其重要。例如，一个新产品的市场推广计划可能需要好几个月的大量工作，以书面的形式记录下来，可以使计划的构思者在整个计划的实施过程中有一个参考。所以书面沟通比口头沟通显得更为周密、逻辑性强、条理清楚。但是，书面沟通也有自己的缺陷，比如耗时，同是一个小时的测验，学生们通过口试向老师传递的信息远比笔试来得多。事实上，花费一个小时写出来的东西，往往只需 15 分钟左右就能说完。书面沟通的另一个主要缺点是缺乏反馈。口头沟通能使接受者对其所听到的东西提出自己的看法，而书面沟通则不具备这种内在的反馈机制。其结果是无法确保所发出的信息能被接收到，即使被接收到，也无法保证接受者对信息的解释正好是发送者的本意。

▶ 3. 非语言沟通

一些沟通既非口头形式也非书面形式，而是通过非文字的信息加以传递的。比如上课时，学生们无精打采或在做其他事情，传达给老师的信息是学生们已经开始厌倦了；同样，当大家纷纷把笔记本合上时，则意味着该下课了。还有如一个人的办公室和办公桌的大小，一个人的穿衣打扮等都向别人传递着某种信息。非语言沟通中最常见的是体态语言和语调。体态语言包括手势、面部表情和其他的身体动作，比如，一副怒吼咆哮的面孔所表达的信息显然与微笑不同，手部动作、面部表情及其他姿态能够传达的信息意义有攻击、恐惧、腼腆、傲慢、愉快、愤怒等。语调指的是个体对词汇或短语的强调。我们可以从下面的例子中体会语调对信息的影响，假设一名学生问老师一个问题，老师听完后，反问了一句："你这是什么意思？"发问的语调不同，学生的理解和反应也不一样。轻柔、平稳的语调和刺耳尖利、重音放在最后一词所产生的意义完全不同。一般人们会认为第一种语调表明某人在寻求更清楚的解释，第二种语调则表明了这个人的攻击性或防卫性。

▶ 4. 电子媒介沟通

我们现在依赖各种各样复杂的电子媒介来传递信息。除了常见的媒介（如电话电报、邮政等）之外，我们还拥有互联网、闭路电视、计算机、复印机、传真机等一系列电子设备，将这些设备与言语和纸张结合起来就产生了更有效的沟通方式，其中发展最快的应该是互联网了。人们可以通过计算机网络快速传递书面及口头信息，如通过电子邮件可迅速、廉价，且同时将一份信息传递给若干人。

（二）按照组织系统划分

按照组织系统划分，沟通可分为正式沟通和非正式沟通。

▶ 1. 正式沟通

正式沟通是通过组织明文规定的渠道所进行的信息传递与交流。正式沟通畅通无阻，组织的生产经营活动及管理活动才会井然有序，反之，整个组织将陷入紊乱甚至瘫痪状态，因此，正式沟通渠道必须灵敏而高效。正式沟通的优点是正规、权威性强、沟通效果好，参与沟通的人员普遍具有较强的责任心和义务感，从而易保持所沟通的信息的准确性及保密性。管理系统的信息都应采用这种沟通方式。其缺点是对组织机构依赖性较强而造成速度迟缓，沟通形式刻板，如果组织管理层次多，沟通渠道长，容易形成信息损失。

▶ 2. 非正式沟通

非正式沟通是指在正式沟通渠道以外信息的自由传递与交流。这类沟通主要是通过个人之间的接触来进行的，非正式沟通不受组织监督，是由组织成员自行选择途径进行的，比较灵活方便。组织成员中的人情交流、生日聚会、工会组织的文娱活动、走访、议论某人某事、传播小道消息等都属于非正式沟通。非正式沟通中往往能表露人们的真实想法和动机，还能提供组织没有预料的或难以获得的信息。与正式沟通相比，非正式沟通有以下特点：

(1) 信息交流速度较快。由于这些信息与组织成员的利益相关或者是他们比较感兴趣的问题，再加上没有正式沟通的那种程序，信息传播速度大大加快。

(2) 非正式沟通的信息比较准确。据国外研究表明，它的准确率可高达95%。一般来说，非正式沟通中信息的失真主要来源于形式上的不完整，而不是提供无中生有的谣言。人们常把非正式沟通与谣言混为一谈，这是缺乏根据的。

(3) 可以满足组织成员的需要。由于非正式沟通不是基于管理者的权威，而是出于组织成员的愿望和需要，因此，这种沟通常常是积极的、卓有成效的，并且可以满足组织成员们的安全需要、社交需要和尊重需要。

(4) 沟通效率较高。非正式沟通一般是有选择地、针对个人的兴趣传播信息，正式沟通则常常将信息传递给本人不需要它们的人。

(5) 非正式沟通有一定的片面性。非正式沟通中的信息常常被夸大、曲解，因而需要慎重对待。

(三) 按照信息传递的方向划分

按照信息传递的方向划分，沟通可分为下行、上行、平行和斜向沟通。

▶ 1. 下行沟通

下行沟通是指信息自上而下的沟通。如上级把组织的战略有目标、管理制度、政策、工作命令、有关决定、工作程序及要求等传递给下级。下行沟通顺畅可以帮助下级明确工作任务、目标及要求，增强其责任感和归属感，协调组织各层次的活动，增强上下级之间的联系等。但在逐层向下传达信息时应注意防止信息误解、歪曲和损失，以保持信息的准确性和完整性。

▶ 2. 上行沟通

上行沟通是指自下而上点面结合的沟通。如下级向上级反映意见、汇报工作情况、提出意见和要求等。上行沟通是管理者了解下属和组织成员意见及想法的重要途径。上行沟通畅通无阻，各层次管理人员才能及时了解工作进展的真实情况，了解组织成员的需要和要求，体察组织成员的不满和怨言，了解工作中存在的问题，从而有针对性地作出相应的决策。上行沟通中应防止信息层层“过滤”，尽量保证真实性和准确性。

▶ 3. 平行沟通

平行沟通是指组织内部平行机构之间或同一层级人员之间的信息交流。如组织内部各职能部门之间、车间之间、班组之间、组织成员之间的信息交流。平行沟通是加强各部门之间的联系、了解、协作与团结，减少各部门之间的矛盾和冲突，改善人际关系和群际关系的重要手段。

▶ 4. 斜向沟通

斜向沟通是指处于不同层次的、没有直接隶属关系的成员之间的沟通。这种沟通方式有利于加速信息的流动，促进理解，并为实现组织的目标而协调各方面的努力。

管理中四种沟通缺一不可。纵向的上行、下行沟通应尽量缩短沟通渠道，以保证信息传递的快速与准确；横向的平行沟通应尽量做到广泛和及时，以保证协调一致和人际和谐。同时，为加速信息流动可灵活运用斜向沟通。

（四）按照是否进行反馈划分

按照是否进行反馈划分，沟通可分为单向沟通和双向沟通。

▶ 1. 单向沟通

单向沟通是指在沟通过程中，信息发送者与接受者之间的地位不变，一方主动发送信息，另一方主动接受信息，如广播电视信息、报告、演讲、发布指示、下命令等。这种沟通方式速度快，发送者不受接受者的挑战，能保持、维护尊严。因此，当遇到工作性质简单又急需完成或遇到紧急情况不需要或根本不允许商讨时，采用单向沟通方式效果较好。但由于接受者对信息内容的理解没有机会表达，单向沟通有时准确性较差。另外，单向沟通缺乏民主性，容易使接受方产生抵触情绪，心理效果较差。

▶ 2. 双向沟通

双向沟通是指在沟通过程中，发送者和接受者的地位不断变化，信息在双方间反复流动，直到双方对信息有了共同理解为止，如讨论、谈话、协商、谈判等。其优点是沟通信息的准确性高，接受者有反馈意见的机会，双方可以反复交流磋商，增进彼此的了解，加深感情，建立良好的人际关系。缺点是沟通过程中，接受者有时要反馈意见使沟通受到干扰，影响信息的传递速度。此外，由于要时常面对接受者的提问，发送者会感受到心理压力。

教学互动

选择题

关于非正式沟通的如下说法中正确的是（　　）。

A. 非正式沟通必须具备发送者和接受者这两个要素，所传递的内容无关紧要

B. 非正式沟通必须同时具备发送者、接受者和所传递的内容三个要素

C. 非正式沟通的流向是自上而下的

D. 非正式沟通的流向是自下而上的

第四节　沟通障碍及其改善

一、沟通障碍

在人们沟通信息的过程中，常常会受到各种因素的影响和干扰，使沟通受到阻碍。沟

通障碍主要来自三个方面：发送者的障碍、接受者的障碍和信息传播通道的障碍。

1. 发送者的障碍

在沟通过程中，信息发送者的情绪、倾向、个人感受、表达能力、判断力等都会影响信息的完整传递。障碍主要表现在：

(1) 表达能力不佳。发送信息方如果口齿不清、词不达意或者字体模糊，就难以把信息完整地、准确地表达出来。如果使用方言、土语，则会使接受者无法理解。在不同国籍、不同民族人员之间的交流中，这种障碍更加明显。

(2) 信息传送不全。发送者有时人为缩简信息，使信息变得模糊不全。

(3) 信息传递不及时或不适时。信息传递过早或过晚都会影响沟通效果。

(4) 知识经验的局限。信息发送者和接受者如果在知识和经验方面水平悬殊，发送者认为沟通的内容很简单，不考虑对方，仅按照自己的知识和经验范围进行编码，而接受者却难以理解，从而影响沟通效果。

(5) 对信息的过滤。过滤是指故意操纵信息，使信息显得对接受者更有利。如某管理人员向上级传递的信息都是对方想听到的东西，这位管理人员就是在过滤信息，过滤的程度与组织结构层次和组织文化有关。组织纵向管理层次越多，过滤的机会也就越多。组织文化则通过奖励系统鼓励或抑制这类过滤行为。如果奖励只注重形式和外表，管理人员便会有意识地按照上级的习惯品位调整和改变信息的内容，现实生活中，“报喜不报忧”就是典型的信息过滤行为。

2. 接受者的障碍

从信息接受者的角度看，影响信息沟通的因素主要有以下几个方面：

(1) 信息译码不准确。接受者如果对发送者的编码不熟悉，就有可能误解信息，甚至得到相反的理解。

(2) 对信息的筛选。受主观性的影响，接受者在接受信息时，会根据自己的知识经验去理解，按照自己的需要对信息进行选择，从而可能会使许多信息内容被丢失，造成信息的不完整甚至失真。

(3) 对信息的承受力。每个人在单位时间接受和处理信息的能力不同，对于承受能力较低的人来讲，如果信息过量，难以全部接受，就会造成信息的丢失而产生误解。

(4) 心理上的障碍。接受者对发送者不信任，敌视或冷淡、厌烦，或者心理紧张、恐惧，都会歪曲或拒绝接受信息。

(5) 过早地评价。在尚未完整地接受一项信息之前就对信息进行评价，将有碍于对信息所包含的意义的接受。价值判断就是对一项信息所给予的总的价值的估计，它是以信息的来源、可靠性或预期的意义为基础的。过于匆忙地作出评价，就会使接受者只能听到他所希望听到的那部分内容。

(6) 情绪。在接受信息时，接受者的感觉会影响到他对信息的理解。不同的情绪感受会使个体对同一信息的解释截然不同。狂喜或悲伤等极端情绪体验都可能阻碍信息沟通，因为这种情况下人们会出现意识狭隘的现象而不能进行客观地、理性地思维活动，而代之以情绪性的判断。因此，应尽量避免在情况很激动的时候进行沟通。

3. 沟通传播通道的障碍

沟通传播通道的问题也会影响到沟通的效果。沟通传播通道的障碍主要有以下几个方面：

(1) 选择沟通媒介不当。比如对于重要事情而言，口头传达效果较差，因为接受者会认为“口说无凭”“随便说说”而不加重视。

(2) 几种媒介相互冲突。当信息用几种形式传送时，如果相互之间不协调，会使接受者难以理解传递的信息内容。如领导表扬下属时面部表情很严肃甚至皱着眉头，就会让下属感到迷惑。

(3) 沟通渠道过长。组织机构庞大，内部层次多，从最高层传递信息到最低层，从低层汇总情况到最高层，中间环节太多，容易使信息损失较大。

(4) 外部干扰。信息沟通过程中经常会受到自然界各种物理噪音、机器故障的影响或被其他事物干扰所打扰，也会因双方距离太远而造成沟通不便，影响沟通效果。

4. 沟通障碍在日常管理中的表现

在日常的管理中，经常发生一些信息沟通上的障碍，这些障碍的产生都源于上述因素的影响，具体表现如下：

(1) 距离。上级与下级之间的物理距离减少了他们面对面的沟通。我们知道较少的面对面的沟通可能会导致误解或不能理解所传递的信息。物理距离还使得上级与下级之间的误解不易澄清。

(2) 曲解。当一个人分不清实际材料和自己的观点、感受、情绪的界限时，就容易发生曲解。很多时候，我们不仅在工作层面上进行交流，也在情感层面上进行沟通，但有时上级和下级都倾向于根据自己的观点、价值观念、意见和背景来解释信息，而不是对它进行客观的解释。

(3) 语义。这涉及沟通语言、文字、图像、身体语言等，因为几乎所有的信息沟通都利用符号来表达一定的含义，而符号通常有多种含义，人们必须从中选择一种，有时选错了，就会出现语义障碍。比如词语这一符号，会从词的多重含义、专业术语、词语的下意识联想等方面引起沟通障碍。

有一个笑话说，主人请客吃饭，眼看约定的时间已过，只来了几个人，不禁焦急地说：“该来的没有来”，已到的几位客人一听，扭头就走了两位。主人意识到他们误解了他的话，又难过地说：“不该走的走了”，结果剩下的客人也都气呼呼地走了。

(4) 缺乏信任。这种障碍与上下级相处的经历有关。在以往经历的基础上，如果下级觉得把坏消息报告给上级于己无益，他就会隐瞒这些消息。另一方面，如果他觉得上级能体谅并且帮助人，他就不会把坏消息或不利信息过滤掉。

(5) 不可接近性。在一些组织中会有这样的管理人员，他们经常外出，或者把自己置身于烦琐的小事，下级没有机会与他们进行商谈、讨论或得到他们的指导，这种难以接近上级的情形会导致沟通的失败，它会挫伤下级从上级那里寻求适当指导的积极性。不可接近并不一定非得是实体上的，它也可以是心理上的。由于上级采取严厉的态度，下级们要弄懂他的观点，也许并不容易。

(6) 职责不明确。当一个下级的职责不明确时，他们就会找“替罪羊”或者捏造理由。我们常常听人说：“我以为这是你要我做的”或者“我以为该由王××来做”，职责不明会导致职务和作用的含糊，这恰恰意味着下级对其所处的职位以及所履行的职责感到模糊。

(7) 个性不相容。上下级的个性不相容，常常发生冲突，并因此而产生沟通障碍。

(8) 拒绝倾听。一些管理人员或是自高自大，或是漫不经心，拒绝倾听上级或下级的意见，这种态度阻碍了有效的沟通。拒绝倾听有两种类型：源于“我知道所有事情”的优越情绪和源于“我一无是处”的自卑情结。

(9) 没有利用恰当的媒介。在组织环境下进行沟通可以利用好几种媒介，沟通的有效性依赖于管理人员如何根据自己的情况选择恰当的媒介。有些管理者以给下级发送充满行话的便条为自豪，却不顾下级缺乏阅读和理解的技巧。

(10) 沟通缺口。这里指的是沟通的正式网络中所存在的缺陷与漏洞。在一些规模较大、较复杂的组织中，这种障碍是一种普遍现象。正式沟通网络是沿着组织的权责路线而建立的。随着组织的增长和扩大，这些网络便倾向于变得大而复杂，同时又没有很多的计划工作。在这种情况下，沟通网络便开始出现了缺陷，过分依赖于正式沟通而不利用其他来源和方法，导致沟通系统产生缺口。

(11) 方向迷失。信息内容缺乏导向可能会导致沟通障碍。有些信息分两部分内容：外显的或明显的意义和潜在的或真正的含义。在有些情况下，消息的外显意义被弄得过分吸引人，从而导致真正意义的丢失。

(12) 负载过重。当人们负载的信息过度时，他们就倾向于业绩完成不佳，其绩效比接受信息不足的组织成员的绩效要低。

二、改善沟通的技术和方法

从上述的沟通障碍可以看出，只要采取适当的措施克服这些沟通的障碍，就能实现管理的有效沟通。因此，无论人际沟通、组织内的沟通、组织与组织之间的沟通，要实现有效的沟通，就必须对沟通技能和方法进行改进和开发。

(一) 有效沟通的先决条件

▶1. 有效沟通的原则

(1) 确立问题。我们说，问题的明确叙述便解决了问题的一半。在管理活动过程中，除非管理人员本身建立了清晰的观念，并认清了问题的本质，否则他将无法给人以清晰的印象，只有清楚地认识了问题，才能去收集资料，选择最佳的信息沟通方式。

(2) 征求意见。通常，在管理中所面临的问题都比较复杂，而且牵涉面较广，不是一两个人就能解决得了的，所以，在作出决策之前，管理者最好能与有关的人员磋商，征求部属的意见和建议。这种方式有三个优点：

①可借他人意见观察、验证本身意见的正确性。

②可以收集他人的想法和建议，有助于对问题进行周全的设想。

③由于下属有参与机会，可减少措施推行的阻力，赢得更大支持。

(3) 双线沟通。管理人员在传达意见时，必须考虑传达的内容、对象、方法等，同时还应该顾及许多组织上与心理上的问题。一般而言，组织内不同的层次对一个问题或一项措施的看法都会有所不同，某种本人能理解的话语，并不一定都能为其他人所理解。所以，双线意见沟通十分重要，它可以使下情有所上达，以此来缩减地位上的障碍，从而增进彼此之间信息的沟通了解。

(4) 强调激励。在一个组织中，信息(尤其是任务)的下达着重体现激励。要做到使下级不但能了解命令，而且在了解了之后又能欣然产生工作的热情。在意见交流时，管理人员的诚意与表达方式，都直接影响到沟通的效果。

2. 有效沟通的先决条件

(1) 在自上而下方面的有效沟通有以下先决条件：

① 管理者必须了解下级工作人员的工作情况、欲望及每个人的个人问题。

② 管理者应该有主动沟通的态度。一个团队的主管，应该自动地与下属分享团队内的所有消息、新闻、政策及各项工作措施，这样，才能使上下一致，培养团队合作精神。

③ 团队内须制订完备的沟通计划。任何政策措施，在付诸实施前，须将其内容传达给所有工作人员，以求共同了解，减除工作中的紧张情绪，在人事上产生和谐关系。

④ 主管人员须获得工作人员的信任。工作人员能否了解主管沟通的要义，全赖于其对主管是否信任，因为对主管的不信任，会导致对所有的事都发生疑惑，往往会曲解主管的用意，使沟通难以达到预期的效果。

(2) 在自下而上方面的有效沟通有以下先决条件：

① 主管须平等对待下属。领导和蔼可亲、平易近人，是下级向上沟通的主要因素，如果一个领导终日一副严厉的面孔，使别人不敢亲近，望而生畏，也就谈不上什么良好的沟通了。

② 经常与下级举行工作座谈会。让所有的工作人员都有发言的机会，而主管应多听，并注意综合大家的意见，绝不能趁开会的时候训话或表演自己的口才。

③ 建立建议制度。开明的主管，为力求团队的不断进步，应经常采纳工作人员的意见和建议，不论建议能否立即得到实施，凡提建议的人都应受到鼓励。主管应定期把实施情况或不能采纳的原因，婉转地向提出人解释，一方面表示管对建议的重视，另一方面感谢提建议的人，使他们内心愉快而乐于再提建议。

④ 公平而合理的制度。鼓励自下而上的沟通，最主要的是建立公平而合理的升迁、奖惩、考绩等制度。一个组织如果在这些制度上有了不公平的待遇，人们必定心灰意懒，或阳奉阴违，沟通也就不能发挥作用了。

(3) 在平行沟通与斜向沟通方面的有效沟通有以下先决条件：

采取集权制的组织，由于上级事事过问，凡事都须统一指挥，层层上传，在这种情形下，沟通必然贫乏，平行单位或人员之间，也就失去了自由处理问题的权力，从而减少协调的机会。而对于采取分权制或授权制的组织来说，其平行沟通一般则比较畅通，因为下级单位或人员有充分的自由来处理本身权责范围以内的工作，不必事事上呈，如有需要，他们可以在合作的原则下通过平行沟通尽快处理工作任务，以提高效率。因此，可以说，平行沟通的先决条件就在于主管能否适当的授权。

(二) 实现有效沟通的方法

▶ 1. 强调有效沟通的重要性

(1) 要加强组织中管理与被管理者对沟通重要性的认识。通常人们认为沟通是件非常简单的事，并不重视沟通的重要性，同时又在某种程度上对沟通存在着误解。例如，人们常常以为向对方讲述一件事后，沟通就完成了，没有考虑“语言”本身并不代表“意思”，其中还存在一个破译转化的过程。沟通虽然非常普遍，看起来非常容易，但是有效沟通却常常是一项困难和复杂的行为。

(2) 管理者和被管理者还要了解组织沟通过程的一些规律，例如，在组织中建立重视沟通的氛围，创造一个相互信任的沟通环境，不仅在各项管理职能中有效地运用沟通手段，还要重视非正式沟通中“小道消息”对组织管理的重要性等。

▶ 2. 提高人际沟通技能

信息发送者和信息接受者都要努力增强自己的人际沟通技能，提高有效沟通水平。

(1) 改进沟通态度。信息沟通不仅仅是信息符号的传递，它包含着更多的情感因素，所以在沟通过程中，沟通双方采取的态度对于沟通的效果有很大的影响。只有双方坦诚相待时，才能消除彼此间的隔阂，从而求得对方的合作。另外，在信息沟通过程中还要以积极的、开放的心态对待沟通，要愿意并且有勇气用恰当的方法展示自己的真实想法，在沟通过程中顾虑重重会导致很多误解。

(2) 提高自己的语言表达能力。语言是信息的载体，是提高沟通效率要解决的首要问题。掌握语言表达艺术的前提是通过学习和训练，使自己运用语言的能力达到熟练自如、得心应手的水平。一般规律是沟通中要与沟通对象、沟通环境、沟通内容结合起来考虑怎么使用语言，也就是说，无论是口头交谈还是采用书面交流的形式，都要力求准确地表达自己的意思。同时，还要双方相互了解对方的接受能力，根据对方的具体情况来确定自己表达的方式和用语等；选择正确的词汇、语调、标点符号；注意逻辑性和条理性，对重要的地方要加上强调性的说明；借助于体态语言来表达完整的思想和感情的沟通，加深双方的理解。

(3) 培养倾听的艺术。以前人们往往只注重说写能力的培养，忽视了听的能力的训练和培养。事实上，没有听就很难接受到有用的信息。而倾听则区别于一般的听，它是一种通过积极的听来完整地获取信息的方法，主要包括注意听、听清、理解、记忆和反馈五层内容。倾听要点如表 6-3 所示。

表 6-3 倾听要点

要	不要
表现出兴趣	争辩
全神贯注	打断
该沉默时必须沉默	从事与谈话无关的活动
选择安静的地方	过快或提前作出判断
留出适当的时间用于辩论	草率地给出结论
注意非语言暗示	让别人的情绪直接影响你
当你没听清楚时，要以疑问的方式重复	
当你发现遗漏时，直截了当地问	

① 注意听。要听得投入，全神贯注地听，不仅要用耳朵去听，还要用整个身体去听对方说话。比如，要保持与说话者的目光接触，身体微微前倾，以信任、接纳、尊重的目光让说话者把要说的意思表达清楚。同时，注意控制自己的情绪，克服心理定式，保持耐心，尽可能站在说话者的角度去听，认真地顺着说话者的思路去听。另外，自己不要多说，尽量避免中间打断别人的谈话。

② 听清。要完整地接受信息，听清全部内容，不要听到一半就心不在焉，更不能匆忙下结论。同时要营造一种轻松、安静的气氛，排除谈话时的各种噪音干扰，使得听者能努力抓住其中的关键点。

③ 理解。理解信息并能听出对方的感情色彩，这样才能完全领会说话者的真正含义。同时要准确地综合和评价所接受的信息，对一些关键点要时时加以回顾，通过重复要点或提一些问题来强化和证实你所理解的信息；对一些疑问和不清楚的问题，也要在适当的时候向对方提问，以保证信息的准确理解。另外，为了能听懂，还有借助一些辅助材料，如报告、提纲、小册子或讲义等来帮助理解。

④ 记忆。在理解对方的基础上要记住所传递的信息，可以通过将对方的话用自己的语言来重新表达，或者通过记住所说的典型事例，以及对信息加以分类和整理的方法，增进有效记忆。另外，如有必要在听的时候做些笔记，以便于事后回忆和查阅。

⑤反馈。给予说话人适当的反馈，可以使谈话更加深入和顺利。在听的时候，用点头、微笑、手势等体态语言对说话人作出积极反应，让对方感觉到你愿意听他说话，以及通过提一些说话人感兴趣的话题，可以加深双方的感情，并使得谈话更加深入。

积极主动的倾听可以给人们在沟通过程中带来以下好处：

① 倾听可以帮助你获取重要的信息。通过倾听，我们不仅可以了解到对方所传达的信息，还可以了解对方的感情，由此还可以推断出对方的性格、目的和心态。

② 倾听可以掩盖自身的弱点。“言多必失”“沉默是金”等告诉我们，在对别人所谈问

题不太了解时，多听而不说或者少说，是掩盖自身弱点的最好方法。

③ 善听才能善言。只有先听别人的意见后，才能更有效地了解别人，包括了解他谈话的目的、背景、情感和弱点等，这些都为你跟对方交谈提供了契机，不仅使对方觉得你充分考虑了他的需要和见解，还会使你的谈话更有针对性和感染力，你的建议才容易被接纳。

④ 倾听可以使你获得友谊和信任。人们大多喜欢发表自己的意见，如果你能谦虚地倾听，给他们说话的机会，他们会觉得你和蔼可亲、值得信赖。作为一名管理者，更应该倾听来自顾客、上级和下级的信息，及时有效的沟通会使他们对你更加信赖和尊重。

▶ 3. 构建合理的沟通渠道

为实现有效的组织沟通，管理者应在注重人际沟通的基础上，进一步考虑组织的行业特点和环境因素，结合正式沟通渠道和非正式沟通渠道的优缺点，通过对组织结构的调整，设计一套包含正式和非正式沟通的沟通渠道，同时缩短信息传递的链条，以便使组织的信息沟通更加迅速、及时、有效。

▶ 4. 采用恰当的沟通方式

选用恰当的沟通方式对增强组织沟通的有效性也十分重要，因为组织沟通的内容千差万别，针对不同的沟通需要，应该采取不同的沟通方式。从沟通的速度方面考虑，利用口头和非正式的沟通方法，就比书面的和正式的沟通速度快。从反馈性能来看，面对面交谈，可以获得立即的反应，而书面沟通，则有时得不到反馈。从可控性来看，在公开场合宣布某一消息，对于其沟通范围及接受对象毫无控制，反之，选择少数可以信赖的人，利用口头传达某种信息则能有效地控制信息。从接受效果来看，同样的信息，可能由于渠道的不同，被接受的效果也不同。以正式书面通知，可能使接受者十分重视，反之，在社交场合所提出的意见，却被对方认为讲过就算了，并不加以重视。因此，要根据沟通渠道的不同性质，采用不同的沟通方式，这样沟通效果才会更好。

▶ 5. 改进组织沟通的各种技术

在组织的管理中采用一些积极有效的管理技术和方法会增强组织沟通的有效性。一般有以下方法：

(1) 采取信息沟通检查制。这种方法是将信息沟通看成是实现组织目标的一种方式，而不是为了沟通而沟通，因而就可以把组织内外的信息沟通看成是一个与组织目的相关的一组沟通因素。利用这种信息沟通检查制，可以分析所设计的许多关键性管理活动中的沟通。它既可以用于出现问题之际，也可用于事前防范。

(2) 设立建议箱和查询制度。通过设立建议箱来征求组织成员意见，以此改善自下而上的沟通。查询制度是组织设立的另外一种答复组织成员所提出的关于组织方面问题的一种方法。这些问题和答复可以在组织内部刊物上登出，从而使得组织与组织成员之间有了广泛而有效的交流，促进了组织的有效沟通。

(3) 进行组织成员调查和反馈。对组织中组织成员的态度和意见进行调查，是组织的一种有用的自下而上的沟通手段。这种形式的调查使得组织成员感到他们可以自由表达他们真实的观点。而当调查结果反馈到组织成员那里时，则变成了自上而下的沟通。调查反馈使组织成员感到他们的意见已被管理者所听到和考虑，因而增强了组织与组织成员的有效沟通。

拓展与思考

一、简答题

1. 什么是激励，它的假设前提有哪些？

2. 如何认识激励过程与人的行为规律的关系？

3. 你能发现自己及周围人中存在的沟通障碍吗？列出表格并提出解决思路。

4. 列出你认为最重要的沟通技巧，并在班级中交流。

5. 在某个管理培训班的课间，有两位老总在进行交谈。

王总："刚才听老师讲激励，很受启发。"

李总："是呀，我觉得老师讲，通过给予富有挑战性的工作、满足兴趣的工作、经常树立榜样等这些方法都能对员工产生激励，很好呀。这样既能让他们多干活，又可以少花钱。何乐而不为呀。"

王总："不完全是吧。现在有几个人不跟你谈薪水呀，只要能产生激励，员工能把工作做好，多给点钱也值得，省事呀。不需要成天和他们谈成长、谈价值、谈挑战，忙都忙不过来了。"

你认为他们说得对吗？请你根据上述对话，谈谈自己的看法。

6. 相信你在学习、生活中，一定受到过来自父母、老师、同学的激励。请你描述你当时的心情和感想。

二、实践训练

请就班级中的某一项工作与老师沟通，然后进行书面总结。

三、案例分析

玫琳凯化妆品公司的人性化激励

玫琳凯化妆品公司，是一家专为女性服务的企业。它成立于1963年，当时只有9名职员，公司的启动资金只有5000美元。如今公司已经发展成为一家国际性的大企业，目前已在世界33个国家与地区设立分公司，拥有90万名美容顾问，并进入世界500强企业之列，还被评为"全美十大最提拔女性的公司"。玫琳凯化妆品公司之所以取得今天的成绩，是得益于其童话般的经营理念和完美的人性化激励体制。

玫琳凯化妆品公司的经营理念是“黄金法则”——你想要别人怎样对待你，你就要怎样对待别人，以及“乐施精神”。

有了完美的经营理念，还需要有完美的管理体制，否则这一切都将成为空想。玫琳凯化妆品公司人性化的激励制度，激励了许许多多平凡的女性，让她们变得自信而富有魅力，并拥有了一个美丽丰富的人生。

玫琳凯化妆品公司的人性化激励制度主要包括以下几个方面：

1. 公平录用

玫琳凯化妆品公司对人的重视并不等同于我们现在许多宣传“员工是我们的第一财富”的企业，玫琳凯化妆品公司首先假设每一个人都是优秀的、独一无二的，而且相信玫琳凯化妆品公司的体制将会使她们变得更有自信、更有魅力。因此，玫琳凯化妆品公司提供给所有人机会，把所有人都看成最重要的、能给公司带来价值的珍宝。

2. 公平晋升

在玫琳凯化妆品公司里，从最低端到最高端，都有无数的位置为所有只要达到公司考核指标的员工准备着。在玫琳凯化妆品公司里，每一个级别都没有名额的限制。在销售部，最高的职位是首席督导，每个员工都是平等的，就是下岗女工、退休老人，甚至是连小学文凭都没有的人，都可以做到督导，甚至是首席督导。公司并不排斥任何一个有热情的人，晋升的机会对于每个人来说都是平等的，晋升的规则都是公开、透明的。

录用与晋升的公平性，增加了员工对公司信赖感，大大地激励其工作积极性与主动性，这也为企业营造一种快乐、友好、积极进取的工作氛围，对销售业绩有着极大的正面影响。

3. 双赢体制

在玫琳凯化妆品公司里，每一名员工都有权利推荐新员工的加入，每一名新员工归属于推荐她的老员工的团队，而老员工又归属于将老员工引进的更老的员工的团队。

玫琳凯化妆品公司对于每个销售人员的考核都分两部分。一部分是看个人销售业绩，另一部分是看其所领导的团队中的小组成员的销售业绩和晋升情况，而且级别越高，对后半部分的考核就越重要。这种体制的直接结果是：每名老员工都会真诚地帮助新员工，激发每个人的激情，达到公司、员工双赢的经济效果。

4. 阶梯培训

玫琳凯化妆品公司的另外一个魅力在于它的阶梯免费培训体制，其主要目的是借助团队之间的交流和邀请“外脑”来提升员工的素质。

首先，新员工都可以接受公司关于产品基础知识和沟通技巧的培训，培训一般由优秀的中层销售干部提供，培训内容主要是基础的产品知识和销售技巧。其次，如果业绩提升，并开始有了自己的团队，新员工会得到晋升，这时员工可以享受到更高级的业务技巧和管理的培训。最后，当个人业绩和团队业绩进一步上升时，其过去的团队已经变得更加壮大，这时，公司又会有相关的培训及时跟进。有挑战的阶梯免费培训，是除了物质收入以外的激励员工的另外一个要素，特别是对于把工作更多地看成是学习机会的年轻人，是一项理想的有效激励制度。

5. 高度荣誉感

对集体、公司的荣誉感与自豪感，可以增强内部成员的凝聚力，激发员工士气，起到积极的促进作用。

6. 赞美的力量

玫琳凯化妆品公司以“赞美别人取得成功”而著名，公司内部的市场销售计划都是根据这一点来制订的。在玫琳凯化妆品公司里，每当一个新的美容顾问上任时，公司都要教会她如何去赞美别人。同样，每一位新的玫琳凯美容顾问，都会不断地受到她的督导的赞美与认可。赞美的力量是巨大而神奇的，企业给予的重视度和信任感使员工更有自信与激情，同时员工也给予公司其回报——更加积极、主动地工作，从而形成良好的工作氛围。

7. 温馨家园

在销售人员的每一个成功阶梯上都会有公司的奖励，小的奖励有自己的推荐人颁发，大的奖励由地区级、国家级管理机构，甚至在总部举行隆重的仪式进行认可。在这些典礼上，会有悠扬的音乐、热情的掌声、盛开的鲜花、别致的奖品和真诚的赞美。员工不只把公司当作工作的地方，也是大家一起生活的一个大家庭。

对于玫琳凯化妆品公司来说，P 和 L 不仅代表“利润”(Profit)和“亏损”(Loss)，同时也代表“人”(People)和“爱”(Love)。

这些细节的人情化管理，使得员工的自信心、认同感、归属感与集体荣誉感得到了升华。观念的改革给了员工不同的思想境界与工作态度，同时也更加有效地激励了企业内部的全体员工。

玫琳凯化妆品公司的人性化激励制度坚持“以人为本”，注重人与人的沟通。人与人的沟通，一方面谋求情感方面的交流，另一方面实现信息方面的沟通。玫琳凯化妆品公司这一人性化激励制度实现了人与人之间的良好沟通，增强公司与员工、员工与员工之间彼此的信任感与了解度。玫琳凯化妆品公司在注重情感激励的同时，也重视物质方面的奖励，让员工有具体化、形象化的奋斗目标，更好地激发员工的工作动力，调动员工的工作积极性。

1. 玫琳凯的销售激励制度在哪些方面符合了现代激励理论？

2. 如何看待玫玫琳凯的员工心理素质培训与员工激励管理的关系？

3. 讨论玫琳凯品牌建设对员工的激励作用。

拓展阅读

“罗森塔尔效应”实验

1960 年，哈佛大学的罗森塔尔博士在加州一所学校做过一个著名的实验。

新学期，校长对两位教师说："根据过去三四年来的教学表现，你们是本校最好的教师。为了奖励你们，今年学校特地挑选了一些最聪明的学生给你们教。记住，这些学生的智商比同龄的孩子都要高。"校长再三叮咛："要像平常一样教他们，不要让孩子或家长知道他们是被特意挑选出来的。"

这两位教师非常高兴，更加努力教学了。

我们来看一下结果：一年之后，这两个班级的学生成绩是全校中最优秀的，甚至比其他班学生的分数值高出好几倍。

知道结果后，校长不好意思地告诉这两位教师真相：他们所教的这些学生智商并不比别的学生高。这两位教师哪里会料到事情是这样的，只得庆幸是自己教得好了。

随后，校长又告诉他们另一个真相：他们两个也不是本校最好的教师，而是在教师中随机抽出来的。

正是学校对教师的期待，教师对学生的期待，才使教师和学生都产生了一种努力改变自我、完善自我的进步动力。这种企盼将美好的愿望变成现实的心理，在心理学上称为"期待效应"或"罗森塔尔效应"。该效应表明：每一个人都有可能成功，但是能不能成功，取决于周围的人能不能像对待成功人士那样爱他、期望他、教育他。

有效沟通的 7 个"C"

1. 可信赖性(Credibility)

沟通应该从彼此信任的气氛中开始。

2. 一致性(Context)

沟通的计划必须与组织的环境要求相一致。

3. 内容的可接受性(Content)

信息内容必须对接受者具有意义，与接受者原有价值观念具有同质性，与接受者所处的环境相关。

4. 表达的明确性(Clarity)

信息必须用简明的语言表述，所用词汇对沟通者与被沟通者来说都代表同一含义。

5. 持续性与连贯性(Continuty and Consistency)

沟通是没有终点的过程，必须对信息进行重复，但又必须在重复中不断地补充新的内容。

6. 渠道的多样性(Channels)

沟通者应该利用现实社会中已经存在的信息传送渠道，这些渠道多是被沟通者日常使用并习惯使用的。

7. 被沟通者的接受能力(Capability of Audience)

被沟通者的接受能力，主要包括他们接受信息的习惯、阅读能力与知识水平。

第七章

控　制

魏文王问名医扁鹊说："你们家兄弟三人，都精于医术，到底哪一位最好呢?"扁鹊答："长兄最好，中兄次之，我最差。"文王再问："那么为什么你最出名呢?"扁鹊答："长兄治病，是治病于病情发作之前。由于一般人不知道他事先能铲除病因，所以他的名气无法传出去；中兄治病，是治病于病情初起时。一般人以为他只能治轻微的小病，所以他的名气只及本乡里。而我是治病于病情严重之时。一般人都看到我在经脉上穿针管放血、在皮肤上敷药等大手术，所以以为我的医术高明，名气因此响遍全国。"

管理启示

控制有事前控制、事中控制、事后控制。控制贵在事前控制。

关于控制，今天的企业再也不能像过去那样通过层级系统预算和其他传统的方法将企业团结在一起……将企业凝聚在一起的将是意识形态。

——柯林斯·鲍罗斯

>>> 学习目标

- 了解控制的概念、控制的方法。
- 理解控制的作用与目的、控制与计划和组织间的关系。
- 掌握控制的类型、控制过程的步骤及有效控制的特征。

第一节 控制概述

一、控制的概念

控制从一般意义上而言，就是依靠信息反馈来维持某个系统的良好状态，当实际情况出现偏差时，设法将它还原。控制的现象体现在社会生活的方方面面，如司机驾驶汽车、冰箱温度调节等。

从管理学角度出发，控制是管理的一项重要职能，它与计划、组织、领导工作是相辅相成、互相影响的，它们被视为管理链的四个环节。计划提出了管理者追求的目标，组织提供了完成这些目标的结构、人员配备和责任，领导提供了指挥和激励的环境，而控制则提供了有关偏差的知识以及确保与计划相符的纠偏措施。所谓控制就是指为了实现组织目标，以计划为标准，由管理者对被管理者的行为活动进行检查、监督、调整等的管理活动过程。控制的概念主要包括如下三点：

(1) 控制有很强的目的性，即控制是为了保证组织中的各项活动按计划进行。

(2) 控制是通过“监督”和“纠偏”来实现的。

(3) 控制是一个过程。

在现代管理活动中，控制既是一次管理循环的终点，是保证计划得以实现和组织按既定的路线发展管理的职能，又是新一轮管理循环的起点，要保证组织的活动按照计划进行，控制是必不可少的。

二、控制的作用和目的

▶ 1. 控制的作用

控制在管理活动中主要起到如下两个方面的作用：

(1) 检验作用。它检验各项工作是否按预定计划进行，同时也检验计划的正确性和合理性。

(2) 调节作用。在计划的执行过程中，对原计划进行修改并调整整个管理过程。

▶ 2. 控制的目的

在管理活动中，控制的基本目的就是“维持现状”，让企业在变化的环境中能够按照计划进行各项活动，出现偏差及时纠正。在此基础上，更要“打破现状”，努力求改革，求创新。

在企业中，往往存在两大问题，一是经常发生的可快速、直接影响企业的“急性问题”；二是长期存在的“慢性问题”。人们往往看到的是“急性问题”对企业的危害，忽略“慢性问题”的存在。因为慢性问题一直存在，人们已经适应了，不易发现。控制的目的就是要解决这两类问题。具体体现在：

(1) 对于经常发生变化的迅速而又直接影响组织活动的“急症问题”，控制应随时将计划的执行结果与标准进行比较，若发现有超过计划允许范围的偏差时，则及时采取必要的纠正措施，使组织内部系统活动趋于相对稳定，实现组织的既定目标。

(2) 对于长期存在着的影响组织素质的“慢性病症”，控制要根据内外环境变化对组织新的要求和组织不断发展的需求，打破执行现状，重新修订计划，确定新的现实和管理控制标准，使之更先进、更合理。

三、控制的重要性

控制工作在管理活动中的重要性是显而易见的，我们可以从以下两方面来理解：

▶ 1. 任何组织、任何活动都需要进行控制

这是因为即便是在制订计划时进行了全面的、细致的预测，考虑了各种实现目标的有利条件和影响实现的因素，但由于环境条件是变化的，主管人员也受到其本身的素质、知识、经验、技巧的限制，预测不可能完全准确，制订出的计划在执行过程中可能会出现偏差，还会发生未曾预料到的情况。这时控制工作就起了执行和完成计划的保障作用以及在管理控制中产生新的计划、新的目标和新的控制标准的作用。通过控制工作，能够为主管

人员提供有用的信息，使之了解计划的执行进度和执行中出现的偏差及偏差的大小，并据此分析偏差产生的原因。对于那些可以控制的偏差，通过组织机构，查究责任，予以纠正。而对于那些不可控制的偏差，则应立即修正计划，使之符合实际。

▶ 2. 控制与其他管理职能密切相关

控制工作通过纠正偏差的行动与其他四个职能紧密地结合在一起，使管理过程形成了一个相对封闭的系统。在这个系统中，计划职能选择和确定了组织的目标、战略、政策和方案以及实现它们的程序。然后，通过组织工作、人员配备、指导与领导工作等职能去实现这些计划。为了保证计划的目标能够实现，就必须在计划实施的不同阶段，根据由计划产生的控制标准，检查计划的执行情况。这就是说，虽然计划工作必须先于控制活动，但其目标是不会自动实现的。一旦计划付诸实施，控制工作就必须穿插其中进行。它对于衡量计划的执行进度，揭示计划执行中的偏差以及指明纠正措施等都是非常必要的。同时，要进行有效的控制，还必须制订计划，必须要有组织保证，必须要配备合适的人员，必须给予正确的指导和领导。所以说，控制工作存在于管理活动的全过程中，它不仅可以维持其他职能的正常活动，而且在必要时，还可以通过采取纠正偏差的行动来改变其他管理职能的活动。虽然有时这种改变可能是很简单的，例如在指导中稍作些变动即可，但在许多情况下，正确的控制工作可能导致确立新的目标，提出新的计划，改变组织机构，改变人员配备以及在指导和领导方法上作出重大的改革。

四、控制与计划

在管理的基本职能中，控制是要确保组织的所有活动与其环境和计划相一致，从而使这些活动更为有效。具体地讲，控制是通过制订计划或业绩的衡量标准以及建立信息反馈系统，检查实际工作的进度和结果，及时发现偏差以及产生偏差的原因，并采取措施纠正偏差的一系列活动。

值得注意的是，控制和计划是一个问题的两个方面，管理人员首先要制订计划，然后计划又成为评定行动及其效果是否符合需要的标准。计划越明确、全面和完整，控制效果也就越好。没有计划就无法衡量行动是否偏离计划，更谈不上纠正偏差。这个观点在实际工作中主要体现在以下方面：

(1) 一切有效的控制方法首先就是计划方法，例如预算、政策、程序和规则，这些控制方法同时也是计划方法或计划本身。

(2) 如果不首先考虑计划以及计划的完善程度，就试图去设计控制系统的话，那是不会有效果的。换句话说，之所以需要控制，就是因为要实现目标和计划。控制到什么程度、怎么控制都取决于计划的要求。所以从计划职能有效实施的角度来说，控制是指监视各项活动以保证它们按计划进行并纠正各种重要偏差的过程。或者说，控制是依据计划来检查、衡量计划的执行情况，并根据偏差，或调整行动以保证按计划进行，或调整计划使活动与计划相吻合。

(3) 控制职能使管理工作成为一个闭路系统，成为一种连续的过程。在多数情况下，控制工作既是一个管理过程的终结，又是一个新的管理过程的开始。控制职能绝不是仅限于衡量计划执行中出现的偏差，控制的目的在于通过采取纠正措施，把那些不符合要求的管理活动引回到正常的轨道上来，使管理系统稳步地实现预定目标。纠正的措施可能很简单，例如批评某位负有责任的主管人员，但是更多的情况下，纠正措施可能涉及需要重新拟定目标、修订计划、改变组织机构、调整人员配备、并对指导或领导方式作出重大的改变等。这实际上是开始了一个新的管理过程。从这个意义上说，控制工作不仅是实现计划的保证，而且可以积极地影响计划工作。

总之，计划是控制的前提，控制则是完成计划的保证，如果没有控制系统，没有实际与计划的比较，就不知道计划是否完成，计划也就毫无意义。因此计划和控制是密不可分的。

五、控制和组织

管理者在设计组织结构时面临的首要问题是建立职位结构和报告关系，以使组织成员最有效地运作资源。但是，单单依靠组织结构并不能激励员工按照有助于实现组织目标的方式行事。控制的目的是给管理者提供一个能够激励下属朝着实现组织目标方向努力的手段，并给管理者提供有关组织及其成员如何适当完成任务的具体反馈。管理的组织职能和控制职能是不可分割的，有效的管理者必须学会使它们协调地发挥作用。管理者制定组织战略和结构，希望组织有效地利用资源，为顾客创造价值。通过控制，管理者监督和评估组织战略和结构是否在按自己的意图发挥作用，如何改进它们，以及如果它们不能发挥作用，应该如何改变它们。所以从组织控制的角度来说，控制是管理者监督和规范组织及其成员各项活动以保证它们按计划进行并纠正各种重要偏差，使他们有效地从事实现组织目标所需的行动的过程。然而，控制并不意味着只在事情发生后作出反应。它还意味着将组织保持在正常的运行轨道并预测可能发生的事情。由此可见，管理的控制职能是对组织的管理活动及其效果进行衡量和校正，以确保组织的目标以及为此而拟订的计划得以实现。

六、预防控制

我们应该认识到预防火灾比发展灭火技术更重要。一个好的管理者应该在预防危机方面集中注意力。控制措施的设计应该能阻止事情向错误方向发展，也就是说，使人们做他们所期望做的事情。这就要求每一个员工都应当明确知道什么结果是所期望的和什么构成了一项完好的工作。他们中不应该有任何人在完成一项任务后，走到他的上司面前说："这样做对吗？"而应该在开始工作之前，请其上司审查并决定这样做对不对。对每一项工作而言，都有一些可考察到的因素，如数量、质量、时间和成本。每一个员工都应当事先明确知道对哪些因素进行衡量，以及什么程度上的数量、质量、时间和成本将体现为满意的业绩。对每一个员工都应事先设立一个业绩标准。

七、警告控制

并不是每一件事都能按照计划进行。条件会发生变化，不可预见的情形也会产生。为了应付和处理这样的情况，我们需要警告某件事已偏离计划的警告控制。根据该控制，计划必须进行分解并设立检查点。例如，如果你有一项预期在一周内完成的任务，而你直到最后一天才发现你落后于计划，也许你不可能在一天内做任何事以期在本周内达到结果。然而，如果你已经将该任务分解，从而清楚知道你应该在第一天、第二天来完成哪些工作，那么就有可能去及时完成某些事情，从而赶上工作进度并在期限内完成任务。同样，这也可以应用在成本因素中，如果建立了合适的检查点，成本就可以在经济要求的范围内得到控制。

教学互动

选择题

控制被视为组织的一项积极要素，其理由在于控制可以帮助组织避免(　　)。

A. 变化　　B. 加重错误　　C. 组织复杂化　　D. 有效运作

第二节　控制的类型

一、按控制目的和对象划分

按控制目的和对象的不同，可将控制分为纠正执行偏差和调整控制标准两种类型。

▶ 1. 纠正执行偏差

纠正执行偏差是使执行结果符合控制标准的要求，为此需要将管理循环中的实施环节作为控制对象，这种控制的目的就是为缩小实际情况与控制目标的偏差，即负馈控制。

▶ 2. 调整控制标准

调整控制标准则是使控制标准发生变化，以便更好地符合内外现实环境条件的要求，其控制作用的发生主要体现在管理循环中的计划环节，也就是这种控制对象包括了控制标准本身，这种控制的目的就是使控制标准产生动荡和变动，使之与实际情况更接近，即正馈控制。

正馈控制和负馈控制应该并重使用，但现实中要处理好这两方面控制工作的关系并不容易。增进适应性的正馈控制，有时会被用来作为无视“控制”的借口，而这样做的结果就会导致系统进行的不稳定、不平衡。但另一方面，平衡不应该是静态的平衡。现代的企业面临复杂多变的环境，环境条件变了，计划的前提也变了，如果还僵硬地抱着原先的控制标准不放，不进行任何调整，那么组织很快就要衰亡。现代意义下的控制，应该持一种动态平衡的观念，应能促进被控制系统在展现朝向目标行为的同时适时地根据内外环境条件作出调整，妥善处理好适应性和稳定性、正馈控制和负馈控制这两种既相互对立又往往需要统一的关系，而这正是现代企业控制的难点。

二、按控制信息获取的时间划分

控制职能可以按照活动的位置，即侧重于控制事物进程的哪一阶段，可把控制分为三种类型：前馈控制、现场控制和反馈控制。

（一）前馈控制

事先识别和预防偏差的控制称为前馈控制，有时也称为预备式控制或预防式控制。前馈控制旨在获取有关未来的信息，依此进行反复认真的预测，将可能出现的执行结果与计划要求的偏差预先确定出来（此为负反馈），或者事先察觉内处环境可能发生的变化（此为正反馈），以便提前采取适当的处理措施预防问题的发生。这种控制把重心放在组织的人力、物料和财务资源上，比如，人力资源必须适应任务要求，在数量和素质方面有能力完成指派的任务，并控制机构臃肿，人浮于事的现象；利用统计抽样来控制原料质量，根据抽样不合格率决定接受或退货；根据库存理论控制库存储备量等。前馈控制的目的在于保证高质量的投入。

前馈控制虽然可以预防问题的发生，在采用这种控制方法时也会给组织带来一定的风险：

▶ 1. 过时风险

企业经营活动中产生的偏差只有及时采取措施加以纠正，才能避免偏差的扩大，如果等到偏差已经非常明显，且对企业造成了不可挽回的影响后，反映偏差的信息才姗姗来迟，这时就产生了过时控制风险，这一风险是根本性的，是选择前馈控制的风险。预测偏差的产生，可以通过建立企业经营状况的预警系统来实现，必要时可借助计算机来辅助建立预警系统。

▶ 2. 过度风险

过度控制是指控制的范围、程度和频度超过了一定限度，以至于控制失效或失败。过度控制可以分三种情况：控制过多或控制不足、全面控制与重点控制和控制费用与控制收益失衡。

▶ 3. 主观风险

控制工作应该针对组织的实际状况，采取必要的纠偏措施，客观的控制源于对企业经营活动状况及其变化的客观了解和评价，否则，凭个人的主观臆断进行控制就是主观控制。

▶ 4. 刚性风险

企业在生产经营过程中经常可能遇到某种突发的、无力抗拒的变化，这些变化使企业计划与现实条件严重背离。有效的控制系统应在这样的情况下仍能发挥作用，即控制是有弹性的而不是刚性的，弹性体现在设立应急机制、设定参数以合理的区间而不是定值、设计合理的控制系统等，以防刚性控制风险。另外，一个有效的控制系统还应该有战略意义，抓住影响整个组织绩效的关键因子，把握组织发展的宏观动向，避免出现战略失误。

（二）现场控制

现场控制则是一种同步、实时的控制，即在活动进行的同时就施予控制。管理者亲临现场进行指导和监督，就是一种最常见的现场控制活动。

现场控制可分为两种：一是驾驭控制，有如驾驶员在行车当中根据道路情况使用方向盘来把握行车方向。这种控制是在活动进展过程中随时监控各方面情况的变动，一旦发现干扰因素介入立即采取对策，以防执行中出现偏差。二是关卡控制，它规定某项活动必须经由既定程序或达到既定水平后才能继续进行下去。

对于一个组织来说，实现有效的现场控制必须具备以下条件：

(1) 较高素质的管理人员。在现场控制中，管理者没有足够的时间对问题进行深入细致的思考，也很少有机会和他人一起分析讨论，常常依靠自身的知识、能力和经验，甚至是“直觉”，及时发现并解决问题，需要管理人员具有较高的素质。

(2) 下属人员的积极参与。现场发生的问题常常是程序化的，多数操作性较强，注重问题的细枝末节。管理者在按照计划对下属实施控制过程中，必须多听取下属尤其是一线人员的意见和建议。

(3) 适当的授权。在现场控制过程中，管理人员必须及时发现问题、解决问题，不应当也不能事事都向上级请示，以免造成工作中断和贻误时机。所以，担负现场控制责任的管理人员应当拥有相应的职权。

(4) 层层控制，各司其职。一般而言，现场控制是上级管理者对下级人员的直接控制。一个管理组织中，可能同时存在多个管理层级，有效的现场控制必然由最熟悉情况的管理人员实施，这样才能保证全面深入了解问题并提出最为切实可行的方案，这样还可以避免多头控制和越级管理。

（三）反馈控制

反馈控制是在活动完成之后，通过对已发生的工作结果的测定发现偏差和纠正偏差，或者是在内外环境条件已经发生了重大变化，导致原定标准和目标脱离现实时，采取措施调整计划。反馈控制又称事后控制或产出控制，其控制重心放在组织的产出结果上——尤其是最终产品和服务的质量。

反馈控制的优点是它为管理者提供了关于计划执行的效果的真实信息。此外，反馈控制可以增强员工的积极性。但反馈控制有一个致命的弱点即滞后性，很容易贻误时机，增加控制的难度，而且损失往往已经发生了。因此，反馈控制要求反馈的速度必须大于控制对象的变化速度，否则，系统将产生震荡，处于不稳定状态。

三、按采用的手段划分

按采用的手段不同，可以把控制划分为直接控制和间接控制两种类型。

1. 直接控制

直接控制是控制者与被控制对象直接接触进行控制的形式。直接控制是相对于间接控制而言的，它是着眼于培养更好的主管人员，使他们能熟练地应用管理的概念、技术和原理，能以系统的观点来进行和改善他们的管理工作。从而防止出现因管理不善而造成的不良后果。因此，直接控制的原则也就是：主管人员及其下属的质量越高，就越不需要进行间接控制。

直接控制的优点主要有以下几方面：

(1) 在对个人委派任务时能有较大的准确性，同时，为使主管人员合格，对他们经常不断地进行评价，实际上也必定会揭露出工作中存在的缺点，并为消除这些缺点而进行专门培训提供依据。

(2) 直接控制可以促使主管人员主动地采取纠正措施并使其更加有效。它鼓励用自我控制的办法进行控制，由于在评价过程中会揭露出工作中存在的缺点，因而也就会促使主管人员努力去确定他们应负的职责并自觉地纠正错误。

(3) 直接控制还可以获得良好的心理效果。主管人员的质量提高后，他们的威信也会得到提高，下属对他们的信任和支持也会增加，这样就有利于整个计划目标的顺利实现。

(4) 由于提高了主管人员的质量，减少了偏差的发生，也就有可能减轻间接控制造成的负担，节约经费开支。

与此同时，直接控制也有一定的局限性，如信息反馈引起时滞现象；信息太多以致在现有的技术条件下无法全面地、科学地处理；直接控制忽略了企业中人的因素，不利于下级积极性、创造性的发挥，人的潜力和能动性无法发挥出来等。

2. 间接控制

间接控制是控制者与被控制对象之间并不直接接触，而是通过中间媒介进行控制的形式。间接控制的优点在于它能纠正管理人员由于缺乏知识、经验和判断力所造成的管理上的失误和偏差，并能帮助主管人员总结吸取经验教训，增加他们的知识经验和判断能力，提高他们的管理水平。

间接控制的方法是建立在以下五个假设基础之上的。

(1) 工作成效是可以计量的，因而也是可以相互比较的(事实上，很多管理部门或职位的绩效是很难计量和相互比较的。即使确定了定量评价的标准，这些定量标准也可能对其绩效起误导作用)。

(2) 人们对工作任务负有个人责任，个人责任是清晰的、可以分割的和相互比较的，而且个人的尽责程度也是可以比较的(实际上，很多活动的责任是多个部门共同承担的，而且工作绩效也可能与个人责任感无关)。

(3) 分析偏差和追究责任所需的时间、费用等是有充分保证的(事实上，有时上级主管人员可能不愿意花时间和费用去分析引起偏差的事实真相)。

(4) 出现的偏差可以预料并能及时发现。

(5) 有关责任单位和责任人将会采取纠正措施(事实上，推卸责任是很普遍的现象)。

由此可见，这些假设条件在现实生活中并不能完全成立，所以间接控制在实际管理过程中并不是普遍有效的控制方式，还存在很多不完善的地方。

四、按控制源划分

按控制源不同，可把控制分为三种类型：正式组织控制、群体控制和自我控制。

▶ 1. 正式组织控制

正式组织控制是由管理人员设计和建立起的一些机构或规定来进行控制，像规划、预算和审计部门是正式组织控制的典型例子。组织可以通过规划指导组织成员的活动，通过预算来控制消费，通过审计来检查各部门或个人是否按照规定进行活动，并提出更正措施。例如，按照规定对在禁止吸烟的地方抽烟的职工进行罚款，以及对违反操作规程者给予纪律处分等，都属于正式组织控制的范畴。在多数组织中，普遍实行的正式组织控制的内容有：

(1) 实施标准化，即制定统一的规章、制度，制定出标准的工作程序以及生产作业计划等。

(2) 保护组织的财产不受侵犯，如防止偷盗、浪费等，这包括设备使用的记录、审计作业程序以及责任的分派等。

(3) 质量标准化，包括产品的质量及服务的质量。主要采取的措施有对职工培训、工作检查、质量控制以及激励政策。

(4) 防止滥用权利，可以通过制定明确的权责制度、工作说明、指导性政策、规划，以及严格的财务制度来完成。

(5) 对员工的工作进行指导和考核，可通过评价系统、产品报告、直接观察和指导等方式来完成。

▶ 2. 群体控制

群体控制基于群体成员们的价值观念和行为准则，它是由非正式组织发展和维持的。非正式组织尽管没有明文规定的行为规范，但组织中的成员都十分清楚这些规范的内容，都知道如果自己遵守这些规范将得到奖励。这种奖励可能是得到其他成员的认可，也可能会强化自己在非正式组织中的地位。

如果违反这些行为规范就会遭到惩罚，这种惩罚可能是遭受排挤、讽刺，甚至被驱逐出该组织。群体控制在某种程度上左右着职工的行为，处理得好有利于组织目标的实现，如果处理不好会给组织带来很大危害。

▶ 3. 自我控制

自我控制是个人有意识地去按某一行为规范进行活动。

五、按问题的重要性和影响程度划分

按问题的重要性和影响程度不同，可以把控制分为任务控制、绩效控制和战略控制三种类型。

▶ 1. 任务控制

任务控制亦称业务控制，是针对基层生产作业和其他业务活动而直接进行的控制。任务控制多采用负馈控制法，其目的是确保有关人员或机构按既定的质量、数量、期限和成本标准完成所承担的工作任务。

▶ 2. 绩效控制

绩效控制是一种财务控制，即利用财务数据来观测企业的经营活动状况，以此考评各责任中心的工作实绩，控制其经营行为。绩效控制亦称为责任预算控制或以责任发生制为基础进行的控制。

▶ 3. 战略控制

战略控制是对战略计划和目标实现程度的控制。战略控制站在更高的角度看待问题，而不像低层次的控制活动那样仅局限于矫正眼前的、内部的具体执行工作。

教学互动

分组讨论：所有权和经营权相分离的股份公司，为强化对经营者行为的约束，往往设计有各种治理和制衡的手段，包括：①股东们要召开大会对董事和监事人选进行投票表决；②董事会要对经理人员的行为进行监督和控制；③监事会要对董事会和经理人员的经营行为进行检查监督；④要强化审计监督，等等。这些措施分别是前馈控制、现场控制还是反馈控制？

第三节 控制过程

一、控制过程

控制的对象一般都是针对人员、财务、作业、信息及组织的总体绩效，无论哪种控制对象其所采用的控制技术和控制系统实质上都是相同的。控制的基本过程主要包括以下三个步骤：

▶ 1. 确定标准

要控制就要有标准，目标和计划是控制的总标准。为了对各项业务活动实施控制，还必须以总标准为依据设置更加具体的标准，计划方案的每个目标、这些方案所包括的每项活动、每项政策、每项规程以及每项预算，都可以成为衡量实际业绩或预期业绩的标准，如实物标准、成本标准、资本标准、收益标准、计划标准等。在实际工作中，不管采用哪种类型的标准，都需要按照控制对象的特点来决定。通常拟定标准的方法有三种：

(1) 统计方法，相应的标准称为统计标准。它是根据企业的历史数据记录或是对比同类企业的水平，运用统计学方法确定的。最常用的有统计总值、平均值、极大(或极小)值和指数等。统计方法常用于拟定与企业的经营活动和经济效益有关的标准，如根据某企业去年的销售总额确定今年的销售目标。

(2) 经验估计法。它是由有经验的管理人员凭经验确定的，一般是作为统计方法和下面将要提到的工程方法的补充，如找专门的财务人员进行成本预算，制定成本控制标准。

(3) 工程方法，相应的标准称为工程标准。它是以正确的技术参数和实测的数据为基础的，例如，确定机器的产出标准就是根据设计的生产能力确定的。工程方法的重要应用是用来测量生产者个人或群体的产出定额标准。

▶ 2. 衡量绩效

衡量绩效就是按照标准衡量工作实际绩效达到标准的程度，其实也是控制当中信息反馈的过程。在确定了标准以后，为了确定实际工作的绩效究竟如何，管理者首先需要收集必要的信息，考虑如何衡量和衡量什么。当工作实绩与标准产生差异时，就说明工作出现偏差。这一步骤包括两方面的内容：一是搜集反映实际绩效的信息；二是比较实际绩效与标准，找出差异。其中，搜集信息显得尤为重要，直接关系到绩效评估。

在搜集信息的过程中，除了要求信息的准确性以外，还对信息的及时性、可靠性和适用性提出了更高的要求。

(1) 信息的及时性。所谓及时，有两层含义：一是对不能再现的重要信息要及时记录，例如工序质量的检验信息、班组产量信息、生产调度信息、重要会议上的发言和最后决议等信息。

二是信息的加工、检索和传递要快，如果信息不能及时提供给各级主管人员及相关人员，就会失去它的使用价值，而且可能给组织带来巨大损失。例如，产品订货会议上用户的需求信息，尤其是大用户对产品的价格、数量、设计改动和交货期的特殊要求，这些信息必须以最快的速度传递给企业销售部门的主管人员及相关部门和人员甚至企业的最高领导人，以便他们及时地进行决策。

(2) 信息的可靠性。信息的可靠性除了与信息的精确程度有关外，还与信息的完整性有一种正比关系。例如，仅从市场上家用吸尘器一时的紧俏，还不能完全说明市场对这种耐用消费品的长期大量需求，因而，对于拟从国外进口主机和生产线，急于扩大生产规模的企业来说，这种单一的信息通常是不可靠的。企业还必须收集有关消费者平均收入水平、消费结构、竞争企业的生产能力甚至宏观经济政策等多方面的现状信息和变化信息，进行综合分析，才能作出正确判断。信息可靠性与完整性的关系证明，要提高信息的可靠性，最简单的办法和大多数情况下唯一的办法，就是尽量多地收集有关的信息。但是又出现了与信息的及时性的矛盾。因此，信息的可靠性是个程度问题。上层主管的重大决策大都是以不完全的信息为基础的，贻误了时机，再可靠的信息也没有用。因此，在可靠性与及时性之间几乎经常要作出折中，这是一种管理艺术。

(3)信息的适用性。管理控制工作需要的是适用的信息，也就是说，不同的管理部门对信息的种类、范围、内容、详细程度、精确性和需用频率等方面的要求是各不相同的，如果向这些管理部门不加区分地提供信息，不仅会造成信息的大量冗余，从而增加信息处理工作的负担和费用，而且还会给这些部门的主管人员查找所需要的信息带来困难，造成时间浪费甚至经济上的损失。信息适用性的另一个要求是，信息必须经过有效地加工。例如，反映实现利润情况的信息，可以把利润表示为销售收入的百分比、投资回收的百分比、总资金的百分比和与去年同期相比的增减比率等，这就便于反映实现利润与企业经营的全面情况，从而发现经营中的问题，以便及时采取纠正措施。如果仅仅提供一个利润额的数字是说明不了什么问题的。

▶ 3. 纠正偏差

尽管可以依据明确的标准和及时、准确、适用的信息来评定工作成效并找出偏差，但采取纠正措施，通常并不那么简单，甚至要困难得多。

一方面，偏差可能是由复杂的原因引起的。必须花大力气找出造成偏差的真正原因，例如，销售收入的明显下降，无论是用同期比较的方法，还是用年度计划目标来衡量都很容易发现问题，但引起销售收入下降的原因，却不那么容易确定：到底是销售部门营销工作中的问题或是对销售部门授权不够；还是制造部门制造质量下降和不能按期交货；还是技术部门新产品开发进度太慢致使产品老化，竞争力下降；或是由于宏观经济调整造成的，等等。每一种可能的原因与假设都不可能通过简单的判断确定下来，而对造成偏差的原因判断得不准确，纠正措施就不可能奏效。

另一方面，在查明原因后，纠正偏差的工作可能涉及一些主要的管理职能。针对偏差产生的原因，主管人员可能采用重新制订计划或修改目标的方法来纠正偏差；也可能利用组织手段来进一步明确职责、补充授权或是对组织机构进行调整；还可能用撤换责任部门的主管或是增配人员的办法来纠正偏差；此外，还可能通过改善领导方式增加物质鼓励等办法来纠正偏差。

利用科学的方法，依据客观的标准，对工作绩效的衡量，可以发现计划中出现的偏差。采用必要的措施纠正偏差是控制过程的关键。这项工作使得控制过程得以完整，并将控制与管理的其他职能相互联结：通过纠偏，使组织计划得以遵循，使组织结构和人事安排得到调整。

二、有效控制

如果控制使用正当，无疑将有助于主管人员掌控非预期的因素，实现战略目标。一个有效的控制系统应包括如下特征：

▶ 1. 适时控制

适时控制是指控制系统应该及时提供信息，迅速作出管理上的反应。如果反应过于迟缓，修正措施将毫无价值。如进口产品检验不合格，过了索赔期，对方就不承担责任。

时滞现象是反馈控制的一个难以克服的困难。正像前文提到的，虽然检查实施结果，并将结果同标准进行比较，找出偏差，可能不会花费很多时间。但分析偏差原因，提出纠正偏差的具体方法也许旷日持久，当真正采取这些办法纠正偏差时，实际情况可能有了很大变化。

如何解决这种问题？较好的办法是建立企业经营状况的预警系统来实现。我们可以为需要控制的对象建立一条警报线，反映经营状况的数据一旦超过这个警戒，预警系统就会发出警报，提醒人们采取必要的措施防止偏差的产生和扩大。

▶ 2. 适度控制

适度控制是指控制的范围、程度和频度要恰到好处。虽然任何组织都需要控制，但控制系统的大小各异。不管管理者应用怎样的控制，它必须与涉及的工作相适合并且是经济的。

对适度控制的要求体现在这两方面：一方面，过多的控制会扼杀组织中成员的积极性、主动性和创造性，会抑制他们的首创精神，从而影响个人能力的发展和工作热情的提高，最终影响企业的效率；另一方面，控制不足将不能使组织活动有序地进行，不能保证各部门活动进度和比例的协调，造成资源的浪费。此外，过少的控制还可能使组织中的个人无视组织的要求，我行我素，甚至利用在组织中的便利地位谋求个人利益，从而导致组织的涣散和崩溃。

▶ 3. 客观控制

控制系统必须是精确的，这道理似乎是显而易见的，然而，在现实生活中，许多管理人员的决策往往是基于不精确的信息。销售人员在估计销量时说些模棱两可的话，以迎合主管和上司的看法；生产车间的管理人员为了达到上级制定的目标隐瞒生产成本的上升；一些管理者为了得到领导的青睐而虚报成绩。这些都给管理人员的正确决策带来了负面影响。

要客观地控制，第一要尽量建立客观的计量方法，即尽量把绩效用定量的方法记录并评价，把定性的内容具体化。第二是管理人员必须谨慎适当地去解释所获得的信息。数字的客观性不能代表一切，管理人员在进行决策时还应看到数字背后的真正含义。如销售每月提高销量多少，上层管理部门对这类报告显然会感到高兴，但是，在销量提高的背后，也许是销售员擅自提供了折扣，或对产品的功效作了不切实际的保证，或答应较早的交货期等。第三是管理人员要从组织目标的角度来观察问题，避免个人偏见和成见。

▶ 4. 弹性控制

企业在生产经营过程中经常可能遇到某种突发的、无力抗拒的变化，如环境突变、计划疏忽、计划变更、计划失败等，这些变化使企业计划与现实条件严重背离。有效的控制系统应在这种情况下仍应有足够的灵活性去保持对运行过程的管理控制，也就是说，应该具有一定的弹性。例如，在工程项目建设中对地质进行勘测、工程量测量时经常会发生偏差，导致工程费用急剧上升，因此，在做总投资估算时都有预备费的预算。事实上，弹性控制最好是通过弹性的计划和弹性的衡量标准来实现。在制订计划时，充分考虑到未来企业经营可能出现的不同水平，从而为经营规模的不同参数值规定不同的经营额度，使预算在一个可接受的范围内变化。

教学互动

选择题

某种庄稼需要水，但这一地区近年总不下雨，怎么办？一种办法是灌溉，以弥补雨水的不足。另一种办法是改种耐旱作物，使所种作物与环境相适应。这两种措施分别体现了控制过程的(　　)步骤。

A. 纠正偏差和调整标准　　B. 调整标准和纠正偏差

C. 反馈控制和前馈控制　　D. 前馈控制和反馈控制

第四节　控制方法

一、预算控制

预算是以财务术语(如收入、费用以及资金等)，或者以非财务术语(如直接工时、材料、实物销售量和生产量等)来表明组织的预期成果，它是用数字编制的反映组织在未来某一个时期的综合计划。预算可以称为“数字化”或“货币化”的计划，它通过财务形式把计划分解落实到组织的各层次和各部门中去，使主管人员能清楚地了解哪些资金由谁来使用、计划将涉及哪些部门和人员、多少费用、多少收入，以及实物的投入量和产出量等。预算的种类很多，概括起来可以分为以下几种：

1. 经营预算

经营预算是指企业日常发生的各项基本活动的预算。它主要包括销售预算、生产预算、直接材料采购预算、直接人工预算、制造费用预算、单位生产成本预算、推销及管理费用预算等。其中最基本和最关键的是销售预算，它是销售预测正式的、详细的说明。由于销售预测是计划的基础，加之企业主要是靠销售产品和劳务所提供的收入来维持经营费用的支出和获利的，因而销售预算也就成为预算控制的基础。生产预算是根据销售预算中的预计销售量，按产品品种、数量分别编制的。在生产预算编好后，还应根据分季度的预计销售量，经过对生产能力的平衡，排出分季度的生产进度日程表，或称为生产计划大纲，在生产预算和生产进度日程表的基础上，可以编制直接材料采购预算、直接人工预算和制造费用预算。这三项预算构成对企业生产成本的统计。而推销及管理费用预算，包括制造业务范围以外预计发生的各种费用明细项目，例如销售费用、广告费、运输费等。对于实行标准成本控制的企业，还需要编制单位生产成本预算。

▶ 2. 投资预算

投资预算是对企业的固定资产的购置、扩建、改造、更新等，在可行性研究的基础上编制的预算。它具体反映在何时进行投资、投资多少、资金从何处取得、何时可获得收益、每年的现金净流量为多少、需要多少时间回收全部投资等。由于投资的资金来源往往是任何企业的限定因素之一，而对厂房和设备等固定资产的投资又往往需要很长时间才能回收，因此，投资预算应当力求和企业的战略以及长期计划紧密联系在一起。

▶ 3. 财务预算

财务预算是指企业在计划期内反映有关预计现金收支、经营成果和财务状况的预算。它主要包括“现金预算”“预计收益表”和“预计资产负债表”。必须指出的是，前述的各种经营预算和投资预算中的资料，都可以折算成金额反映在财务预算内。这样，财务预算就成为各项经营业务和投资的整体计划，故亦称“总预算”。

(1) 现金预算主要反映计划期间预计的现金收支的详细情况。在完成了初步的现金预算后，就可以知道企业在计划期间需要多少资金，财务主管人员就可以预先安排和筹措，以满足资金的需求。为了有计划地安排和筹措资金，现金预算的编制期应越短越好。西方国家有不少企业以周为单位，逐周编制预算，甚至还有按天编制的。我国最常见的是按季和按月进行编制。

(2) 预计收益表(或称为预计利润表)，是用来综合反映企业在计划期间生产经营的财务情况，并作为预计企业经营活动最终成果的重要依据，是企业财务预算中最主要的预算表之一。

(3) 预计资产负债表主要用来反映企业在计划期末那一天预计的财务状况。它的编制需以计划期间开始日的资产负债表为基础，然后根据计划期间各项预算的有关资料进行必要的调整。

二、非预算控制方法

除了预算控制方法以外，管理控制工作中还采用了许多不同种类的控制手段和方法。有些方法属于传统的控制方法，例如观察法。另外一些方法，例如审计法，则代表了新一代的计划和控制方法，它说明科学技术的进步、社会活动规模的扩大必然伴随着管理理论的发展和管理技术的进步。随着组织规模的不断扩大，非预算控制方法显得尤为重要，主要有以下几种：

▶ 1. 观察法

观察也许算得上是一种最古老、最直接的控制方法，它的基本作用就在于获得第一手的信息。作业层(基层)的主管人员通过观察可以判断出产量、质量的完成情况以及设备运转情况和劳动纪律的执行情况等；职能部门的主管人员通过观察可以了解到工艺文件是否得到了认真的贯彻，生产计划是否按预定进度执行，劳动保护等规章制度是否被严格遵守，以及生产过程中存在哪些偏差和隐患等；而上层主管通过观察可以了解到组织的方针、目标和政策是否深入人心，可以发现职能部门的情况报告是否属实以及员工的合理化建议是否得到认真对待，还可以从与员工的交谈中了解他们的情绪和士气等。所有这些，都是主管最需要了解的，但却是正式报告中见不到的第一手信息。但是，观察的优点还不仅仅在于能掌握第一手信息，它还能够使得组织的管理者保持和不断更新自己对组织的感觉，使他们感觉到事情是否进展得顺利以及组织这个系统是否运转得正常。观察还能够使得上层主管人员发现被埋没的人才，并从下属的建议中获得不少启发和灵感。此外，亲临现场视察本身就有一种激励下级的作用，它使得下属感到上级在关心着他们。所以，坚持经常亲临现场视察，有利于创造一种良好的组织气氛。当然，主管也必须注意视察可能引起的消极作用。例如，也存在着这样的可能，即下属可能误解上司的视察，将其看作是对他们工作的一种干涉和不信任，或者是看作不能充分授权的一种表现，这是需要引起注意的。尽管如此，亲临视察的显著好处仍使得一些优秀的管理者始终坚持这种作法。一方面即使是拥有计算机化的现代管理信息系统，计算机提供的实时信息，作出的各种分析，仍然代替不了主管人员的亲身感受、亲自了解；另一方面，管理的对象主要是人，是要推动人们去实现组织目标，而人所需要的是通过面对面的交往所传达的关心、理解和信任。

▶ 2. 审计法

审计是一种常用的控制方法，财务审计与管理审计是审计控制的主要内容。所谓财务审计是以财务活动为中心内容，以检查并核实账目、凭证、财物、债务以及结算关系等客观事物为手段，以判断财务报表中所列出的综合的会计事项是否正确无误，报表本身是否可以信赖为目的的控制方法。通过这种审计还可以判明财务活动是否符合财经政策和法令。所谓管理审计是检查一个单位或部门管理工作的好坏，评价人力、物力和财力的组织及利用的有效性。其目的在于通过改进管理工作来提高经济效益。

▶ 3. 统计报告法

统计报告法是使用统计方法对大量的数据资料进行汇总、整理、分析，以各种统计报表的形式及分析报告，自下而上向组织中有关管理者提供控制信息。使用这种方法，要求企业具备良好的基础工作，有健全的原始记录和统计资料。管理者通过阅读和分析统计报表及有关资料，找出问题、分析问题并解决问题。

▶ 4. 财务报表分析

财务报表是用于反映企业经营的期末财务状况和计划期内的经营成果的数字表。财务报表分析，也称经营分析，就是以财务报表为依据来判断企业经营的好坏，并分析企业经营的优劣势。它主要包括：利润率分析，指分析企业收益状况的好坏；流动性分析，指分析企业负债与支付能力是否相适应、资金的周转状况和收支状况是否良好等；生产率分析，指分析企业在计划期间内生产出多少新的价值，又是如何进行分配将其变为人工成本、应付利息和净利润的。

财务报表分析法主要有实际数字法和比率法两种。实际数字法是用财务报表分析中的实际数字来分析，但有时这种绝对的数字因为可比性问题，不能准确地反映企业的不同时期或不同企业间的实际水平。比率法是求出实际数字的各种比率后再进行分析，因为是用相对数进行分析，所以，体现出了对比的科学准确性，比较常用。

三、作业控制

作业控制是为了保证各项作业计划的顺利进行而进行的一系列工作。一般包括成本控制、质量控制、采购库存控制等。

▶ 1. 成本全面控制

成本全面控制是在对系统的所有工作进行全面详细分析后，层层分解成本指标，以其作为衡量控制标准。也就是说，以成本为控制主线，确保在预定成本下获得预期目标利润。

▶ 2. 质量控制

为保证产品质量符合规定标准要求和满足用户使用目的，企业需要在产品设计、试制、生产制造直至使用的全过程中，进行全员参加的、事后检验和预先控制有机结合的、从最终产品的质量到产品赖以形成的工作的质量，全方位抓好质量管理。

20 世纪 80 年代，随着国际竞争的加剧和顾客期望值的提升，许多企业采用全面质量管理(TQM)的方法来控制质量，把质量观念渗透到企业的每一项活动中，以实现持续的改进。全面质量管理有四大特征：

(1) 全过程的质量管理。即质量管理不仅仅在生产过程，而且应“始于市场，终于市场”，从产品设计开始，直至产品进入市场，以及售后服务等，质量管理都应贯穿其中。

(2) 全企业的质量管理。质量管理不仅仅是质量管理部门的事情，它和全企业各个部门都休戚相关，因为产品质量是做出来的，不是检验出来的，故每项工作都与质量相关。

(3) 全员的质量管理。即每个部门的工作质量，决定于每个职工的工作质量，所以每个职工都要保证质量，为此，成立了很多质量小组，专门研究各部门或工段的质量问题。

(4) 全面科学的质量管理方法。它以统计分析方法为基础，综合应用各种质量管理方法，工作步骤按“计划—执行—检查—处理”(PDCA)四步循环进行。

▶ 3. 库存控制

库存控制，是对制造业或服务业生产、经营全过程的各种物品，产成品以及其他资源进行管理和控制，使其储备保持在经济合理的水平上。库存控制是使用控制库存的方法，得到更高的盈利的商业手段。库存控制是仓储管理的一个重要组成部门。它是在满足顾客服务要求的前提下通过对企业的库存水平进行控制，力求尽可能降低库存水平、提高物流系统的效率，以提高企业的市场竞争力。

企业的生产要正常连续地进行，供应流不能断，需要一定的库存，但库存占用了大量的流动资金。库存增加，不仅占用生产面积，还会造成保管费用上升、资金周转减慢、材料腐烂变质等；库存过少，又容易造成生产过程因停工待料而中断，产成品因储备不足而造成脱销损失等。所以，做好库存控制是非常重要的。

库存控制主要需要解决这些问题：哪些物品要有库存、哪些应多存、哪些应少存、何时订货、订多少，等等。

(1) 库存什么。企业生产所需物品应根据数量和资金占用等情况分别对待，其中常用方法有ABC法。ABC分类法是根据“80-20原则”制定的，其基本思想是少数的关键因素起决定性作用。A类资金占用比重很大，但品种较少；C类则相反，品种较多，但资金占用比重很小；B类介于两者之间。通过分类，对各类物品实行不同的管理。A类是库存控制的重点，应严格控制库存数量，严格盘点，采购间隔期尽量短，以利于加速资金周转；C类可适当延长采购间隔期，简化管理；B类控制方式可根据具体情况，采取适当的管理方式。

(2) 库存量控制。库存量的控制要考虑总体采购资金、服务质量等因素。企业可控制采购间隔期或是采购批量来满足需要；也可设定一个订货点来控制，当库存量低于订货点时就需要再次订货了。

(3) 适时适量(JIT)生产方式。虽然库存被认为是必需的，但库存给许多企业带来了极大的烦恼。基于此，日本丰田汽车公司的准时生产在这方面作出了良好的成绩，甚至被称为“零库存生产方式”。JIT用“拉动式”的“看板管理”在生产现场控制生产进度，使之达到准时生产的目的。“拉动式”生产方式根据市场需求制定生产计划后，只对最后的生产工序工作中心发出指令，最后工序工作中心根据需要向它的前道工序工作中心发出指令，这样按反工艺顺序逐级“拉动”。在生产现场，其“拉动”靠“看板”来实现，每一张看板代表一定的数量，很容易计算和检查。它实际上是将库存放在现场，由看板数量确定各零配件的库存数量，每当生产运行平稳后，就减少一些看板数量，使得生产中的一些问题暴露出来，从而采取措施，加以改进。

拓展与思考

一、简答题

1. 什么是控制？
2. 计划和控制的关系是什么？
3. 在管理中控制的作用是什么？
4. 有效控制系统应有哪些特征？
5. 你认为控制方法中哪种最重要，为什么？

二、实践训练

在教师指导下，围绕控制职能编写情景短剧剧本，并进行表演。

三、案例分析

Sin-Tec 企业

Sin-Tec 企业的总经理乔治·谭就其产品印刷电路板的销路，到欧洲同买主建立联系后返回了新加坡。同往常一样，他的邮件筐中堆满了信件，但是他却没有时间浏览这些信件并处理有关产品发送、抱怨和其他内部问题。

正当乔治埋头于这些信件时，工厂经理和财务经理来到了他的办公室。他们来这儿是由于乔治的盛怒："为什么没有任何人告诉我，我们公司究竟发生了什么？为什么我未能知道周围发生了什么？为什么我始终一无所知？我没有时间去浏览所有这些文件并了解问题，没有一个人告诉我我们的企业是如何运作的，而且我似乎从没听过我们的问题，直到它们变得相当严重。我要求你们开发一个系统从而使我能持续得到信息。我对一无所知已经很厌倦了，特别是那些我要对公司负责就必须知道的事情。"

当这两位经理返回他们的部门时，工厂经理对财务经理说："每一件乔治想知道的事都在他桌上的那堆报告之中。"

1. 乔治说"一无所知"对吗？为什么？

2. 为了让乔治持续得到信息，需要怎么做？

3. 对于乔治来说，设计一个控制系统应该有哪方面的考虑？

拓展阅读

生产过程中的零库存控制

零库存管理控制并不是指以仓库储存形式的某种或某些物品的储存数量真正为零，而是通过实施特定的库存控制策略，实现库存量的最小化。所以，"零库存"管理的内涵是以仓库储存形式的某些种类的物品数量为"零"，即不保存经常性库存，它是在物资有充分社会储备保证的前提下，所采取的一种特殊供给方式。

实现零库存管理的目的是减少社会劳动占用量(主要表现为减少资金占用量)和提高物流运动的经济效益。如果把零库存仅仅看成是仓库中存储物的数量减少或数量变化趋势而忽视其他物质要素的变化，那么，上述的目的则很难实现。因为在库存结构、库存布局不尽合理的状况下，即使某些企业的库存货物数量趋于零或等于零，但是，从全社会来看，由于仓储设施重复存在，用于设置仓库和维护仓库的资金占用量并没有减少。因此，从物流运动合理化的角度来研究，零库存管理应当包含以下两层意义：

(1) 库存货物的数量趋于零或等于零。

(2) 库存设施、设备的数量及库存劳动耗费同时趋于零或等于零。

后一层意义上的零库存，实际上是社会库存结构的合理调整和库存集中化的表现。

零库存实现的方式有许多，就目前企业实行的"零库存"管理控制，可以归纳为以下6类方法。

1. 无库存储备

无库存储备事实上是仍然保有储备，但不采用库存形式，以此达到零库存。有些国家将不易损失的铝这种战备物资作为隔音墙、路障等储备起来，以备万一，在仓库中不再保有库存就是一例。

2. 委托营业仓库存储和保管货物

营业仓库是一种专业化、社会化程度比较高的仓库。委托这样的仓库或物流组织储存货物，从现象上看，就是把所有权属于用户的货物存放在专业化程度比较高的仓库中，由后者代理用户保管和发送货物，用户则按照一定的标准向受托方支付服务费。采用这种方式存放和储备货物，在一般情况下，用户自己不必再过多地储备物资，甚至不必再单独设立仓库从事货物的维护、保管等活动，在一定范围内便可以实现零库存和进行无库存式生产。

3. 协作分包方式

主要是制造企业的一种产业结构形式。这种形式可以以若干企业的柔性生产准时供应，使主企业的供应库存为零，同时主企业的集中销售库存使若干分包劳务及销售企业的销售库存为零。

4. 采用适时适量生产方式

适时适量生产方式，即“在需要的时候，按需要的量生产所需的产品”。这是在日本丰田公司生产方式的基础上发展起来的一种先进的管理模式，它是一种旨在消除一切无效劳动，实现企业资源优化配置，全面提高企业经济效益的管理模式。看板方式是适时适量生产方式中的一种简单有效的方式，也称传票卡制度或卡片制度。采用看板方式，要求企业各工序之间或企业之间或生产企业与供应者之间采用固定格式的卡片为凭证，由下一环节根据自己的节奏，逆生产流程方向，向上一环节指定供应，其主要目的是在同步化供应链计划的协调下，使制造计划、采购计划、供应计划能够同步进行。在具体操作过程中，可以通过增减看板数量的方式来控制库存量。

5. 按订单生产方式

在按订单生产方式下，企业只有在接到客户订单后才开始生产，企业的一切生产活动都是按订单来进行采购、制造、配送的，仓库不再是传统意义上的储存物资的仓库，而是物资流通过程中的一个“枢纽”，是物流作业中的一个站点。物资是按订单信息要求而流动的，因此从根本上消除了呆滞物资，从而也就消灭了“库存”。

6. 实行合理配送方式

一般来说，在没有缓冲存货情况下，生产和配送作业对送货时间更敏感。无论是生产资料，还是成品，物流配送在一定程度上影响其库存量。因此，通过建立完善的物流体系，实行合理的配送方式，企业可以及时地将按照订单生产出来的物品配送到用户手中，在此过程中通过物品的在途运输和流通加工，减少库存。企业可以通过采用标准的零库存供应运作模式和合理的配送制度，使物品在运输中实现储存，从而实现零库存。

(1) 采用"多批次、少批量"的方式向用户配送货物。企业集中各个用户的需求，统筹安排、实施整车运输、增加送货的次数、降低每个用户、每个批次的送货量，提高运输效率。配送企业也可以直接将货物运送到车间和生产线，从而使生产企业呈现出零库存状态。

(2) 采用集中库存的方法向用户配送货物。通过集中库存的方法向用户配送货物，增加库存商品和数量，形成规模优势，降低单位产品成本，同时，在这种有保障的配送服务体系支持下，用户的库存也会自然日趋弱化。

(3) 采用"即时配送"和"准时配送"的方法向用户配送货物。为了满足客户的特殊要求，在配送方式上，企业采用"即时配送"和"准时配送"的方法向用户配送货物。"即时配送"和"准时配送"具有供货时间灵活、稳定、供货弹性系数大等特点，因此作为生产者和经营者，采用这种方式，库存压力能够大大减轻，甚至企业会选择取消库存，实现零库存。

第 八 章

管理创新

一位年轻有为的炮兵军官上任伊始，到下属部队视察其操练情况。他在几个部队都发现同样的问题：在一个单位操练中，总有一名士兵自始至终站在大炮的炮管下面，纹丝不动。军官不解，究其原因，得到的答案是：操练条例就是这样要求的。军官回去反复查阅军事文献，终于发现，长期以来，炮兵的操练条例仍因循非机械化时代的规则。在非机械化时代，大炮是由马车运载到前线的，站在炮管下的士兵的任务是负责拉住马的缰绳，以便在大炮发射后调整由于后坐力产生的距离偏差，减少再次瞄准所需要的时间。现在大炮的自动化和机械化水平很高，已经不再需要这样一个角色了，但操练条例一直没有调整，因此才出现了“不拉马的士兵”。

军官的发现使上级对条例进行了符合实际的调整，由此他获得了国防部的嘉奖。

管理启示

因循守旧、墨守成规是管理的最大敌人。创新则是企业生机勃勃的根本和源泉。

破产是一种暂时的困境，贫困是一种思想的状态。

——比尔·盖茨

学习目标

- 了解创新的特征、源泉、作用以及我国企业管理创新所面临的挑战。
- 理解创新的含义、创新的基本原则和创新主体的组成。
- 掌握创新的过程、内容、策略及方法，在实践中充分理解并运用有关方法实现创新活动。

第一节 创新概述

一、创新的含义与特征

创新是一种思想及在这种思想指导下的实践，是一种原则及在这种原则指导下的具体活动。美国经济学家熊彼特在其《经济发展理论》一书中首次提出了创新的概念。他认为，创新是对“生产要素的重新组合”，具体来说，包括以下五个方面：

(1) 生产一种新产品，也就是消费者还不熟悉的产品，或是已有产品的一种新用途和新特性。

(2) 采用一种新的生产方法，也就是在有关的制造部门中未曾采用的方法。这种方法不一定非要建立在科学新发现的基础上，它可以是以新的商业方式来处理某种产品。

(3) 开辟一个新的市场，就是使产品进入以前不曾进入的市场，不管这个市场以前是否存在过。

(4) 获得一种原材料或半成品的新的供给来源，不管这种来源是已经存在的还是第一次创造出来的。

(5) 实现一种新的企业组织形式，例如建立一种垄断地位，或打破一种垄断地位。

后来，许多研究者也对创新进行了定义，有代表性的定义有以下几种：

(1) 创新是开发一种新事物的过程。这一过程从发现潜在的需要开始，经历新事物的技术可行性阶段的检验，到新事物的广泛应用为止。创新之所以被描述为是一个创造性过程，是因为它产生了某种新的事物。

(2) 创新是运用知识或相关信息创造和引进某种有用的新事物的过程。

(3) 创新是对一个组织或相关环境的新变化的接受。

(4) 创新是指新事物本身，具体说来就是指被相关使用部门认定的任何一种新的思想、新的实践或新的制造物。

(5) 创新是由新思想转化到具体行动的过程。

由此可见，创新概念所包含的范围很广，涉及许多方面。比如，有的东西之所以被称作创新，是因为它提高了工作效率或巩固了企业的竞争地位；有的是因为它改善了人们的生活质量；有的是因为它使经济发展得到了根本性的提高。但值得注意的是，创新并不一定是全新的东西，旧的东西以新的形式出现或以新的方式结合也是创新。我们说，创新是生产要素的重新组合，其目的是获取潜在的利润。

创新的特征如下：

▶ 1. 创新的不确定性

(1) 市场的不确定性。主要是不易预测市场未来需求的变化，外界因素如经济环境、消费者的偏好都会对市场变化产生影响。当出现根本性创新时，市场方向无从确定，也就无法确定需求。计算机刚出现时，有人估计全美国只有几十台的需求，这显然同实际情况相差万里。市场不确定性的来源，还可能是不知道如何将潜在的需要融入创新产品中去，以及未来产品如何变化以反映用户的需要。当存在创新竞争者时，市场的不确定性还指创新企业能否在市场竞争中战胜对手。

(2) 技术的不确定性。主要是如何用技术来体现、表达市场中消费者需要的特征；能否设计并制造出可以满足市场需要的产品和工艺。有不少产品构思，按其设计的产品要么无法制造要么制造成本太高，因此这种构思和产品都没有什么商业价值。新技术与现行技术系统之间的不一致性也是一个重要的不确定性来源。

(3) 战略的不确定性。主要是针对重大技术创新和重大投资项目而言。它指一种技术创新的出现使已有投资与技能过时的不确定性，即难以判断它对创新竞争基础和性质的影响程度，以及面临新技术潜在的重大变化时企业如何进行组织适应与投资决策。当重大技术创新出现时，战略不确定性常常因严重的战略性决策失误导致产业竞争领先地位的交替。例如，美国钢铁业面临氧气顶吹转炉等重大工艺创新的机会时，他们没有放弃原来的大量投资，没有引入新的工艺技术，而日本则利用这一机会建成了世界上效率最高的钢铁厂。

▶ 2. 创新的保护性和破坏性

不同创新对企业产生影响的范围、程度和性质是不同的，两个极端的情况是：保护性的和破坏性的。具有保护性的创新，会提高企业现有技术能力的价值和可应用性。创新的破坏性则表现在使企业现有的技能和资产遭到毁坏，新的产品或工艺技术会使企业现有的资源、技能和知识只能低劣地满足市场的需要，或者根本无法满足要求，从而降低现有能力的价值，在极端情况下，会使其完全过时。

▶ 3. 创新的必然性和偶然性

必然性是由管理的不可复制性产生的。管理的不可复制性本身就必然要求管理创新，从泰勒制管理到丰田生产方式，再到现代流行的 CIMS、虚拟系统、电子商务、网络营销等，可以说任何一种管理的模式、方法都是随着时代的发展和许多科学技术的进步而产生的管理创新。很多情况下，创新是在大量的实验、调研、严谨思考的背景下产生的。然而，另一种创新方式对今天的管理人员来说也是丝毫不能忽视的，那就是偶然。就像牛顿从苹果落地而发现万有引力定律一样，一些偶然的事件也可以引发创新。

▶ 4. 创新的被排斥性

创新活动常常受到来自各方面的排斥、压力和抵制。习惯于原有生活方式和思维方式的人们往往不欢迎任何改动和变革。形象地说，创新恐惧症已成为现代组织——企业、学校、政府的一种通病。在一种特定的社会环境中，对于那些公司最高管理层的人们，这里存在着无数条理由来使他们希望这个环境能够延续下去。因为在这种情况下，没有麻烦，没有威胁，也没有紧迫感，一切都显得平平稳稳。不过，这也意味着任何一项新产品的创新就其本质而言，都是一场推进创新力量和排斥、抵制创新力量之间的你争我夺。而管理者所面临的挑战就是如何在这些力量中间保持平衡。另一方面，我们应该对华而不实的或仅仅是象征意义的新产品的创新，以及与新产品战略目标不相一致的新产品持抵制态度，这种抵制不应受到阻挠。

▶ 5. 创新的复杂性

有人说，创新过程就像一条链条。认为只要增加上游的基础研究的投入就可以直接增加下游的新技术、新产品的产出。但在实际经济活动中，创新有许多的起因和知识来源，可以在研究、开发、市场化和扩散等任何阶段发生。创新是诸多因素之间一系列复杂的、综合的，相互渗透而共同作用的结果，创新不是一个独立的事件，而是由许多小事组成的一个螺旋式上升的轨迹，是一个复杂的系统过程。

▶ 6. 创新的时效性

企业创新一般总是从产品创新开始的。一种新的市场需求总是表现为产品需求，因而，在创新初期，企业的创新活动主要是产品创新。一旦新产品被市场接受，随之而来的企业将把注意力集中在过程创新上，其目的是降低生产成本、改进品质、提高生产效率。当产品创新和过程创新进行到一定程度时，企业的创新注意力会逐渐转移到市场营销创新上，目的是提高产品的市场占有率。在这些创新重点的不同时间段上，还会伴随着必要的组织创新。当新产品投放市场一定时间后又会被更新的产品所代替，这种替代也使得创新具有时效性。新产品被更新的产品所替代的原因可能有两方面：一是消费者的偏好发生了变化；二是生产产品的技术得到了更新。正是因为创新具有时效性，所以在进行创新决策时，要考虑三个问题：消费者对创新产品需求的持续时间、该产品被其他产品替代的可能性，以及创新所处的时期。

▶ 7. 创新的动态性

事物是发展变化的，不仅组织的外部环境和内部环境在不断发生变化，而且组织的创新能力也要不断积累、不断提高，决定创新能力的创新要素也都要进行动态调整。从企业间的竞争来看，随着企业创新的扩散，企业竞争优势将会消失，这就要不断推动新的一轮又一轮的创新，以便不断确立企业的竞争优势。因此，创新绝不是静止的，而是动态的。不同时期组织的创新内容、方式、水平是不同的。从企业发展的总趋势看，前一时期低水平的创新，总是要被后一个时期高水平的创新所替代。创新活动的不断开发和创新水平的不断提高，正是推动企业发展的动力。

二、创新的作用

▶ 1. 创新可以提高企业的竞争实力

创新可以将企业的劣势转化为优势，将不利因素转化为有利因素。例如，洗衣机的载物洗涤容量一般为5公斤，而且还呈增大趋势，海尔公司凭着灵敏的市场触角，巧妙地在产品的细微之处大胆创新，与消费潮流背道而驰，推出2公斤装的“小小神童”洗衣机。海尔的“只有淡季的思想，没有淡季的产品”的创新理念，使海尔随时保持创新思维，建立了一整套技术创新制度和相应的科研管理模式，最终赢得了市场。

▶ 2. 创新为企业的长期持续发展提供动力

企业要想持续发展，必须进行创新，不进行创新的企业，其发展就会缺乏推动力。早在1994年，著名的经济学家克鲁格曼就提出了“虚拟的亚洲经济”的观点。他认为亚洲(除日本外)经济的增长主要是依靠资金和劳动力的大量投入，而不是依靠科技进步，因此，这一地区的经济高速增长是不可能持续很久的。这一预言不幸被言中。1997年爆发的东南亚金融危机波及整个亚洲，导致这些国家的经济增长放缓，甚至出现负增长。

与此相反，美国自里根时代以来，便重视和强调创新的作用，从而出现了目前自“二战”以来最长时间的持续的经济增长，特别是1997年的亚洲金融危机以及1998年的俄罗斯和拉美的金融风暴，导致大多数国家经济的倒退，而美国经济的增长却始终稳定有力。这正说明了光靠资金和劳动力的大量的投入来推动经济增长是不可持续的，必须把重点转移到知识创新上来。

▶ 3. 自主创新是企业的根本

一个企业要取得先进的知识有两个途径：引进和创新。引进知识当然不失为一种快捷的方法，这种方法曾经是一些发展中国家和企业实现赶超的根本途径，但这样永远也无法真正赶超先进国家和先进企业，而且有些技术由于对方为了获得竞争中的绝对优势而保守秘密。因此，企业要真正强大起来，进行自主创新才是立足之本。例如，日本企业在20世纪80年代通过引进技术得到了迅速的发展，但知识呈几何级数增长的今天，却在竞争中败给了强调自主创新的美国企业。

第二节 创新过程与主体

一、创新的原则

为了推动创新并保证创新活动的顺利进行，需要正确处理各方面的关系，遵循一定的原则。创新的主要原则有以下几点：

▶ 1. 创新与维持相协调的原则

创新活动与维持活动既相互区别，又相互联系、相辅相成。维持是创新的基础，创新是维持的发展；维持是为了实现创新的成果，创新为维持提供更高的起点；维持使组织保持稳定性，创新使组织具有适应性。维持和创新都是组织生存和发展所不可缺少的，然而创新与维持有时也相互矛盾、相互冲突，正确处理两者的关系，寻求创新和维持的动态平衡和最优组合，是管理者的职责，也是创新应遵循的原则。例如，研究开发新产品，要受原有产品技术水平、人员素质、管理水平以及资金积累的制约；新产品处在研究开发甚至开始生产和投入市场阶段，原有产品的生产也同时进行，这就需要正确处理新产品开发和原有产品生产之间的关系，从而满足创新与维持相协调的原则的要求。在企业中，创新与维持的平衡和组合是复杂的，也是多方面的，如创新目标、规模、顺序的选择要适当，新技术的引入和改进创新要紧密结合，创新组织与其他组织之间要相互配合等。

▶ 2. 开拓与稳健相结合的原则

开拓是创新的本质要求。所谓开拓就是要不断地向新的领域、新的高度进发。没有开拓进取、就没有创新。然而，企业中不思进取、安于现状的现象往往普遍存在，创新活动也经常受到来自各方面甚至是高层管理人员的非议、排斥、压力和抵制，不少人担心创新会付出更大的代价，担心会改变熟悉的工作方式，担心会失去既得的利益等。这些现象的存在会成为企业创新的最大障碍。因此，企业管理者应以极大的热情鼓励、支持和组织创新活动，要创造促进创新的组织氛围，重塑企业文化，激发员工人人奋发向上、开拓进取。

与此同时，企业的创新总是在现实基础上的创新，任何成功的创新都是科学的、不容半点虚假的。开拓精神还必须同求实态度相结合。求实稳健并非安于现状、墨守成规，而是面向社会、面向市场，从实际出发，量力而行，这是创新成功和稳步发展的重要保证。

脱离实际的变革，不可避免地会出现盲目性、随意性和反复性。大量事实表明，创新者不是专注于冒险而是专注于机会，通过感性认识上升为理性认识，在系统分析创新机会来源的基础上，找准机会并加以利用。一旦创新展开，就必须脚踏实地采取各种措施，经过持续的努力，确保创新的成功。

▶ 3. 统一性和灵活性相结合的原则

有组织的创新，必须有统一明确的目标、相互协调的行动、优势集中的兵力。没有统一明确的目标，创新活动将失去方向，形成盲目乱干；没有相互协调的行动，创新人员就不能团结合作，容易形成各自为政、相互封锁；没有优势兵力的集中，创新力量分散，则不仅会延缓时间，痛失良机，甚至会导致失败。但是，创新本身又具有偶然性或机遇性，并不都在可以预料的计划之内。另外，多数创新者往往是“骑在丰富想象力上获得冒险成功的人”，他们酷爱做自己幻想的事。因此，创新的组织应具有灵活性，要放松对员工的控制，使计划具有弹性。如允许创新者自己确定题目，允许使用部分工作时间去探索新的设想，提供一定的创新尝试所需要的资金、物质条件和试验场所，允许创新者自己选择合作伙伴等，这样既有利于充分调动创新者的积极性，又有利于及时捕获创新机会。

▶ 4. 奖励创新、允许失败的原则

创新的创造性、风险性、效益性，决定了企业应对创新者的劳动及其成果进行公正评价和合理奖励。对所有的创新建议，企业都要实施正向的激励政策，对创新成果确有重大价值并得以采用的，要在物质上给予重奖，在职称、职务上予以破格晋升，使奖励与创新的风险和贡献相一致。同时，创新者的创新动机有一种对个人成就感的追求和自我实现的满足，创新的精神奖励不仅是必要的，甚至是更为重要的。因此，不仅要对创新成果进行精神的、物质的奖励，而且要在创新的全过程中给予创新者更多的理解、尊重和支持，给予创新者放手施展抱负和才能的条件和权利。

创新是不断探索尝试、经常受挫失败、又努力改进提高的过程。一帆风顺是极为罕见的事情。允许失败则是对创新者积极性、创造性的保护和支持。对于失败，创新者不应悲观失望、半途而废，管理者不应冷眼相看、横加指责。创新的组织管理者对待失败要宽容，要热情主动地帮助创新者总结和吸取教训，鼓励创新者坚持不懈，继续进行大胆探索和试验，直到取得成功。

二、创新的过程

要有效地组织企业的创新工作，就必须研究和揭示创新的规律。创新有无规律？目前对这个问题颇有争议。美国是创新活动比较活跃的国家，对创新活动也有比较深的理解，3M 公司的一位常务副总裁在一次讲演中甚至这样开场：“大家必须以一个坚定不移的信念作为出发点，这就是：创新是一个杂乱无章的过程。”

应该说，“杂乱无章是创新的本质”的说法可以为人们所接受。因为创新是对旧事物的否定，是对新事物的探索。对旧事物的否定，必定要突破原先的制度，破坏原先的秩序，必须不遵守原先的章法；对新事物的探索，意味着要在不断的尝试中去寻找新的秩序、新的方法，在取得最终成果之前，要经历无数次的反复，无数次的失败。因此，它看上去必然是杂乱的。但这种杂乱是相对于旧制度、旧秩序而言的，就创新的总体来说，它们必然遵循一定的步骤、程序和规律。

总结众多成功企业的经验，成功的创新要经历：寻找机会、提出构想、迅速行动、忍耐坚持这四个阶段。

▶ 1. 寻找机会

创新是对原有秩序的破坏。原有秩序之所以要打破，是因为其内部存在着或出现了某种不协调的现象。这些不协调对系统的发展造成了某种不利的影响。创新活动正是从发现和利用旧秩序内部的这些不协调现象开始的，可以说不协调为创新提供了契机。

旧秩序中的不协调既存在于企业的内部，又可产生于企业的外部。就企业外部而言，有可能成为创新契机的变化主要有：

（1）技术的变化。可能影响企业相关资源的获取、生产设备及产品的技术水平。

（2）人口的变化。可能影响劳动市场的供给和产品销售市场的需求。

（3）宏观经济环境的变化。迅速增长的经济背景可能给企业带来不断扩大的市场，而整个国民经济的萧条则可能降低企业产品需求者的购买能力。

（4）文化与价值观念的转变。可能改变消费者的消费偏好或劳动者对工作及其报酬的态度。

就企业内部来说，引发创新的不协调现象主要有：

（1）生产经营中的瓶颈，可能影响了劳动生产率的提高和劳动积极性的发挥，因而始终困扰着企业的管理人员。这种不协调环节的产生，既可能是某种材料的质地不够理想，且始终找不到替代品，也可能是某种工艺加工方法的不完善，或是某种分配政策的不合理。

（2）企业意外的成功和失败。如派生产品的利润贡献出人意料地超过了企业的主营产品；老产品经过精心整顿改进后，结构更加合理、性能更加完善、质量更加优异，但并未得到预期数量的订单等，这些出乎意料的成功和失败，往往可以把企业从原先的思维模式中解放出来，从而成为企业创新的一个重要源泉。

企业的创新，往往是从密切地注视、系统地分析社会经济组织在运行过程中出现的不协调现象开始的。

▶ 2. 提出构想

敏锐地观察了不协调的现象以后，还要透过现象研究原因，并据此分析和预测不协调的未来变化趋势，估计它们可能给企业带来的积极或消极的后果，并在此基础上，努力利用各种方法，消除不协调，使企业在更高层次实现平衡的创新构想。

▶ 3. 迅速行动

创新成功的秘密主要在于迅速行动。提出的构想可能还不完善，甚至可能很不完善，但这种并非十全十美的设想必须立即付诸实施才有意义。“没有行动的思想会自生自灭”，这句话对于创新思想的实践尤为重要，一味追求完美，以减少受讥讽、被攻击的机会，就可能错失良机，把创新的机会白白地送给自己的竞争对手。例如，20世纪70年代，施乐公司为了把产品搞得十全十美，在罗彻斯特建造了一座全由工商管理硕士(MBA)占用的29层高楼。这些MBA们在大楼里对第一件可能开发的产品设计了拥有数百个变量的模型，编写了一份又一份的市场调查报告，然而，当这些人继续不着边际地分析时，当产品研制工作被搞得越来越复杂时，竞争者已把施乐公司的市场抢走了50%以上。所以创新的构想只有在不断地尝试中才能逐渐完善，企业只有迅速地行动才能有效地利用不协调提供的机会。

▶ 4. 坚持不懈

构想经过尝试才能成熟，而尝试是有风险的，不可能一击即中。创新过程是不断尝试、不断失败、不断提高的过程。因此，创新者在开始行动以后，为取得最终的成功，必须坚定不移地继续下去，绝不能半途而废，否则便会前功尽弃。

三、创新的主体

(一) 全体员工是创新活动的源泉

管理创新活动的源泉在于全体员工的积极性、智慧和创造力的发挥。因此，企业管理者要创造出鼓励创新的氛围，依靠全体员工开展管理创新活动，这样才能不断涌现新的创意，管理创新活动的推行也更容易得到支持。当然，作为个人的员工很难成为管理创新的主体，因为其工作性质属于操作层，且受到上司多方面的控制，虽有创意也很难在工作中进行实践。但作为群体的员工却往往能成为管理创新的主体，这是因为群体中可以包容大量的创意，当这些创意得到企业家认可并付诸实施时，这些员工们就成了真正的管理创新主体，他们在每天的工作过程中就可以亲身实践。比如，日本企业通过成立各种小组，全员性地参与管理创新，如合理化建议制度、零缺点运动、质量管理小组、创造发明委员会等，创造出许多广为流传的管理创新成果，如著名的全面质量管理、即时生产体制等，为企业创造了大量的财富。

(二) 管理者是管理创新的中坚力量

企业中有许多管理者，在专业分工的条件下对自己职责范围里的事务、人员、资源进行管理。这些管理领域如人事、财务、生产、营销等均存在大量的创新空间，因此这些管理者如果提出创意并加以有效实施的话，就成为管理创新的主体。当然，这一阶层的管理者受到上级和自身权限的约束，其创意往往需要得到上级的认可才能转变为创新活动。如果在企业家的鼓励下，一个企业中许多管理人员都在进行管理创新的探索，那么这种企业必定是充满活力的，例如福特公司在“让工薪阶层都有一部福特车”的创新思维指导下，生产管理部门的管理人员会同技术人员经过艰苦努力，不断修改创意，设计实施方案，最后终于推出了“生产流水线”这一生产流程方面的重大创新，极大地扩张了生产规模，降低了产品成本，成为自工业革命以来足以同其他重大科技发明创造相提并论的一项管理创新。

(三) 管理专家和研究机构是管理创新的辅助

在复杂、多变和激烈的竞争环境中单凭企业家和几个管理人员的知识、智慧、经验是不够的，还需要借助一些专门的管理专家、参谋机构的理论和智慧，依靠他们来分析收集信息，制订创新方案，并帮助企业家付诸实施，这种利用“外脑”的方式对管理创新是非常重要的。据资料表明，国外一些企业的重大创新成果很多是由专家组成的“智囊团”和研究机构研究出来的。因此，管理创新也要充分发挥这部分力量的作用。

（四）创新型企业家是管理创新的关键

由于企业家在整个企业发展中所处的特殊地位和管理支配力，他们或亲自提出创意付诸实施，或对管理创新活动产生重大影响，因此企业家是管理创新成败的关键人物。企业要想不断创新，首先必须有锐意进取的创新型企业家。

企业家应始终在寻求变化，对变化作出及时反应，并把变化作为创新机会予以利用。企业家的创新精神要求他们必须具备一定的心智特征和能力结构。

▶ 1. 创新型企业家的心智特征

心智特征是指由于过去的经历、素养、价值观等形成的基本固定的思维方式和行为习惯。作为管理创新主体的企业家应具备下面一些心智特征：

（1）善于学习、具有广博的知识。这是产生对某一问题有超越常人看法或认识的基础。因为新的知识和信息是对过去知识体系的一种冲击和发展，可以使人们从过去无法解决的问题中得到新的启迪，也是保证管理创新的主体具备较高的思维起点的关键。

（2）善于思考，具有系统的思维方式。这是一种发散式的思维，同平常人的线性思维方式不同。创新型企业家通常采取一种系统的全方位思维方式，即从具体到综合，从局部到全局，从现象到原因的思考方式，对问题的相关方面都考虑到。许多管理上的创意都是这样产生的。

（3）勇于进取的价值取向。强烈的事业心、高度的责任感、永不满足的价值观，才能使他们对创新的追求绝无止境，不断攀登管理的高峰。

（4）健全的心理素质。这是确保企业家创新活动成功的重要心理特征。它包括自知与自信、理智的情绪、坚强的意志、雄伟的胆略、宽容的心态、对挫折的忍耐、敢于冒险等多项素质。

（5）优秀的品质。使命感、信赖感、责任感、诚实、公平、勇气、热情等，都是创新型企业家应具备的优良品质。

▶ 2. 创新型企业家的能力结构

作为管理创新主体的企业家必须具备一定的能力才可能完成管理创新的过程。这些能力可分为三个层次：核心能力、必要能力和增效能力。核心能力突出地表现为创新能力；必要能力包括转化能力和应变能力；增效能力则表现为协调组织以加快进展的能力。

（1）创新能力。创新能力表现在企业家善于敏锐地观察旧事物的缺陷，准确地捕捉新事物的萌芽，提出大胆新颖的推测和创意，继而进行周密的论证，拿出可行方案并付诸实施。它是基于一个人的创新意识，是管理创新主体最重要的能力，不具备这种能力则管理创新无从谈起。

(2) 转化能力。转化能力是指管理创新主体将创意转化为可操作的具体方案的能力。转化能力表现为企业家要善于在转化过程中运用综合、移植、改造、重组、创新等技法，来保证好的创意能够转化为可实施的方案。

(3) 应变能力。管理创新本身就是应变的产物，应变是主观思维的一种"快速反应能力"，是创新能力的基础。应变能力表现为能审时度势，在复杂的变化中辨明方向，产生应对的创意和策略。

(4) 组织协调能力。管理创新需要投入相当多的资源，需要一定的周期，而且可能面临来自各方面的阻力，只有管理创新主体具备较强的组织协调能力，才能够有效地安排所投入的资源，能够在改变原来的管理模式，推行新的管理程式时，使企业依然有效运转，才能使创新行为得到各方的合作与支持，从而提高管理创新成功的可能性。

第三节　创新的内容与方法

一、创新的内容

系统在运行中的创新要涉及许多方面，在此，我们主要以社会经济生活中大量存在的企业系统来介绍创新的内容。

(一) 观念创新

管理观念又称为管理理念，它是指管理者或管理组织在一定的哲学思想支配下，由现实条件决定的经营管理的感性知识和理性知识构成的综合体。一定的管理观念必定受到一定社会的政治、经济、文化的影响，是企业战略目标的导向、价值原则，同时管理的观念又必定折射在管理的各项活动中。20 世纪 80 年代以来，经济发达国家的优秀企业家提出了许多新的管理观念，如知识增值观念、知识管理观念、全球经济一体化观念、战略管理观念、持续学习观念等。在我国，企业的经营观念存在着经营不明确、理念不当、缺乏时代创新精神等问题，因此，应该尽快适应现代社会的需要，结合自身条件，构建自己独特的经营管理理念。

(二) 目标创新

我们知道，知识经济时代的到来导致了企业经营目标的重新定位。为什么？原因很简单：一是企业管理观念的革命，要求企业经营目标重新定位；二是企业内部结构的变化，促使企业必须重视非股东主体的利益；三是企业与社会的联系日益密切、深入，社会的网络化程度大大提高，企业正成为这个网络中重要的联结点。因此，企业经营的社会性越来越突出，从而要求企业高度重视自己的社会责任，全面修正自己的经营目标。众所周知，美国曾经最为推崇利润最大化，盈利能力曾经是评价美国企业好坏成败的唯一标准，可是，今天评价企业的标准已经发生了巨大的变化。适应知识经济时代的多元目标相互协调的企业经营目标观念被广为接受，例如，在全世界享有盛誉的美国《财富》杂志最近评选最优秀企业时，采用了创新精神、总体管理质量、财务的合理性程度、巧妙地使用公司财产的效率以及公司做全球业务的效率等九项指标。从这些带有导向性的指标中我们看到，企业对员工、对社会、对用户的责任等指标在整个指标体系中占了相当分量。所以，在新的经济背景下，我国企业要生存，目标就必须调整为："通过满足社会需要来获得利润。"

小资料：知识经济是指有别于传统工业经济的新型经济。它是以高新技术产业为支柱，以智力资源的占有、配置为依托的一种可持续发展的经济。1996年，国际经济合作组织在《科学、技术和产业展望报告》中指出，在过去10年中，该组织成员国GDP增长的50%以上是以知识经济为基础的，这些国家的高技术产品在制造业产品中的份额翻了一倍多，达到20%～25%。在知识密集的服务部门，如教育、通信、信息等部门的发展更是日新月异。有人估计，科技进步对经济增长的贡献率，已从19世纪初的5%～20%提高的20世纪90年代的70%～80%，全球信息高速公路建成后将提高到90%。因此，国际经济合作组织在报告的最后总结说，事情已使人们越来越清楚地认识到：知识是支撑经济合作组织国家经济增长的最重要因素。

（三）技术创新

技术创新是企业创新的主要内容，企业中出现的大量创新活动是有关技术方面的。技术水平高低是反映企业经营实力的一个重要标志，企业要在激烈的市场竞争中处于主动地位，就必须不断地进行技术创新。由于一定的技术都是通过一定的物质载体和利用这些载体的方法来实现的，因此企业的技术创新主要表现在要素创新、要素组合方法的创新和产品创新三个方面。

▶ 1. 要素创新

企业的生产过程是一定的劳动者利用一定的劳动手段作用于劳动对象，使之发生物理、化学形式或性质变化的过程。参与这个过程的要素包括材料、设备以及企业员工三类。材料是构成产品的物质基础，材料的费用在产品成本中占很大的比重，材料的性能在很大程度上影响产品的质量。设备创新对于减少原材料、能源消耗、提高劳动生产率、改善劳动条件、改进产品质量有十分重要的意义。企业的人事创新，既包括根据企业发展的技术进步的要求，不断地从外部取得合格的新的人力资源，而且更应注重企业内部现有人力的继续教育，提高人的素质，以适应技术进步后的生产与管理的要求。

▶ 2. 要素组合方法的创新

利用一定的方式将不同的生产要素加以组合，这是形成产品的先决条件。要素的组合包括生产工艺和生产过程两个方面。工艺创新既要根据新设备的要求，改变原材料、半成品的加工方法，又要求在不改变现有设备的前提下，不断研究和改进操作技术和生产方法，以求得现有设备的更充分的利用以及现有材料的更合理的加工。工艺的创新与设备创新是相互促进的，设备的更新要求工艺方法做相应的调整，而工艺方法的不断完善又必然促进设备的改造和更新。企业应不断地研究和采用更合理的空间分布和时间组合方式，协调好人机配合，提高劳动生产率，缩短生产周期，从而在不增加要素投入的情况下，提高要素的利用效率。历史上，福特汽车公司将泰勒的科学管理原理与汽车生产实际相结合而产生的流水线生产方式是一个典型的生产组织创新。

▶ 3. 产品创新

产品创新包括品种和结构的创新。品种创新要求企业根据市场需要的变化，根据消费者偏好的转移，及时地调整企业的生产方向和生产结构，不断开发出用户欢迎的产品；结构创新在于不改变原有品种的基本性能，对现有产品结构进行改进，使其生产成本更低、性能更完善、使用更安全、更具市场竞争力。产品创新是企业技术创新的核心内容，它既受制于技术创新的其他方面，又影响其他技术创新效果的发挥。新的产品、产品的新结构，往往要求企业利用新机器设备和新工艺方法，而新设备、新工艺的运用又为产品的创新提供了更优越的物质条件。

（四）制度创新

制度是组织运行方式、管理规范等方面的一系列的原则规定，制度创新是从社会经济角度来分析企业系统中各成员间的正式关系的调整和变革。企业具有完善的制度创新机制，才能保证技术创新和管理创新的有效进行。如果旧的落后的企业制度不进行创新，就会成为严重制约企业创新和发展的桎梏。企业制度主要包括产权制度、组织制度和管理制度三个方面的内容。企业制度创新就是实现企业制度的变革，通过调整和优化企业所有者、经营者和劳动者三者的关系，使各个方面的权利和利益得到充分的体现。不断调整企业的组织结构和修正完善企业内部的各项规章制度，使企业内部各种要素合理配置，并发挥最大限度的效能。

（五）结构创新

在工业化社会的时代，市场环境相对稳定，企业为了实现规模经济效益，降低成本，纷纷以正规化、集权化为目标。但随着企业规模的不断发展，组织复杂化程度也越来越高，信息社会的到来，使环境不稳定因素越来越多，竞争越来越激烈。管理者意识到传统的组织结构不适应现代环境的多变性便会实施创新。一个有效组织应当是能随着环境的变化而不断调整自己的结构，使之适应新的环境的组织。根据这一认识，现代企业组织正不断朝着灵活性、有机性方向发展。

（六）环境创新

环境是企业经营的土壤，同时也制约着企业的经营。环境创新不是指企业为适应外界变化而调整内部结构或活动，而是指通过企业积极的创新活动去改造环境，去引导环境朝着有利于企业经营的方向变化。例如，通过企业的公关活动，影响社区政府政策的制定；通过企业的技术创新，影响社会技术进步的方向。就企业而言，市场创新是环境创新的主要内容。市场创新是指通过企业的活动去引导消费，创造需求。人们一般认为新产品的开发是企业创造市场需求的主要途径。其实，市场创新的更多内容是通过企业的营销活动来进行的，即在产品的材料、结构、性能不变的前提下，或通过市场的地理转移，或通过揭示产品新的物理使用价值，来寻找新用户，再通过广告宣传等促销工作，来赋予产品以一定的心理使用价值，影响人们的某种消费行为，诱导、强化消费者的购买动机，增加产品的销售量。

（七）文化创新

现代管理发展到文化管理阶段，可以说已达到顶峰。企业文化通过员工价值观与企业价值观的高度统一，通过企业独特的管理制度体系和行为规范的建立，使得管理效率有了较大提高。创新不仅是现代企业文化的一个重要支柱，而且还是社会文化中的一个重要部分。如果文化创新已成为企业文化的根本特征，那么，创新价值观就得到了企业全体员工的认同，行为规范就会得以建立和完善，企业创新动力机制就会高效运转。

二、创新的策略

▶ 1. 首创型创新策略

首创型创新，是创新度最高的一种创新活动，其基本特征在于首创。例如，率先推出全新的产品，率先开辟新的市场销售渠道，率先采用新的广告媒介，率先改变销售价格等，所有这些行为都可称之为首创型创新。首创型创新具有十分重要的意义，因为没有首创，就不会有改造创新或仿造创新。每一项重大的首创型创新，都会先后在不同的地区引起一系列相应的改造型创新和仿造型创新活动，从而具有广泛又深远的创新效应。对于企业来说，进行首创型创新可以开辟新的市场领域，提高企业的市场竞争力，获得高额利润。对于处于市场领先地位的企业来说，要想保持自己的市场领先地位，也必须不断地进行首创型创新。

一般来说，首创型创新活动风险较大，成本较高，相应的利润也较高。由于市场需求的复杂性和市场环境的多变性，以及生产、技术、市场等方面的不确定性，使首创型创新活动具有较大的不确定性和风险性。另外，要开辟一个全新的市场，企业必须先进行大量的市场开发投资，包括市场调查、产品开发、设备更新、组织变动、人员培训、广告宣传等市场开发费用。当然，如果首创型创新获得成功，企业便会因此获得巨大的市场利益。如果首创失败，企业就会蒙受一定的损失。首创型创新是一种高成本、高风险、高报酬的创新活动。因此，在采用首创策略时，创新者应根据实际情况，充分考虑各种创新条件的影响，选择适当的创新时机和方式，及时进行创新。

▶ 2. 改创型创新策略

改创型创新的目标是对已有的首创进行改造和再创造，在现有首创的基础上，充分利用自己的实力和创新条件，对他人首创进行再创新，从而提高首创的市场适应性，推动新市场的不断发展。这是一种具有中等创新度的创新活动，改创型创新策略，是介于首创战略与仿创战略之间的一种中间性创新战略。改创性是改创型创新战略的基本特征。改创者不必率先创新，而只需对首创者所创造的进行改良或改造，因此，改创者所承担的创新成本和风险比较小，而所获创新收益却不一定比首创者少。当然，改造也是一种创造，也具有一定的风险。首创是重要的，改创也是重要的，如果没有首创，便没有改创的前提和基础。然而，如果没有改造，许多首创便没有其市场发展前景，例如飞机、汽车、计算机等首创产品，如果没有后来的不断改进和再创新，也就不会有今天这样的市场大发展。

▶ 3. 仿创型创新策略

仿创型创新是创新度最低的一种创新活动，其基本特征在于模仿性。模仿者既不必率先创造全新的新市场甚至也不必对首创进行改造。仿创者既可模仿首创者，又可以模仿改造者，其创新之处表现为自己原有市场的变化和发展。一些缺乏首创能力和改创能力的中小企业，往往采用模仿战略，进行仿创型创新。

一般来说，仿创者所承担的市场风险和市场开发成本都比较小。虽然仿创者不能取得市场领先地位，却可以通过自己某些独占的市场发展条件来获得较大的收益和竞争优势。例如，仿创者可以采取率先紧跟首创者的策略，从而取得时间优势，或者采用市场割据策略、低成本策略，从而获得价格竞争优势。仿创有利于推动创新的扩散，因而也具有十分重要的意义。任何一个首创者或改创者企业，无论它拥有多大的实力，也无法在一个比较短的时间内占领所有的市场。因此，一旦首创或改创获得成功，一大批仿创者出现就成为必然。

总之，在制定创新策略时，不同的企业应该选择一个适当的创新度，进行适度创新。所谓适度创新，就是既要适应市场需求的发展状况，又要适应本企业的创新条件。只有这样，创新者才能充分利用和发挥本企业的创新优势，尽量减少或避免创新的风险，提高创新的效果，促进企业的发展。

三、创新的方法

▶ 1. 头脑风暴法

它是美国创造工程学家 A. F. 奥斯本在 1940 年发明的一种创新方法。这种方法是通过一种别开生面的小组畅谈会，在较短的时间内充分发挥群体的创造力，从而获得较多的创新设想。当一个与会者提出一个新的设想时，这种设想就会激发小组内其他成员的联想。当人们卷入“头脑风暴”的洪流之后，各种各样的构想就像燃放鞭炮一样，点燃一个、引爆一串。这种方法的规则有：

(1) 不允许对别人的意见进行批评或反驳，任何人不作判断性结论。

(2) 鼓励每个人独立思考，广开思路，提出的改进设想越多越好，越新越好。允许相互之间的矛盾。

(3) 集中注意力，针对目标，不私下交谈，不干扰别人的思维活动。

(4) 可以补充和发表相同的意见，使某种意见更具说服力。

(5) 参加会议的人员不分上下级，平等相待。

(6) 不允许以集体意见来阻碍个人的创造性设想。

(7) 参加会议的人数不超过 10 人，时间限制在 20 分钟到 1 小时。

这种方法的目的在于创造一种自由奔放的思考环境，诱发创造性思维的共振和连锁反应，产生更多的创造性思维。讨论 1 小时能产生数十个乃至几百个创造性设想，适用于问题较单纯，目标较明确的决策。

在实际应用中，又有“反头脑风暴法”，做法与“头脑风暴法”相反，对一种方案不提肯定意见，而是专门挑毛病、找矛盾。它与“头脑风暴法”一反一正可以互相补充。

2. 综摄法

这种方法是美国人哥顿在1952年发明的一种开发潜在创造力的方法。它是以已知的东西为媒介，把毫不关联、互不相同的知识要素结合起来创造出新的设想，也就是摄取各种产品和知识，综合在一起创造出新的产品或知识，故名综摄法。这样可以帮助人们发挥潜在创造力，打开未知世界的窗口。

综摄法有两个基本原则：

(1) 异质同化，即“变陌生为熟悉”。这实际上是综摄法的准备阶段，是指对待不熟悉的事物要用熟悉的事物、方法、原理和已有的知识去分析对待它，从而提出新设想。

(2) 同质异化，即“变熟悉为陌生”。这是综摄法的核心，是指对熟悉的事物、方法、原理和知识，用不熟悉的态度去观察分析，从而启发出新的创造性设想。

3. 逆向思维法

这种方法是顺向思维的对立面。逆向思维是一种反常规、反传统的思维。顺向思维的常规性、传统性，往往导致人们形成思维定式，是一种从众心理的反映，因而往往成为人们一种思维“框框”，阻碍着人们创造力的发挥。这时如果转换一下思路，用逆向法来考虑，就可能突破这些“框框”，取得出乎意料的成功。

逆向思维法由于是反常规、反传统的，因而它具有与一般思考不同的特点：

(1) 突破性。这种方法的成果往往冲破传统观念和常规，常带有质变或部分质变的性质，因而往往能取得突破性的成就。

(2) 新奇性。由于思维的逆向性，改革的幅度较大，因而必然是新奇、新颖的。

(3) 普遍性。逆向思考法应用范围很广，几乎适用于一切领域。

(4) 实效性。

4. 检核表法

这种方法几乎适用于任何类型与场合的创造活动，因此又被称为“创造方法之母”。它是用一张一览表对需要解决的问题逐项进行核对，从各个角度诱发多种创造性设想，以促进创造发明、革新或解决工作中的问题。实践证明，这是一种能够大量开发创造性设想的方法。

检核表法是一种多渠道的思考方法，包括以下一些创造技法：迁移法、引入法、改变法、添加法、替代法、缩减法、扩大法、组合法和颠倒法。它启发人们缜密地、多渠道地思考问题和解决问题，并广泛运用于创造、发明、革新和企业管理。它的关键是一个“变”字，而不把视线凝固在某一点或某一方向上。

5. 类比创新法

类比就是在两个事物之间进行比较，这个事物可以是同类的，也可以是不同类的，甚至差别很大，通过比较，找出两个事物的类似之处。然后再据此推出它们在其他方面的类似之处，因此，类比创新法是一种富有创造性的发明方法，它有利于发挥人的想象力，从异中求同，从同中求异，产生新的知识，得到创新性成果。类比方法很多，有拟人类比法、直接类比法、象征类比法、因果类比法、对称类比法、综合类比法等。

▶ 6. 信息交合法

它是通过若干类信息在一定方向上的扩展与交合，来激发创造性思维，提出创新性设想。信息是思维的原材料，大脑是信息的加工厂，通过不同信息的撞击、重组、叠加、综合、扩散、转换，可以诱发创新性设想。要正确运用信息交合法，必须注意以下三个环节：

(1) 收集信息。不少企业已设立专门机构来收集信息。网络化已成为当今企业收集信息的发展趋势。如日本三菱公司，在世界各地设置了 115 个海外办事处，约 900 名日本人和 2000 多名当地职员从事收集信息工作。收集信息的重点放在收集新的信息，只有新的信息才能反映科技、经济活动中的最新动态、最新成果，这些往往对企业有着直接的利害关系。

(2) 简选信息。包含着核对信息、整理信息、积累信息等内容。

(3) 运用信息。收集、整理信息的目的都是运用信息。运用信息，一要讲快，快才能抓住时机；二要交合，即这个信息与那个信息进行交合，这个领域的信息与那个领域的信息交合，把信息和所要解决的目标联系起来思考，以创造性地解决目标。信息交合可通过本体交合、功能拓展、杂交、立体动态四个原则进行交合。

总之，信息交合法就像一个“魔方”，通过各种信息的引入和各个层次的交换会引出许多系列的新信息组合，为创新对象提供了千万种可能性。

▶ 7. 模仿创新法

人类的创造发明大多是由模仿开始的，然后再进入独创。勤于思考就能通过模仿进行创造发明，当今有许多项目模仿了生物的一些特征，以致形成仿生学。模仿不仅用于工程技术、艺术，而且也用于管理方面。

想一想：你能就上述创新方法举一些实例吗？

第四节 中国企业的管理创新

一、中国企业面临的挑战

中国企业目前正处于一个巨大的创新时期。在这一时期，中国企业既要使自己能够与国家的经济体系的转变合拍，又要使本来管理水平就不高的企业状况能够得以改变并有所创新，以跟上世界现代企业管理发展的步伐。这种双重任务使中国的企业在其发展过程中面临着管理创新的挑战。

管理基础的积累是信息技术等先进技术能够得以发挥作用的重要条件。西方国家能够快速进入知识经济时代就是因为其所具有的长期的管理积累。而我国企业进入市场经济才只有短短的几年时间，与工业发达国家上百年的历史相比还相当不成熟，这就决定了我国企业管理水平上的多层次性和复杂性，目前中国企业面临的问题是中国企业向国际化迈进的一种必然的问题。

▶ 1. 经济制度和体系创新的挑战

中国的经济制度和经济体系正在一起发生创新，即由计划经济制度和体系向市场经济制度和体系转变。这种转变对企业而言，意味着企业要对原有的经营理念、生产运作方式、管理方式等进行扬弃和取舍，并重新在企业运行过程中学习和建立一套新的理念、方式和方法。企业在市场竞争中会遇到一系列现代经营管理上的问题，如市场分析和预测、消费者行为心理的研究、供应商的选择和合作、遇到危机时的应急策略等，这些问题在西方现代企业管理中已经得到解决或者正在探讨，但对于中国的企业来说却需要在实践中进行探索。

▶ 2. 知识经济和经济全球化的挑战

知识经济的全面兴起为世界经济全球化奠定了基础。在这些背景下，新一轮兼并浪潮席卷全球。企业经历了生产型管理之后必须快速转向创新型管理。而我国加入“WTO”后，面对的将不再是相对封闭的国内市场，而是一个在世界贸易组织规则之下的、开放而通畅的国际大市场，这种开放将把中国经济发展提升到一个新的水平，中国企业经营和管理与国际惯例的接轨势在必行。但是我国多数企业尚未从根本上解决这个转型问题——计划经济时代所产生的“等、靠、要”的思想还在很大程度上束缚着企业。具体表现为企业经济效益总体不高；新产品开发速度慢，与市场要求差距很大；企业内部人、财、物的利用率很低；国际市场的分析和跨国经营的经验缺乏等。

▶ 3. 现代生产运作管理方式的挑战

在过去，生产运作管理系统的研究和实践主要考虑的是制造业的问题，甚至许多时候只涉及生产系统内部。绝大部分的生产管理理论和方法也是针对制造业的，但在今天，人们已经开始把服务业也作为生产系统管理的一个重要方面来加以研究，提出了许多更适用于服务业的新的生产系统管理理论和方法并应用于实践中，使得生产运作管理的范围大大扩大。随着科技的进步和人们生活条件的不断改善，消费者的价值观念变化很快，消费需求的多样化、个性化，引起产品生命周期相应缩短，从而使得生产运作模式发生相应变化。同时随着信息技术和现代生产运作管理技术的飞速发展，国外许多企业以智能化、数字化、虚拟化、网络化、敏捷制造等提升企业竞争力。而我国许多企业才刚刚将计算机等现代管理手段和技术运用到生产运作领域。因此我国企业必须迅速实现管理手段的现代化，否则在全球化的竞争中将无法与国外先进企业抗衡，从而面临被淘汰的危险。

▶ 4. 技术创新能力薄弱的挑战

当今世界的竞争，归根结底是科技实力与技术创新能力的竞争。中国与发达国家高技术产业经济相比，差距还很大。从投入上看，世界500强企业研发经费占销售收入的比重逐年增大，目前一般都在10%以上，微软等高新技术企业更是高达20%，而中国大型企业平均不足3%。在企业研发人员比重上，我国大型企业不到10%，而美国和日本平均超过30%。因此说，中国的教育水平和科技水平总体还比较落后，市场机制正在建立，科技转化为现实生产力的能力还比较薄弱，科技对经济的贡献率还不是很高。许多企业缺少拥有自主知识产权的技术和产品，生产工艺落后，缺乏国际竞争力。

二、中国企业管理创新的阻力及其克服

(一) 中国企业管理创新的阻力

我国企业在经济全球化的竞争中要遵循新的游戏规则，创新是唯一的出路，在进行管理创新时，不可避免地会遇到阻力。根据我国企业的实际情况，企业在管理过程中通常会产生以下方面的阻力。

▶ 1. 观念转变的阻力

在中国，创新及企业创新的阻力主要来自文化的影响，所以不把中国文化中保守因素考虑进去的创新往往会以失败而告终。创新的最大阻力不是来自技术的改进，也不是来自先进体系的缺乏，而是来自观念的陈旧。我国很多企业长期以来习惯了计划经济体制下的经营管理，对市场经济快速多变的情况感到不适应，因此企业在不得不进行创新时往往首先要克服来自观念方面的阻力。

▶ 2. 目标过高的阻力

由于我国企业整体水平不高，在制定创新目标时，不应好高骛远或照搬照套国外成功企业的创新经验，使得企业创新目标定得过高，这实际上会阻碍企业的创新。例如，我国有些企业照搬美国摩托罗拉公司的成功经验，在企业内推行“六西格玛”管理模式，结果刚开始轰轰烈烈，到最后却不了了之，浪费了大量的精力和财力。之所以产生这样的现象，原因在于在这些企业的创新活动过程中，往往没有仔细分析管理理论和方法的适用性，在不了解这些理论和方法的来龙去脉的情况下，就进行套用，其结果适得其反。

▶ 3. 目光短浅的阻力

有很多企业由于目光短浅，仅考虑眼前利益或墨守成规，畏难不前，不能适时进行创新，其结果是组织不能产生创新的火花，以致在竞争中处于劣势，甚至被淘汰。还有的情况是有很多人认为管理创新不符合组织的目标和最佳利益，为一时的得失而斤斤计较，缺乏长远眼光，看不到创新对组织发展产生的深远影响，从而错失良机。

▶ 4. 内部的阻力

在一定程度上，创新意味着组织结构的创新或者业务流程的重组，因此创新受到的阻力往往也会来自企业内部人员。企业之所以创新，当然是现有的组织结构或业务流程存在着种种弊端，但是在创新的推行中，难免涉及许多人的切身利益，因此创新受到了来自有关升迁、权力、金钱等利益层面和心态、惰性、安全感缺乏以及对未来的恐惧等意识层面的挑战，许多创新由于受到内部既得利益者的反对而宣布流产。我国许多企业员工受传统“大锅饭”“铁饭碗”的影响，在进行企业创新时，不可避免地会遇到阻力。另外，在很多企业中由于长期积累的弊病形成了一些惯性，也对创新会起到一定的反作用。

▶5. 过度分析论证的阻力

管理本身具有不可复制性，对于创新，更意味着前无古人，它总包含着一定的风险因素。过分挑剔的眼光和过度的分析论证都可能将创新扼杀在摇篮之中。实质上，任何一种行动方案，在实施过程中都会随着实际情况的变化而调整，然后逐渐完善。没有天生完美的方案，这是实践中屡试不爽的真理。我国很多企业在实施创新时为了求稳、求好，一步到位，往往会因为这个原因而导致创新流产。

(二) 管理创新阻力的克服

管理者要成功实施管理创新，必须克服上面所述的来自各个方面的阻力，争取员工的支持和合作，但是管理者应该如何应对管理创新中的抵触情绪，克服创新阻力呢？

▶1. 观念创新

观念创新是企业创新的先导，决定企业的生死存亡。企业观念创新就是指形成能够比以前更好地适应环境的变化并更有效地利用资源的新概念或新构想的活动。观念创新必须与外部环境变化同步。它是一个自我否定的过程，要超越固有的思维模式，打破旧的利益分配格局。我国企业遇到的许多问题之所以束手无策，就是因为观念受到了束缚，我们已经习惯于在自己熟悉的范围内寻找对策，而事实上现在的环境与过去相比已经发生了根本性的变化。在这种情况下，即使我们使出浑身解数，也是无济于事。只有跳出原有的圈子，才能柳暗花明，而要跳出原有的圈子，就必须进行观念更新。企业管理者和员工应该不断学习，吸收先进企业的管理创新思想和经验，首先从思想上树立创新的意识。企业的经营者应该主动进行观念创新，以便适应现在这个变化迅速的企业外部环境。

▶2. 领导风格的创新

任何一种工作的实施，都需要有一支强有力的创新领导队伍。没有好的领导，创新工作就很难取得成功。创新的决策和运行需要控制，这就要求各级管理人员不但要善于领导，还应该具有创造、沟通的能力，这就意味着企业管理者对自身的领导能力要有非常清醒的认识，应该重新审视自己的领导风格，打破传统的等级观念，改变依靠命令推行创新的思想，通过建立适合企业长远发展的创新目标和措施以及与企业内外部环境的沟通与协调推行创新。

▶3. 实事求是地分析企业实际情况

企业在进行创新时，目标过高或目光短浅都可能导致创新的失败。这就要求企业能够客观地评价历史和现状。只有对历史和现状有一个正确的评价，才可能让员工切实体会到创新的重要性，从而制定出合理的目标和正确的措施。在分析企业情况时，要防止出现前面提到过的过度论证分析的情况，导致创新裹足不前。

▶4. 创新计划的交流

在创新之前，企业有关管理部门，应提前对员工进行教育，使员工做好创新的准备，需要向员工传达创新的动因、性质、内容、目的、逻辑以及可能的结果等。有时就算管理部门的改革建议能使每个人受益，人们也可能因为没有领会它的目的而反对它。此时，管理层和员工之间的良好沟通可以预防或消除抵制。管理应该在沟通的基础上再引导员工参与到创新计划的制订和实施中来。除了组织内部的成员外，企业还必须顾及其他利益相关的外部人员，如政府机关、供应商、新闻界等，因为有时外部力量对创新也起着很重要的作用。为了创新的成功实施，企业对这些外部环境因素不应忽视。

拓展与思考

一、简答题

1. 生活中，你是一个具有创新意识的人吗？周围的人在这个问题上是如何评价你的？请做一个调查。

2. 能理解熊彼特创新含义中五个具体方面的内容吗？说说你的看法。

3. 为创新的过程画一张图。

二、实践训练

10人一组，围绕班级某项工作开一次会，用头脑风暴法找出创新构想。各组做好记录。然后进行比较，看谁想得多、想得好。最后列出认为具有可行性的构想(可有多个)。

三、案例分析

组合资源、不断创新的索尼公司

索尼公司是世界上生产视频设备的最大厂商，长期以来，它一直是日本文、理大学毕业生就业的首选目标企业。索尼之所以能够聚集人气，是因为在电子产品方面能够形成自己独特的竞争能力，反映在以下几个方面：

(1) 及时调整发展战略。每当环境发生急剧的变化或企业发展面临新的转折点，索尼公司的最高管理层就会拿出应变措施，制定新的发展战略，为企业的发展指明方向。当时的索尼公司总经理盛田昭夫在20世纪60年代初期访问荷兰的飞利浦公司，他对荷兰这么一个小小的农业国能够出现一个世界著名的电子企业飞利浦震动很大，从此，盛田把世界市场作为公司的市场。80年代初期，索尼公司出现了首次减少收益的情况，为了打破公司内部郁闷气氛，公司推出了包括录像机最强、磁产品最强、消费品的强化、生产销售决策程序重组等六大重点方针。80年代末，随着索尼公司国际化的发展，盛田昭夫于1998年及时提出了新的发展战略，即“全球地方化战略”，从根本上改变公司的思维定式，要根据全球经济一体化的变化制定自己的发展战略。90年代初，在新的形势下，盛田昭夫又提出了AV & CCC(Computer、Communication、Component)的发展战略，展示了索尼公司面向21世纪的新目标。进入21世纪，随着互联网的发展，索尼公司紧紧抓住消费者需求这个主题，不断调整自己的战略。索尼公司宣布将实行向“个人宽带网解决方案公司”全面转型，其目的是进一步加深与全球用户的互动关系，并为全球用户提供能够在宽带网社会享用丰富的产品与服务。

(2) 技术引进。盛田昭夫说过，在技术进步这么快的今天，一个企业要全揽某一方面的技术是不可能的，要尽可能利用各种关系，引进自己所需的技术。在这种思想的指导下，根据公司的发展需要，索尼公司不断引进新的技术，如与IBM联盟生产计算机用磁带；与飞利浦联盟共同开发CD光盘；与微软、苹果公司合作共同开发软件等。

(3) 重视独创性。索尼公司在引进技术、开发新产品之际，非常注重培养自己的核心技术。每当出现新的技术，只要与自己的研究、生产活动相关，就马上抓住机会，迅速应用到自己公司产品中来。有些技术在欧美刚刚出了实验室，索尼公司就开始考虑购买其专利，实现商品化，新产品不断打破日本或世界纪录，成为日本或世界首创的产品。在索尼公司发展史上，仅仅在20世纪50年代到60年代，就成功开发了5个日本首创、16个世界首创的产品。研究员江崎还由于在半导体隧桥技术方面的突破，获得诺贝尔奖。

(4) 致力于学习型组织的建立。为了及时收集最新技术信息和知识，使公司的技术始终保持领先地位，索尼公司内部举行各种技术学术交流活动，参加的成员从公司董事长到一般技术员，也有子公司和分公司的人员，或邀请学者参加，其目的是加强相关技术的交流，促进组织学习。通过各种不同人员的知识碰撞，产生新的知识和灵感，有利于组织的研究开发。通过举办各种各样的交流会和演讲会，索尼公司已成为一个真正的跨部门、跨专业的学习型组织。

1. 索尼公司在短短的30年里发展为国际化大企业，其依赖的基础和动力是什么？公司在创新方面表现出什么特点？有哪些积极的创新机制？

2. 信息时代，公司要保持未来的高速发展，应如何看待创新技术的引进和原创问题？

拓展阅读

从“内蒙牛”到“中国牛”再到“世界牛”

蒙牛集团成立于1999年1月，目前，总资产80多亿元，职工2.8万人，乳制品年生产能力达400万吨。

创业以来，蒙牛集团年均增速一直保持在3位数以上，税收的平均增速比销售收入的增速高出近20个百分点；在品牌建设上，不到1000天创出一个“中国驰名商标”；在收奶量上，平均每天达到9000多吨；在产品销量上，UHT牛奶销量全球第一，液体奶、冰激凌、酸奶销量和出口量居全国第一，且主要产品市场占有率达到33%以上。

蒙牛集团的成功模式主要取决于“强乳兴农”的发展思路和“产品就是人品”等的企业制度建设和文化建设，具体可以概括为“三大机遇”——政策机遇、行业机遇、资源转化机遇，而把这些机遇转化为生产力的就是“创新”，包括资本创新、品牌创新、制度创新、文化创新、产品创新等。

一、资本创新：国债资金的注入为集团整合社会资源、吸引国际资本起到关键的作用

2002年，蒙牛集团成功引入三家世界级的投资公司——摩根士丹利、鼎晖、英联。截至2003年，这三家投资公司先后两次向蒙牛集团注资6100万美元(折合人民币5亿多元)，成为内蒙古民间一次性引进外资数额最大的项目，也是摩根士丹利在亚洲直接投资额最大的项目。

随后，蒙牛集团建立了适合境外资本市场的多层控股投资结构。2004年6月10日，蒙牛集团正式在香港联交所主板上市，筹集资金13.74亿港币，成为第一家在海外上市的中国大陆乳制品企业，实现了“用世界股民的钱，办中国奶农的事”。到目前，蒙牛集团已经成功整合国内社会资源30多亿元，既引入了国外先进的管理模式和经营理念，也摆脱了资金瓶颈，为稳定、快速发展奠定了雄厚的资本基础。

二、品牌创新：用事件营销的点连成品牌成长的线

蒙牛集团市场营销一开始就颇为灵活也颇具气势：先做一线大城市，再做二线中小城市。从1999—2001年，重点开发全国最成熟的三个牛奶市场。在北京采取买赠促销手段，在上海采用网络营销工具“易购365”，在深圳采取先小区后超市的模式，先后完成了销售网络建设。

2003年，“蒙牛：‘神舟五号’—中国航天员专用牛奶”；2005年，“蒙牛酸酸乳超级女声”；2006年，与香港迪士尼乐园结成战略联盟，在中央电视台合办“蒙牛益生菌全家总动员”“蒙牛未来星非凡少年”“蒙牛早餐奶挑战主持人”“蒙牛城市之间”等大型节目；2007年年初，美国NBA又成为蒙牛集团的合作伙伴。

三、制度创新：“三权合力”强化公司治理结构

2005年4月，蒙牛集团设立了出资人委员会，定期召开“出资人与经营班子沟通会”，讨论重大事项。2006年，蒙牛集团顺应企业所有权与经营权“分离”的全球化潮流，并参考香港上市公司的有关规则，建立了新的管理模式，形成了董事会—党委—经营班子“三足鼎立”“三权分立”“三权合力”的企业法人治理结构。这些制度，不仅促进了公司治理结构的升级，还保证了企业发展规划、发展战略和经营策略的贯彻落实。

四、文化创新：与利益攸关方同生共赢

蒙牛集团企业文化的精髓是“与自己较劲”，发生任何问题，先从自己身上找原因，因为“改变别人难上难，改变自己很简单”；经营哲学是“小胜凭智，大胜靠德”“财聚人散，财散人聚”。在决策管理上，提出人人都是盲人的“全盲定律”。在企业运作上，提出目标决定过程的“目标倒推法”。在用人的阶段论上提出新老更替的“三级火箭论”。在运营上，提出“四个98%法则”，品牌的98%是文化，经营的98%是人性，资源的98%是整合，冲突的98%是误会。

在蒙牛集团的企业文化中，只有一句是自己创造的：“股东投资求回报，银行注入图利息，员工参与为收入，合作伙伴需赚钱，父老乡亲盼税收。”这35个字，描述的是“企业生态圈”，反映了蒙牛集团与利益攸关共赢的和谐发展之道。2006 年，蒙牛集团的股票涨了 14 港币，涨幅达到 213%；员工平均工资上涨了 49.4%；全年收奶 300 万吨，为奶农发放奶款 61 亿元，比 2005 年增加了 20 亿元。

五、产品创新：从“中国制造”到“中国创造”

截至 2007 年，蒙牛集团累计投入科研资金上亿元，获得国家专利 284 件，建成我国第一个乳业生物技术平台和具有世界顶尖水平的乳业研发中心，突破世界乳业 3 项重大技术难题。在对外合作上，蒙牛集团与丹麦科汉森公司进行战略合作，研制出适合国人体质的 LABS 益生菌；与全球第二大、欧洲第一大乳业公司——丹麦阿拉·福兹公司合资建厂，共同开发和生产高档婴幼儿配方奶粉；与世界最大的酸奶生产企业法国达能公司，合作开发酸奶产品。

蒙牛集团投资 1000 多万元与中国公众营养与发展中心、北京大学等合作研制开发“造骨牛奶蛋白(OMP)增强骨密度项目”，推出了世界上第一款“既能吸收钙、又能留住钙”的牛奶产品——“蒙牛特仑苏 OMP 纯牛奶”。该产品荣获第 27 届世界乳业大会“产品创新奖”，实现了我国在世界乳业史上金牌“零的突破”，完成了我国乳产业由“中国制造”到“中国创造”的首次飞跃。

六、管理创新：全面建设“蒙牛法典”

集团在纵向上，采取责任状方式，层层分解落实集团战略规划目标；在横向上，采取市场链方式，部门之间承诺服务，责任到人。基于全球化战略的新思考，蒙牛集团在继承以往管理模式和企业信息化的基础上，提出建设“蒙牛法典”的目标，形成以 OEC 管理和责任状管理为主线，建立包括企业法典、行政法典、质量法典、财务法典、基建法典等具有蒙牛集团特色的管理体系。

七、养殖模式创新：推进我国奶源建设全面升级

乳制品行业面临的最大的问题一是奶牛优良品种问题；二是养殖的模式问题。2005 年，蒙牛集团与澳大利亚、印度尼西亚的企业合资建成了蒙牛集团澳亚国际牧场，引进了我国第一台挤奶机器人和可供 60 头奶牛同时挤奶的“转盘式”挤奶机，第一次引进了“动物福利”思想，奶牛睡暖床、听音乐，还可以自己调节挤奶时间。这个牧场已经诞生了几十头年产奶量达到 13 吨以上的奶牛，结束了我国没有优质高产奶牛的历史。目前，蒙牛集团已在安徽马鞍山市、黑龙江尚志市、山东汶上县、河北张家口市等地区投资新建了万头规模的现代奶牛养殖牧场。

2005 年，蒙牛集团主持的“奶牛 X/Y 精子分离—性别控制产业化关键技术的研究”项目获国家发明专利。在引进美国顶级精子分离技术设备和生产工艺后，通过技术创新，使奶牛 X 性控冷冻精液的总体生产能力达到每台每年 5 万支，比原有水平提高 30%～50%。目前，蒙牛集团在全区建立奶牛性控示范基地 28 处，性控准确率达 95%以上，具备了产业化应用推广的能力，对我国奶牛品种结构优化升级将起到决定性的推动作用。

参考文献

[1] 萨缪尔森，诺德豪斯.微观经济学[M].17版.北京：人民邮电出版社，2004.

[2] 萨缪尔森，诺德豪斯.宏观经济学[M].17版.北京：人民邮电出版社，2004.

[3] 平狄克等.微观经济学[M].北京：中国人民大学出版社，2000.

[4] 严伯成.现代西方经济学习题指南(微观经济学)[M].上海：复旦大学出版社，2000.

[5] 朱宝宪，陈章武.西方经济学习题集[M].北京：清华大学出版社，2003.

[6] 迈克尔·帕金.微观经济学[M].北京：人民邮电出版社，2003.

[7] 迈克尔·帕金.宏观经济学[M].北京：人民邮电出版社，2003.

[8] 约瑟夫·斯蒂格利茨.经济学(上下册)[M].2版.北京：中国人民大学出版社，2001.

[9] 曼昆.经济学原理(上下册)[M].4版.北京：北京大学出版社，2006.

[10] 高鸿业.西方经济学[M].北京：中国人民大学出版社，2007.

[11] 厉以宁.西方经济学[M].北京：高等教育出版社，2005.

[12] 黎诣远.西方经济学[M].北京：高等教育出版社，2005.

[13] 席西民.经济管理基础[M].北京：高等教育出版社，2007.

[14] 倪成伟，张秀君.经济管理基础[M].北京：高等教育出版社，2007.

[15] 刘源海.经济学基础[M].北京：高等教育出版社，2007.

[16] 单凤儒.管理学基础[M].北京：高等教育出版社，2007.

[17] 王惠琴，丁勇.管理原理[M].南京：河海大学出版社，2008.